창업 선수들은 왜 망하지 않을까?

초판 1쇄　2012년 04월 12일
초판 3쇄　2014년 02월 17일

지은이　장정용
발행인　김재홍
책임편집　이은주, 권다원, 이현주
디자인　장혜수, 이은지
마케팅　이연실

발행처　도서출판 지식공감
등록번호　제396-2012-000018호
주소　경기도 고양시 일산동구 견달산로225번길 112
전화　031-901-9300
팩스　031-902-0089
홈페이지　www.bookdaum.com
전자우편　bookon@daum.net

가격　14,000원
ISBN　978-89-968332-3-9　13320

Why don't start-up artists fail?

창업 선수들은 왜 망하지 않을까?

장정용 지음

지식공감 도서출판

IMF 이전만 해도 자영업은 학창시절 공부 못하던 친구들이 변변한 직장을 얻지 못해 선택하는 마지막 수단처럼 여겨졌다. 대학교를 졸업하고 대학원을 졸업한 사람이 장사를 한다면 집안의 반대와 주위의 따가운 시선을 받았던 것이 사실이다. 하지만 IMF를 겪으면서 중소기업은 물론이고 대기업에서도 구조조정의 칼바람이 불며 거리로 내몰리는 직장인들이 생기면서 창업에 대한 인식이 변화했다.

이제는 이태백, 삼팔육, 사오정, 오륙도 등의 자조 섞인 말들이 익숙한 단어가 됐다. 거리로 내몰린 40·50대는 인생의 제2막으로 창업에 도전하고, 20·30대의 젊은이들은 인생의 1막부터 창업전선으로 뛰어들고 있다.

대한민국에서 이제 창업은 선택이 아닌 필수가 되어 간다. 평생직장이란 개념이 무너지면서 청년부터 노인까지 창업이란 단어를 누구나 한 번쯤은 생각해보게 되었다. 창업에 대해 생각은 하지만 창업이란 것이 어디 말처럼 쉬운 것인가? 생각은 있지만 실행은 어려운 것이 창업이다.

  지금 당장은 아니더라도 언젠가 죽기 전에 한 번쯤은 창업을 할 수밖에 없는 시대로 가고 있다. 평균수명은 늘어나는데 직장생활의 수명은 짧아지고 있다. 50살에 명예퇴직을 하면 남은 인생 30년을 백수로 지내야 한다. 50대의 삶은 대학 다니는 자녀, 결혼을 시켜야 하는 자녀가 있는 연령대이다. 돈 들어갈 일이 너무 많은 나이대이다. 돈 들어갈 일은 많은데 명퇴를 당하면 과연 할 수 있는 일이 무엇일까? 재취업을 할 수 있다면 좋겠지만, 그 전의 직장과 같은 급여와 직급으로 재취업을 하기는 현실적으로 불가능하다. 어쩔수 없이 창업을 생각하게 된다. 50대뿐만 아니라 20·30대도 결코 남의 이야기만은 아니다. 지금의 20·30대가 50대가 됐을 때 지금보다 상황이 더욱 안 좋을 것이다. 선배세대들이 준비하지 못한 노년을 맞이하는 것을 보며 청년층은 한 발짝 먼저 창업에 도전하고 싶어진다.

  얼마 전의 신문기사에 따르면 창업 대기자가 50만 명에 이른다고 한다. 너도나도 창업시장에 뛰어들지만 이미 자영업자는 포화상태이다. 현장을 나가보면 이번 달 월세 걱정을 하는 사장님들이 한 집 건너 한 집이다. 지금 장사를 하고 있는 자영업자들은 몇 년간 점포를 운영해온 프로 장사꾼들이다. 그들도 수없이 망해 가는데 초보창업자들이 창업이란 전쟁터에서 성공할 확률은 얼마나 될까? 결코, 희망적인 답을 낼 수 있는 사람은 많지 않을 것이다.

  10명이 창업을 하면 5명은 손해를 보고, 2~3명은 월급쟁이 수준의 소득을 올린다. 돈을 버는 사람은 1~2명에 불과하다. 성공하는 1~2명의 창업자가 되기 위해서는 무엇이 필요할까? 실제 성공창업은 창업가 본인, 창업 자금, 창업 아이템, 상권·입지 등 창업을 구성하는 4대 요소를 제대로 알고 실천하느냐 못하느냐에 달려 있다. 창업의 4대 요소를 알고 있는 것뿐만 아니라 4대 요소를 어떻게 융화시키고 실천하느냐가 성공과 실패를 가르는 갈림길이다.

이 책의 제1장에서는 창업을 준비하는 본인에 대한 평가를 다루었다. 본인이 창업가의 자질이 있는지, 꿈만 꾸는 이상가인지 알아야 한다. 창업은 꿈이 아니고 현실이다. 창업을 준비하는 많은 사람에게 창업시장의 현실과 고민에 대해 솔직한 직언을 하고 있다.

제2장은 창업자금에 대하여 말하고 있다. 창업은 현실이다. 창업자금에 따라 빈익빈 부익부 현상이 극명하게 나타나는 곳이 창업현장이다. 대부분의 창업자들은 소자본으로 창업을 준비한다. 같은 창업자금이라도 자금의 흐름을 알면 보다 효과적으로 성공창업을 만들 수 있다.

제3장 창업아이템의 법칙에서는 아이템 선정요령과 유행아이템, 유망아이템의 구별법 등 지속가능한 창업아이템을 선정하는 방법을 제시하고 있다. 예비 창업자들은 창업아이템을 보는 눈을 가져야 한다. 어떤 아이템이 결국 돈이 되는지에 대한 고민이 필요하다.

제4장 상권분석의 법칙에서는 점포 구하기 전 알아야할 사항, 상권·입지분석 방법, 점포개발의 노하우, 계약체결시 주의사항까지 다루고 있다. 점포형 창업의 경우 상권과 입지는 어떤 것보다도 중요하다. 창업의 승패를 결정하는 상권과 점포에 대하여 세밀하게 작성하였다.

　이 책은 초보창업자의 입장에서 최대한 쉽고 재미있게 집필하려 노력했다. 하지만 현장에서 직접 뛰어다니며 마주치지 않고서는 이해가 안 되는 부분도 있을 것이다. 이 책의 내용은 하나의 참고 사항일 뿐 정답은 아니다. 결국 창업은 창업자의 몫이다. 창업자가 결정하고 창업자가 책임져야 한다. 예비 창업자들이 창업을 결심하는 순간, 아이템을 선정하는 순간, 점포를 결정하는 매 순간마다 이 책이 현명한 선택에 조금이라도 도움이 되는 책으로 남았으면 좋겠다.

　마지막으로 나의 따뜻한 가족들과 한국창업경제연구소, 한국FC창업센터 직원들께 진심으로 감사드린다. 언제나 보고 싶은 남근이와 소향이에게도 이 책을 바친다.

장정용

차례

프롤로그 004

Chapter 1. 성공창업자의 법칙

001 순진하기만 한 직장인들이여, 열정만으로 성공할 수 없다 017

002 너도나도 창업, 우리나라 창업의 현주소 020

003 창업! 어떤 순서로 진행되는가? 023

004 창업은 로또가 아니다 029

005 창업 성공확률은 얼마나 될까? 031

006 창업할 때 폐업을 생각하라 034

007 과장은 과장 생각, 사장은 사장 생각을 해야 한다 036

008 창업은 직장 생활보다 몇 배는 더 힘들다 039

009 창업의 첫 단추는 자신을 아는 것이다 041

010 주변 환경을 정확하게 분석하라 046

011 나비처럼 날아 벌처럼 쏴라 048

012 창업, 선택이 아닌 필수이다 051

013 생각만 하지 말고 행동하라 053

014 더 큰 꿈을 위해 한 살이라도 젊었을 때 도전하라 056

Chapter 2. 창업자금의 법칙

015 창업자금은 얼마가 있어야 하나?　　　　061

016 초보창업, 작게 시작하라　　　　064

017 역시 창업자금이 문제다　　　　066

018 창업자금은 어떻게 만들까?　　　　068

019 무리한 창업은 포기하라　　　　070

020 정부 정책자금을 활용하라　　　　072

021 창업자금 어떻게 쓰이는가?　　　　074

022 살아있는 돈과 죽은 돈을 구분하라　　　　077

023 수익성을 예측하라　　　　079

024 일반과세와 간이과세　　　　082

Chapter 3. 창업아이템의 법칙

025 창업정보를 얻는 6가지 방법　　　　089

026 창업아이템과 나와의 궁합이 맞나?　　　　093

027 고객 연령과 나의 연령을 맞춰라　　　　095

028 창업자금대별 아이템 선택전략은 다르다　　　　097

029 아이템의 수명주기를 파악하라　　　　100

030 연애도 타이밍, 창업도 타이밍이다　　　　103

031 남들보다 한 발짝만 앞선 트렌드를 잡아라　　　　107

032 미래가 궁금하다면 과거를 돌아봐라　　　　109

033 창업아이템 구분도   112

034 벤처 아이템보다는 대중적인 아이템이 좋다   114

035 고객의 눈으로 아이템을 선택하라   116

036 복합형 아이템과 전문 아이템이 있다   118

037 유행아이템과 유망아이템은 다르다   120

038 프랜차이즈 가맹점과 독립창업, 어떤 창업을 할까?   123

039 프랜차이즈 본사 판단 비법   126

040 1등 아이템이 아닌 2등 아이템을 선택하라   130

041 유명브랜드가 유망브랜드는 아니다   132

042 음식장사, 맛만 있으면 대박이다   134

043 특별한 아이템을 찾지 마라   137

044 창업박람회 관람의 6가지 기술   139

Chapter 4. 상권분석의 법칙

제1절 점포구하기에 앞서   145

045 부동산업체를 내편으로 만들어라   146

046 여자는 첫째가 외모, 장사는 첫째가 목이다   148

047 아이템선정과 점포선정, 어떤 것 먼저 할까?   150

048 상권은 집에서 어느 거리까지 창업이 가능할까?   152

049 애인 구하는 방법과 점포 구하는 방법   155

050 중개수수료는 얼마나 줘야 할까?   167

051 데두리를 아십니까?   169

052 만남이 있으면 헤어짐이 있듯 점포 매매할 때를 생각하라   171

053 점포매매는 어떻게 해야 할까?   173

054 권리금 있는 점포와 없는 점포, 어떤 점포가 좋을까?   175

055 가게주인들은 사람에 따라 권리금을 다르게 말한다   178

056 최고의 점포가 아닌 최선의 점포를 찾자   180

제2절 상권분석의 법칙   183

057 상권분석은 배우자의 집안을 보는 것이다   184

058 1시간 안에 상권 파악하기   186

059 며칠 장사할 수 있는 상권인가?   188

060 상권에 사람이 모이는가? 흩어지는가?   190

061 같은 업종의 점포 있는 게 좋을까? 없는 게 좋을까?   192

062 초보창업자여! 선수촌은 피해라   194

제3절 입지분석의 법칙   197

063 상권은 집안, 입지는 애인이다   198

064 남녀뿐만 아니라 점포와 아이템도 궁합이 맞아야 한다   200

065 점포개발 서식 알아두면 편리하다   203

066 계약평과 실평은 다르다   205

067 아이템에 맞는 평수와 층수가 있다   208

068 매장 전면간판은 여자의 얼굴과 같다　　211

069 화장에 따라 변하는 여자, 간판에 따라 변하는 점포　　214

070 점포형태는 여자의 몸매다　　217

071 인테리어는 성형수술이다　　219

제4절 점포개발의 법칙　　223

072 점포 몇 개나 봐야 할까?　　224

073 점포를 얻으려면 얼마가 있어야 할까?　　226

074 보증금과 월세전환 이렇게 한다　　230

075 월세 100만 원에 계약했는데 실제는 130만 원을 낸다　　233

076 적당한 승용차와 같이 적당한 월세도 있다　　235

077 여자는 남자를 속이고, 가게주인은 매출을 속인다　　238

078 특이한 여자가 있듯 특이한 임대조건도 있다　　240

079 장사 잘하는 가게주인과 못하는 가게주인　　242

080 애인의 친구를 만나듯 주변 가게주인을 만나라　　244

081 건물주는 하나님과 동기동창이다　　247

082 여자의 마음처럼 복잡한 권리금　　250

083 얼굴 값하는 남자, 자리 값하는 바닥 권리금　　252

084 사짜 직업의 남자, 장사 잘 되어 형성된 영업 권리금　　254

085 겉만 번지르르한 남자, 쓸데없는 시설 권리금　　256

086 기타 권리금의 종류　　258

087 권리금에는 정가가 없다　　260

088 쪽박 점포개발 사례   263

089 대박 점포개발 사례   266

제5절 계약체결의 법칙   269

090 상가임대차보호법, 중요사항만이라도 알아둬라   270

091 각종 인·허가 절차   274

092 사업자등록증 어떻게 낼까?   276

093 재개발의 위험, 토지이용계획 확인원을 검토해라   280

094 음식장사를 하기 위해선 영업신고증이 있어야 한다   282

095 보건증과 위생교육   284

096 건물하자는 등기부등본으로 확인한다   286

097 불법건축물은 건축물대장을 확인해야 한다   290

098 소방기본법 때문에 오픈을 못하는 경우도 있다   295

099 확인 못 하면 돈 나가는 사항들   298

100 행정처분은 주인이 바뀌어도 승계된다   304

101 바지사장이 나오는 경우도 있다   306

102 권리계약과 임대차계약도 순서가 있다   308

103 권리계약, 배짱으로 하라   312

104 임대차계약 사항은 어떤 내용이 있나   316

Why don't start-up artists fail?

001 순진하기만 한 직장인들이여, 열정만으로 성공할 수 없다   017
002 너도나도 창업, 우리나라 창업의 현주소   020
003 창업! 어떤 순서로 진행되는가?   023
004 창업은 로또가 아니다   029
005 창업 성공확률은 얼마나 될까?   031
006 창업할 때 폐업을 생각하라   034
007 과장은 과장 생각, 사장은 사장 생각을 해야 한다   036
008 창업은 직장 생활보다 몇 배는 더 힘들다   039
009 창업의 첫 단추는 자신을 아는 것이다   041
010 주변 환경을 정확하게 분석하라   046
011 나비처럼 날아 벌처럼 쏴라   048
012 창업, 선택이 아닌 필수이다   051
013 생각만 하지 말고 행동하라   053
014 더 큰 꿈을 위해 한 살이라도 젊었을 때 도전하라   056

Part 1

성공 창업자의 법칙

창업은 전쟁이라고 한다. 전쟁터의 군인처럼 죽기 살기로 덤벼야 한다. 하지만 전략 없이 무작정 전쟁터에 나가면 총알받이가 될 수밖에 없다. 총알받이가 아닌 전쟁의 진정한 승리자가 되기 위해서는 철저한 준비와 분석 아래 창업을 시작해야 한다.

001
순진하기만 한 직장인들이여,
열정만으로 성공할 수 없다

10년 전에 비하면 창업이란 단어가 정말 익숙해졌다. IMF 이전까지만 해도 창업은 대중적인 단어는 아니었다. IMF를 거치면서 지금은 대한민국 국민 누구나 한 번쯤은 나도 직장을 그만두고 창업을 해볼까라는 생각을 해봤을 것이다.

신문과 방송에 나오는 창업 성공사례를 보면, 나도 금방 부자가 될 것 같아 주먹을 불끈 쥐고 도전하고 싶다. 하지만 대부분의 사람들은 자금부족, 가족의 반대, 창업에 대한 두려움 때문에 마음만 있지 실제 도전도 못하고 포기한다.

우여곡절 끝에 창업에 도전해도 성공 확률은 50%도 안 된다. 창업자의 50%는 손해만 보고 실패의 쓴잔을 맛본다. 순진하기만 직장인, 열정만 있는 청년, 꿈만 꾸는 주부들이 창업의 전쟁터에서 성공하기란 결코 녹록지 않다. 창업은 꿈이 아닌 현실이다.

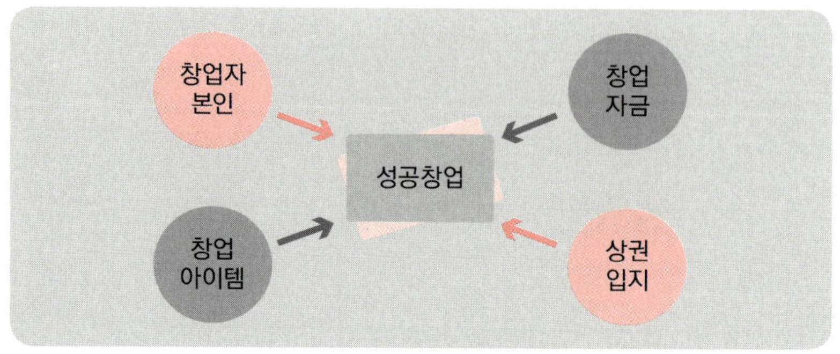

▲ 성공창업의 요소

현실적으로 어떻게 하면 안정적인 성공창업을 이룩할 수 있을까? 창업을 위해서는 창업자 본인, 창업자금, 창업아이템, 적정한 상권과 입지의 매장, 이 4가지가 조건이 맞아떨어져야 한다.

창업자 본인이라 함은 창업을 하고자 하는 본인의 역량과 열정을 말한다. 똑같은 매장이라도 점포주의 노력 여하에 따라 매출이 분명 차이가 난다. 외식업을 창업한 사람이 뒷짐 지고 계산만 해서는 절대 성공할 수 없다. 사장이 직접 주방도 보고 홀 서빙도 해야 한다. 창업자의 열정과 노력은 너무나 당연한 것이다. 창업은 직장생활보다 몇 배는 더 힘들다는 것을 명심하고 뛰어들어야 한다.

창업자금은 창업에서 필수 요소이다. 어떤 창업자들도 일정한 창업자금을 갖고 사업을 시작한다. 다만 그 금액의 차이가 있을 뿐이다. 몇백만 원에서 몇십억 원까지 다양한 자금을 투자해서 창업을 한다.

돈 많은 부모가 있지 않는 이상, 대부분의 예비 창업자들은 소자본으로 성공창업을 만들어야 한다. 더욱이 대부분의 창업자들은 창업하는 데 얼마나 많은 자금이 소요되는지조차 모른다. 똑같은 자금이라도 어떻게 써야 가장 효율적일지를 알아야 한다.

　노점상에서 대형 패밀리 레스토랑까지 창업아이템이란 단어가 포함하고 있는 업종은 무궁무진하다. 어떤 창업아이템이 유행아이템이고 유망아이템인지 판단할 수 있어야 한다. 단순히 누가 어떤 장사가 잘된다더라, 누가 어떤 아이템이 '좋다더라' 식의 '카더라' 식 아이템 분석은 짚을 지고 불구덩이로 뛰어드는 꼴이다.

　적정한 상권과 입지란 한마디로 장사가 잘될 수 있는 매장을 찾아야 한다는 것이다. 외식업 창업은 입지가 70%를 좌우한다고 해도 과언이 아닐 정도로 상권은 무척 중요하다. 초보자들이 빠지기 쉬운 오류 중의 하나가 맛만 좋고 열심히 하면 손님은 저절로 올 것이란 착각이다. 물론 창업자의 노력, 좋은 아이템, 훌륭한 인테리어가 손님을 끌어들일 수는 있다. 그렇지만 그런 노력을 좀 더 좋은 자리에서 한다면 노력의 대가가 몇 배 더 나올 것이다. 노력을 하는 것은 당연하다. 그 노력이 빛을 더 발하게 하는 것은 좀 더 좋은 입지의 매장임을 잊지 말아야 한다.

　성공창업, 물론 좋다. 하지만 창업은 성공보다 실패를 하지 않는 것이 더 중요하다. 대박보다는 안정적인 수익을 올릴 수 있어야 한다. 창업자의 노력, 적정한 자금 활용, 좋은 아이템, 최적의 상권과 점포를 선정한다면 대박은 장담하지 못하지만 절대 실패하지 않는 창업은 만들 수 있다. 창업의 목표는 10%의 대박 창업자가 아니라 실패하는 50%의 창업자가 되지 않는 것이다.

너도나도 창업,
우리나라 창업의 현주소

이태백, 삼팔선, 사오정, 오륙도 등 몇 해 전부터 평생직장이 사라진 시대를 대변하는 자조적인 신조어가 유행한다. 불안한 직장생활을 나타내는 말이다. 20년 전만 해도 대학을 졸업하고 좋은 직장을 얻어 임원이 되고, 퇴직금을 받아 남은 여생을 즐길 수 있는 시대였다. 하지만 지금은 이런 말은 호랑이 담배 피우던 시대의 이야기가 됐다.

물론 지금도 운이 좋아 60세에 정년퇴직을 할 수 있다. 60세에 정년퇴직을 한다고 해도 이제는 평균수명이 80살을 넘는 고령화시대로 접어들었다. 60세에 퇴직해 80세까지 20년이 넘는 시간을 백수로 지내야 한다.

20대 중반에 취직해서 35년 동안 직장생활을 했다고 하자. 35년 받은 월급으로 집 장만하고, 자식 키우고, 출가시키고, 20년을 넘는 시간을 아무 일도 안 하고 편안한 노후를 보낼 수 있는 사람이 얼마나 될까?

그렇기 때문에 60세의 정년퇴직이 아니라 40대에 명예퇴직을 하고 너도나도 창업 전선에 뛰어들고 있다. 직장인, 대학을 졸업하고 취직 대신 창업에 뛰어드는 청년들, 가계 살림에 도움을 주고 자기 일을 하고 싶은 가정주부 등 20세가 넘는 성인들 중 한 번쯤 창업을 생각해보지 않은 사람이 없을 정도이다.

실제로 많은 사람들이 자영업으로 뛰어들었고, 그중 상당수는 외식업으로 뛰어들었다. 우리나라 인구를 약 5,000만 명이라고 하면 외식 점포는 약 70만 개이다. 인구 70명당 한 개의 외식업체가 운영되고 있는 것이다. 평균적으로 70명을 대상으로 장사를 해서 답이 나올 수 있을까?

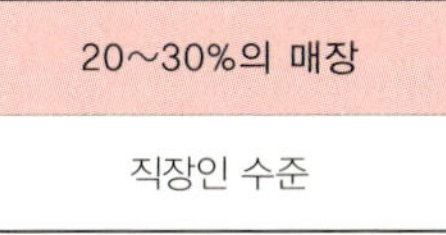
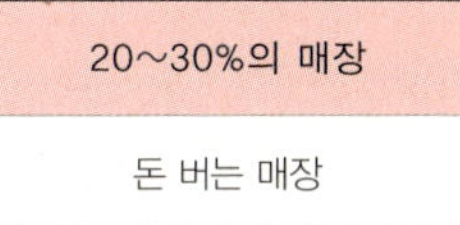

▲ 자영업자들의 순이익

전국 70만 개의 음식점 중 손익분기점을 넘겨 순수익을 남기는 매장이 얼마나 될까? 직장 다닐 때보다 높은 수익을 가져가는 음식점사장들이 얼마나 될까? 절반 이상의 음식점은 본인 인건비도 못 버는 매장들이다. 음식점 10개 중 5개는 수익이 발생하는 것이 아니라 월세를 걱정하는 매장들이다. 10개 중 2~3 매장은 직장인 수준의 수익 정도를 올리고 있고, 장사를 해서 돈 버는 식당은 10개 중 2~3개의 매장뿐이다. 그럴 수밖에 없는 것이 우리나라 창업시장의 현실이다.

창업전문가들은 자조 석인 농담으로 우리나라 음식점의 반은 망해야 음식점사장님들의 주름이 필 수 있다고 한다.

지금도 넘쳐나는 음식점 속에 또 새로운 매장들이 오늘도 오픈하고 있다. 기존 매장들은 나름대로 단골고객과 운영노하우를 갖고 있다. 그런데 순진하기만 한 직장인들이 꿈만 가지고 기존 음식점 사장님들과의 경쟁에서 이길 확률이 과연 얼마나 될까? 무모한 자신감만으로는 치열한 자영업 시장에서 성공의 단맛을 보기는 불가능하다.

흔히들 창업은 전쟁이라고 한다. 전쟁터의 군인처럼 죽기 살기로 덤벼야 한다. 하지만 전략 없이 무작정 전쟁터에 나가면 총알받이가 될 수밖에 없다. 총알받이가 아닌 전쟁의 진정한 승리자가 되기 위해서는 철저한 준비와 분석 아래 창업을 시작해야 한다.

"10개 매장 중 2~3개 매장은 직장인 수준의 수익 정도를 올리고, 장사를 해서 돈 버는 매장은 2~3개 매장뿐이다. 나머지 5개 매장은 직장인보다 못한 수익을 얻는 것이 우리나라 창업 시장의 현실이다."

003

창업!
어떤 순서로 진행되는가?

단계	구분	주요내용
1단계	자금 확보	자기자본, 금융대출, 창업지원 자금
2단계	아이템 선정	요식업, 판매업, 서비스업 등
3단계	창업형태 확정	독립창업, 프랜차이즈 가맹점창업, 전수창업 등
4단계	상권·입지분석	상권분석, 입지분석, 점포개발
5단계	매장선정	권리계약, 임대차계약
6단계	판매제품 확정	메뉴확정, 판매물품, 서비스 종류
7단계	인테리어 공사	철거, 목공사, 전기공사, 도장 공사 등
8단계	시설 및 기물	주방시설, 홀 기물, 간판 등
9단계	각종 인허가	영업신고증, 사업자등록증
10단계	직원채용	정직원, 아르바이트
11단계	초도물량매입	식재료, 판매물품
12단계	오픈	오픈행사
13단계	문제점 보완	3개월 동안 문제점 개선
14단계	지속적 운영	단골고객 확보, 번성점포 유지

▲ 창업의 14단계

많은 사람들이 창업을 결심한 후 어떤 것부터 해야 할지 막막함을 토로한다. 창업의 절차는 꼭 순서가 정해져 있는 것은 아니다. 창업자의 지식과 경험의 정도에 따라 그 순서는 얼마든지 달라질 수 있다. 하지만 대략적인 창업의 순서를 알고 있으면 좀 더 수월하게 창업을 진행할 수 있다. 위의 표는 창업 전반의 절차와 각 단계별 진행 과정을 보여준다.

1단계 자금 확보단계는 자신이 보유하고 있는 창업자금과 앞으로 확보할 수 있는 자금을 산정해 보는 것이다. 창업자금에 따라 선택할 수 있는 아이템이 다르다. 자금에 맞는 창업아이템을 선정해야 한다. 본인의 능력을 벗어난 무리한 자금투자를 한 후 망하는 50%의 창업자가 된다면 가족의 생계마저 위험해 질 수 있다. 창업을 할 때는 본인이 갖고 있는 금액 내에서 창업을 해야 한다.

창업은 성공확률이 높은 게임이 아니다. 자금이 확보되지 않았다면 좀 더 자금을 확보하고 창업하는 것이 좋다. 창업은 빨리하는 것이 중요한 것이 아니고 안정적으로 하는 것이 중요한 것이다. 자금이 확보되지 않았다면 천천히 경험을 쌓으며 돈을 모아 시작하는 것이 좋다.

2단계 아이템 선정은 요식업, 판매업, 서비스업 등 어떤 아이템을 선정할 것인가의 문제이다. 어떤 아이템이 좋고 어떤 아이템이 나쁘다고 말하진 않겠다. 어떤 아이템도 분명히 성공 가능성을 갖고 있다. 예비 창업자가 생각해야 할 것은 그 아이템이 과연 나의 적성에 맞는지, 그리고 3~5년 후에도 선택한 아이템으로 장사를 지속할 수 있을지를 판단해야 한다.

3단계 창업형태 확정은 독립창업으로 창업할 것인지, 프랜차이즈 가맹점

창업으로 창업할 것인지 선택하는 것이다. 독립창업은 예비 창업자 혼자서 모든 것을 결정하고 진행해야 하나 창업비용이 상대적으로 저렴하다. 창업 경험이 있는 베테랑 장사꾼들이 주로 선택하는 형태이다.

프랜차이즈 가맹점창업은 프랜차이즈 본부에서 창업 전반을 도와주기 때문에 좀 더 수월하게 창업이 가능하지만 창업비용이 비싸다는 단점이 있다. 초보창업자들이 주로 선택하는 형태이다. 독립창업과 프랜차이즈 가맹점창업 중 어떤 창업형태가 좋고 나쁘다기보다는 창업자의 능력과 상황에 따라 결정해야 한다.

4단계 상권·입지분석은 어떤 아이템을 선택하더라도 점포형 창업에서는 무엇보다 중요하다. 같은 인테리어와 같은 상품을 판매하더라도 어떤 상권과 입지를 가졌느냐에 따라 매출은 천차만별이다. 특히 초보창업자는 음식 맛이 좋고 서비스가 좋으면 사람이 저절로 찾아온다는 생각을 한다. 하지만 안 좋은 입지에서 성공하는 창업자는 100명 중 1~2명에 불과하다. 이왕 창업하는 것이라면 될 만한 자리에서 시작하는 것이 좋다.

5단계 매장선정을 위한 권리계약과 임대차계약에서는 특히 권리금과 임대료가 적정한지를 판단해야 한다. 주변시세에 비하여 임대료가 저렴한지, 권리금을 줄만한 매장인지를 판단해야 하는 것이다. 같은 건물 내에 있는 매장들도 권리금이 없는 점포가 있고 몇억 원을 요구하는 점포도 있다.

임대료는 매장을 운영하여 얻은 수익으로 지불할 수 있는 수준인지 잘 판단해야 한다. 가끔 임대로 산정을 잘못하여 장사해서 본인은 남는 게 없고 건물주 배만 부르게 하는 경우도 있다.

6단계 판매제품 확정은 음식점이라면 메뉴를 확정하고, 판매단가와 원가를 계산하는 것이다. 매장의 입지에 따라 고객을 정확히 파악하고 선정해야 한다. 가끔 자신의 소비 경험만을 생각해서 판매단가를 책정하는 경우가 있다. 본인은 10,000원의 점심이 전혀 부담되지 않는다고 대학가에서 10,000원의 점심을 판매했다가는 낭패를 보게 된다. 판매단가는 내 매장을 찾는 주요 고객이 제품에 만족하고 기꺼이 지불할 수 있는 금액으로 책정해야 한다.

7단계 인테리어는 독립창업은 기존시설을 그대로 인수하는 경우가 많은데 이때 기존시설활용 부분을 신중히 검토해야 한다. 매출이 부진한 점포를 인수하여 기존시설과 메뉴구성을 그대로 이어받아 매출을 올리기는 사실상 불가능하다. 프랜차이즈 가맹점창업은 기존시설을 거의 대부분 철거하고 새로운 시설을 설치한다. 이때 프랜차이즈 본부에서 너무 많은 인테리어 폭리를 취하는지 판단해야 한다.

8단계 시설 및 기물은 인테리어 이외의 간판, 주방시설, 홀 테이블 등을 설치하는 것이다. 비용 자체가 업체마다 차이가 있기 때문에 최소한 3~4군데의 업체에서 견적을 받아 비교해 보는 것이 좋다. 하지만 조심해야 할 것은 같은 제품에 대해 견적을 받아야 한다는 것이다. 제품의 품질이 다른 것을 단순히 싸다는 이유만으로 매입했다가 나중에 수리비가 더 많이 들 수도 있다.

9단계 각종 인허가 사항은 영업신고증, 소방법, 정화조 용량 등 수없이 많은 인허가 사항을 확인해야 한다. 잘못된 계약으로 인해 수백만 원의 추가

비용이 들어가거나 심지어 창업을 못하게 되는 경우도 발생할 수 있다. 인허가 사항은 아는 만큼 돈을 아낄 수 있는 부분이다.

10단계 직원채용은 정직원과 아르바이트 채용이다. 초보창업자들이 가장 어려워하는 부분 중의 하나이다. 사장의 마음에 100% 만족하는 직원은 없다는 것을 명심해야 한다. 하지만 어떤 직원을 채용하느냐에 따라 매장의 매출은 달라진다. 특히 소자본창업은 사장이 모든 것을 할 줄 알아야 한다. 주방직원이 그만두면 사장이 직접 주방에 들어가 주방 일을 해낼 수 있어야 한다.

11단계 초도물량매입은 최소한으로 적게 주문하는 것이 좋다. 가끔 납품업체에서 무리하게 입고를 하여 1년이 넘도록 창고에 묵혀 두는 제품도 있다. 아이템에 따라 다르겠지만, 초도물량은 10일 이내에 소진할 수 있는 물량만을 주문하는 것이 좋다. 또한, 거래업체는 최소한 일주일에 한 번 이상 배송이 가능한 업체를 선택해야 한다.

12단계 오픈행사이다. 초보창업자의 경우 오픈행사 날에 오히려 손님을 내쫓는 경우도 발생한다. 대부분 오픈행사 날에는 도우미를 부르고 화려한 이벤트로 매장 안에 손님이 꽉 차게 된다. 오픈 날에 지인들이 자리를 차지하고 있다면 일반 고객들이 자리가 없어서 그냥 나가는 일이 발생할 수도 있다. 지인들은 되도록 오픈일 전에 모시거나 오픈 후 매장이 안정되는 시점에 방문하는 것이 좋다.

13단계 문제점 보완은 최소한 3개월 동안 지속적으로 나오게 되는 항목이다. 음식장사라면 짜다, 맵다, 싱겁다 등 지인들과 손님들이 이 소리 저 소리를 한다. 귀가 얇은 사장님들은 갈팡질팡하고, 뚝심 있는 사장님들은 한 귀로 흘려보낸다. 그들이 말하는 것을 잘 듣고 정말 문제가 되는 것은 바꾸고 그렇지 않은 것은 뚝심 있게 밀고 나가야 한다. 3개월 동안은 매장의 성패가 갈리는 시간이다. 이 기간 동안의 적정한 대처가 앞으로의 성공과 실패의 갈림길이 된다.

14단계 지속적 운영을 위해서는 단골고객 확보가 어떤 아이템을 막론하고 절실하다. 20%의 고객이 80%의 매출을 올린다고 하지 않던가. 처음 단골을 확보하기 위하여 마일리지카드, 할인쿠폰, 단골증 등 활용할 수 있는 것은 무엇이든 실천해야 한다. 똑같은 고객이 세 번 이상 찾아와서 충성고객이 되면 그들은 더욱 많은 고객들과 함께 매장을 방문할 것이다.

> "창업의 순서는 꼭 정해져 있는 것은 아니다. 창업자의 지식과 경험에 따라 그 순서는 얼마든지 달라질 수 있다."

004

창업은
로또가 아니다

요즘 인터넷과 신문광고를 보면 대박을 내는 창업아이템이 넘쳐나고 있다. 일 매출 100만 원은 낄 자리도 없다. 하루 매출 300만 원, 500만 원을 올리는 정말 대박 아이템들이 너무 많다.

쪽박집이 간판만 바꿔달았을 뿐인데 손님들이 구름처럼 몰려 들어온다. 1억 원만 투자하면 한 달에 2~3,000만 원은 쉽게 벌수 있다고 광고한다. 광고대로 그렇게 무조건 성공하는 아이템이 있다면 사채 빚을 얻어서라도 창업해야한다. 광고뿐만 아니라 신문기사를 봐도 온통 창업 성공사례 뿐이다. 실패사례는 없고 어디나 성공사례만 나와 있다. 물론 광고를 하는 입장이나 기사를 제공하는 입장에서는 실패사례를 올리지 않는다. 이런 성공에 대한 과장광고 때문에 예비창업자들의 눈만 높아지고 있다.

물론 사람에 따라 1억 원을 투자하고 월 100만 원에 만족하는 사람도 있고, 월 2~3,000만 원은 벌어야 한다는 사람도 있다. 많은 사람들은 창업을 로또로 착각한다. 1억을 투자해서 한 달에 몇천만 원씩 벌고 싶어 한다. 과연 1억을 투자해서 한 달에 천만 원을 벌 수 있을까? 물론 가능은 하다. 단 10명 중에 1명만이 가능하다. 그리고 당신이 초보창업자라면 당신은 10명 중의 1명이 아닌 20명 중의 1명 정도가 될 것이다.

창업은 로또가 아니다. 투자금액과 노력여부에 따라 수익률이 나오는 것이다. 무작정 창업한다고 성공하는 것이 아니란 말이다. 창업은 로또처럼 되면 좋고 안 되면 마는 게임이 아니다.

창업은 가족의 생계가 달린 무엇보다 중요한 일이다. 처음부터 로또와 같은 대박만을 생각하고 창업하려는 것이면 일찌감치 포기하는 것이 자신과 가족을 위한 길이다.

> "창업은 투자금액과 노력여부에 따라 수익률이 나오는 것이지 무조건 대박이 터지는 게임이 아니다."

005

창업 성공확률은 얼마나 될까?

2억 원 미만의 창업자금인 경우 소자본창업으로 볼 수 있다. 대부분의 80% 이상의 예비창업자들이 소자본 창업자들이다. 그럼 소자본 창업자들의 성공확률은 얼마나 될까? 창업성공의 조건은 사람마다 다르다. 똑같이 1억 원을 투자해서 월 순수익 100만 원에 만족하는 사람이 있고, 1,000만 원은 되어야 만족하는 사람도 있다. 대부분의 창업전문가들은 3부~5부 장사를 하면 성공한 창업으로 인정하고 있다. 3부 장사란 1억 원을 투자해서 월 순수익 300만 원, 5부 장사란 월 순수익이 500만 원을 뜻한다. 물론 주인의 인건비는 별도로 책정한다.

다음의 표는 전체 창업자들 중 20~30% 이내의 성공한 창업자들의 투자 대비 수익률이다. 창업은 로또가 아니다. 1억을 투자하고 월 몇천만 원씩 벌수 있다는 허황된 꿈은 버리는 것이 좋다. 물론 당신이 1%의 창업자라면 가능하지만 그럴 가능성은 말 그대로 1%일 뿐이다. 창업은 로또와 같은 대박보다는 생계를 위한 안정적인 수익이 더욱 중요하다.

총투자금액	7,000만 원	1억 원	1억 5,000만 원
월투자수익률(3부)	210만 원	300만 원	450만 원
월 투자수익률(5부)	350만 원	500만 원	750만 원

월 3~5부 투자수익률이 나오면 성공한 창업이다. 3~5부 수익률을 목표로 창업을 해야 한다.

	7,000만 원	1억 원	1억 5,000만 원
본인인건비(1인)	150만 원	150만 원	150만 원
부부인건비(2인)	300만 원	300만 원	300만 원

본인의 인건비를 책정해야 한다. 본인이 전 직장에서 월급 300만 원을 받았어도 일반 매장에서 일하는 직원의 급여를 책정해야 한다. 물론 부부가 운영할 때는 부부의 인건비를 책정하면 된다.

	7,000만 원	1억 원	1억 5,000만 원
월 투자수익률(3부): 점주 1인 운영	360만 원	450만 원	600만 원
월 투자수익률(5부): 부부 운영	650만 원	800만 원	1,050만 원

7,000만 원 투자 시 목표 수익: 360만 원(인건비 1인 포함)~650만 원(부부 인건비 포함)
1억 원 투자 시 목표 수익: 450만 원(인건비 1인 포함)~800만 원(부부 인건비 포함)
1억 5,000만 원 투자 시 목표 수익: 600만 원(인건비 1인 포함)~1,050만 원(부부 인건비 포함)

▲ 투자대비 수익률

안정적인 창업을 위해서는 점포입지, 자금, 아이템, 창업자의 노력 등의 4박자가 잘 맞아야 한다. 많은 프랜차이즈 본부들에서 제시하는 장밋빛 미래만 보지 말고, 실패하지 않는 창업을 할 수 있도록 현실을 직시해야 한다. 50% 이상의 창업자들이 실패의 쓴잔을 들이키고 나오는 곳이 창업현장이다.

현장을 다니다 보면 하루 매출 5만 원, 10만 원인 매장들이 부지기수이다. 매출이 바닥인 창업자들도 처음에는 야무진 꿈을 갖고 시작했을 것이다. 하지만 꿈은 꿈일 뿐 현실은 호락호락하지 않다. 실패한 창업이 되면 매출은 부진하고 그로 인해 의욕이 상실되고, 의욕이 상실되면 더 매출이 부진하게 되는 악순환의 연속이 반복된다.

창업전문가들이 보기에는 실패한 창업자들 중 절반은 입지, 아이템, 창업자, 창업자금 어느 하나 경쟁력 없이 무모하게 도전한 경우이다. 창업은 본인의 주관적인 생각보다 객관적인 시각에서 판단하는 것이 매우 중요하다. 객관적인 시각을 갖기 위해서는 보다 많은 창업정보, 조력자 그리고 경험을 갖춰야 한다. 다시 말해 현실을 냉정하게 직시해야 하는 것이다.

소자본 창업의 성공률은 20~30% 내외이고, 실패도 아니고 성공도 아닌 창업이 20~30%, 실패한 창업이 40~50%임을 잊지 말아야 한다. 창업은 성공률을 높이기보다는 실패율을 낮추는 안정적인 창업이 더 중요하다. 대박도 좋지만 쪽박을 면할 수 있는 창업이 먼저이다.

"창업전문가들은 3부~5부 장사를 하면 성공한 창업으로 본다."

006

창업할 때 폐업을 생각하라

창업을 하면 정말 정신없이 시간이 지나간다. 내가 얼마를 팔고 얼마를 번 것인지도 모르겠고, 인건비나 재료비가 얼마가 나갔는지도 모른다. 특히 처음 한 달은 오픈 준비하면서 이것저것 비용이 추가로 들고 창업자 역시 정신없어 정확한 손익계산이 어렵다.

하지만, 3개월이 되면 오픈발이 없어지고 매출이 안정화 단계에 접어든다. 점포주 또한 장사가 익숙해질 시간이고 단골도 만들어질 시간이다. 그리고 3개월이 되면 매출, 지출, 순이익이 보이기 시작한다. 3개월째의 매출은 특별한 일이 없는 이상 앞으로의 매출로 봐야 한다.

오픈한 지 3~6개월째 손익계산했는데 적정 순이익이 안 나온다면 점포에 대한 문제점을 파악해야 한다. 문제점이 해결 가능한 부분인지 불가능한 부분인지를 판단하고, 해결 가능한 부분이라면 과감하게 변화를 줘야 한다. 3~6개월 운영하는 동안에 수익이 발생하지 않는다면 장사할 의미가 없는 점포이다. 이 시기동안 수익이 발생하지 않는다면 창업자의 몸도 마음도 힘들어질 때이다. 점포에 대한 애정도 식고 의욕도 없어진다. 오픈한 지 6개월 동안 수익이 발생하지 않는다면 과감하게 점포를 매매하는 것도 방법이다.

물론 장사가 잘 된다고 해도 평생 장사를 하는 것은 아니다. 장사가 안 되면 폐업의 시기가 좀 빨라지고, 잘 되면 조금 늦어질 뿐이다. 언젠가는 점포를 매매하거나 폐업해야 하는 시점이 온다.

초보자들은 장사해서 돈 버는 것만 생각하지만 창업선수들은 창업할 때 언젠가 점포를 매매할 때를 생각한다. 창업선수라도 언제나 성공하는 것은 아니다. 초보창업자와 다른 것은 실패할 때 얼마나 손해를 최소화하고 손을 뗄 것인지를 생각하고 창업했다는 것이다.

창업을 해서 돈을 버는 경우는 크게 두 가지이다. 매장을 운영하면서 장사가 잘 돼 수익이 발생하는 것과 매장을 매매할 때 투자금보다 많은 권리금을 받고 양도하는 것이다. 창업은 영원불변한 것이 아니다. 언젠가 점포를 양도할 때 투자금액을 얼마나 회수 할 수 있을지를 생각하고 창업해야 한다.

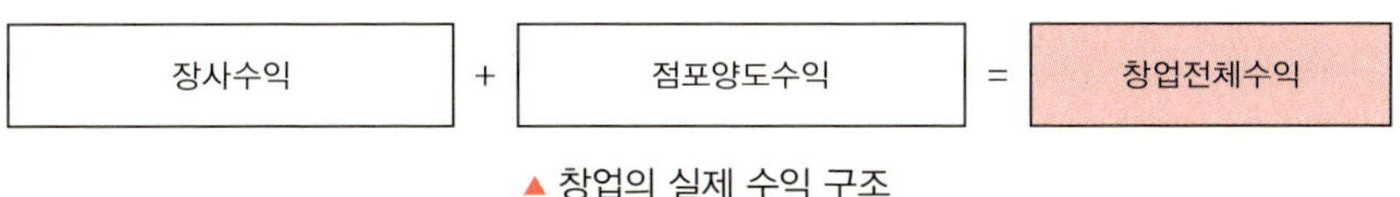

▲ 창업의 실제 수익 구조

그러기에 창업을 시작할 때부터 폐업을 염두에 둬야 한다. 창업을 시작할 때부터 최악의 상황이 오면 투자금액을 얼마나 회수하고 손을 뗄 수 있는지를 판단하고 시작해야 한다.

007

과장은 과장 생각,
사장은 사장 생각을 해야 한다

초보창업자들의 대부분은 퇴직자들이다. 20대이건 50대이건 대부분의 직장인들은 기존 직장의 직급에 물들어 있다. 30대 과장은 창업을 하고도 과장의 마인드로 매장을 운영하려 하고, 50대의 상무는 20평 고깃집을 운영하면서도 본인이 상무인줄 착각한다.

예전의 직급이 과장이든 상무이든 창업을 하면 바로 사장이 되는 것이다. 그런데 생각의 폭은 예전의 직급에 머물러 있다. 창업을 해서 사장이 되었는데도 과장으로 있었을 때의 마인드로 매장을 운영하려 한다. 부하직원도 있고 직장상사도 있던 과장의 시절의 마인드로 일한다면 결코 창업은 성공 할 수 없다. 하나부터 열까지 모든 일을 해결해야 하는 사장의 마인드를 갖는 것이 중요하다.

한 달이 지나면 꼬박꼬박 직원들 월급을 내가 줘야하고, 작은 일부터 큰

일까지 직접 내가 해야 한다. 누구도 그것을 해결해 주는 사람은 없다. 소자본 창업의 경우 사장은 슈퍼맨이 되어야 한다. 어디선가 누군가에게 무슨 일이 생기면 틀림없이 나타나야 하는 것이 사장이다.

직장인의 마인드로는 성공할 수 없다. 대형 매장이 아닌 대부분의 경우 사장은 알바생보다도 더 열심히 일해야 하고, 주방장보다도 더 전문적인 지식을 갖고 있어야 한다. 장사를 못하면 수익은커녕 손해를 봐야 한다. 본인 하기에 따라 연봉 1억 이상을 벌 수도 있지만 1년에 1억 이상을 까먹을 수도 있는 것이다.

창업을 생각하는 사람들은 먼저 자신이 진정 사장의 마인드를 갖고 있는지를 생각해야 한다. 누구 탓을 해서는 안 된다. 모든 것이 본인 하기에 따라 승패가 결정된다.

내가 직장 다닐 때 상무였고 밑에 직원들 몇백 명이 있었다는 것은 다 흘러간 옛이야기일 뿐이다. 현재는 작은 호프집 사장일 뿐이다. 호프집 사장이 뒷짐만 지고 카운터에만 앉아 있으려고 하면 그 매장은 더 볼 필요도 없다. 사장이 카운터에서 신문을 보고 있으면 아르바이트생들은 앉아서 핸드폰으로 오락을 한다. 사장이 알바생보다도 더 열심히 청소해야 알바생도 사장을 따라 청소를 한다.

전 직장의 지위나 직급은 아무 필요가 없는 것이다. 허영심을 버려야 창업에 성공할 수 있다. 낮아져야 한다. 한없이 낮아져야 한다. 2,000원 짜리 하나를 팔더라도 고객은 고마우신 분들이다. 아르바이트생 한 명도 사장보다 높은 사람이다. 그 아르바이트생이 어떻게 일하느냐에 따라 고마우신 손님들이 다시 올 수도 있고 다시는 안 올 수도 있는 것이다.

사장이 되고 싶으면 전 직장의 직급은 잊어라. 특히 대기업, 공무원, 은행원 등 나름대로 선망하는 직업군의 퇴직자들은 더욱 명심해야 한다.

난 사장이다. 사장은 슈퍼맨이다. 슈퍼맨은 모든 일을 처리해야 하는 사람이다. 실제 창업을 하는 사람들의 대부분은 사장의 마인드를 본인은 갖췄다고 생각한다. 하지만 막상 사장이 되면 어김없이 과장의 습성을 버리지 못하는 경우가 대부분이다. 남을 탓하는 것은 사장이 아니다. 사장은 누구도 탓할 수 없는 사람이다. 사장의 책임하에 모든 일을 하고 거기서 초래되는 모든 결과는 사장의 책임인 것이다.

008

창업은 직장 생활보다
몇 배는 더 힘들다

　직장생활을 하다보면 쥐꼬리만한 월급, 시도 때도 없는 야근, 직장상사는 야단치고 부하 직원들은 말을 안 듣고, 힘든 일이 한두 가지가 아니다. 많은 직장인들의 로망이 직장생활을 접고 화려하게 창업해서 사장이 되는 것이다. 돈도 직장 다닐 때보다 몇 배는 더 벌고, 어디 가서도 사장으로서 대접을 받고 창업만 하면 돈과 명예가 함께 올 것만 같다. 주변에 창업해서 돈방석에 앉았다는 사람들도 넘쳐난다. 인터넷을 검색해도 창업 성공 사례로 넘쳐난다. 나도 하면 잘 될 것 같고 직장생활 하는 것보다는 아무리 생각해도 창업하는 것이 훨씬 빠른 길 같다.

　직장 생활하면서 모은 돈을 탈탈 털고, 은행에서 대출도 받고, 여기저기서 돈을 마련해 창업을 한다. 하지만 창업은 자신감만으로 절대 성공할 수 없다. 자신이 처한 정확한 현실 파악이 전제 되어야 한다. 흔히들 창업은 전쟁이라고 한다. 손자병법에 전쟁에서 이기려면 "나를 알고 적을 알면 백전백승이다."라는 말이 있다. 창업에서 나를 안다는 것은 본인의 창업에 대한 능력, 마인드, 환경을 알아야 한다는 것이고, 적을 안다는 것은 창업시장에 대한 정확한 판단을 해야 한다는 것이다.

불행하게도 대부분의 창업자들은 적을 알기는커녕 본인도 모르고 창업을 시작한다. 본인의 역량이 직장인의 역량일 뿐인데 직장생활이 힘들다고 창업에 도전한다. 직장생활이 힘들어서 창업을 한다는 것이 말이 되는가. 한 달 지나면 꼬박꼬박 월급이 나오는 곳을 힘들어해서 나온 사람이 본인이 월급을 만들어야 하는 창업을 하는 것은 미친 짓이다.

창업을 할 때는 당연히 직장생활보다 몇 배는 힘들다는 생각을 해야 한다. 직장생활보다 좀 더 많은 돈을 벌려는 것은 당연하지만 좀 더 편안하게 일한다는 생각은 접어둬야 한다. 창업해서 사장이 되는 것은 휴일도 없다는 것이다. 장사하는 사람이 주 5일 근무를 한다고 생각해 봐라. 9시부터 6시까지만 매장을 운영한다고 생각해 봐라. 한마디로 그냥 망하는 가게이다. 직장인들처럼 근무해서 성공할 수 있는 장사는 없다. 부모님이 부자라서 취미삼아 창업하는 것이 아니라면 결코 그런 창업은 없다.

창업을 결심했다면 직장생활보다 몇 배는 더 힘들고 어려운 길을 간다고 생각해야 한다. 그렇지 않다면 그냥 직장 다니는 것이 본인을 위해서 좋을 것이다. 그냥 평생 직장을 다니면서 월급이나마 꼬박꼬박 모으고 사는 것이 최선이다.

창업은 전쟁터로 나가는 것이다. 전쟁에서 승리하기 위해서는 죽기 살기로 해야 한다. 죽기 살기로 창업을 해서 성공한다면 몇 년 후에는 직장인들보다 더 많은 시간을 가질 수 있고 더 많은 돈을 벌 수도 있다. 하지만 처음부터 그렇게 될 수는 없다. 최소 3년은 죽기 살기로 일할 생각이 아니라면 그냥 직장에 다니는 것이 좋을 것이다.

009

창업의 첫 단추는
자신을 아는 것이다

창업상담을 하다보면 정말 다양한 사람들을 만난다. 20대부터 60대까지, 남성과 여성, 중졸 출신부터 해외 유학파, 화이트칼라와 블루칼라 등 각계각층의 사람들을 만나게 된다. 하지만 창업은 공부를 좀 더 했다고, 사회 경험이 많다고 더 성공할 확률이 높은 것은 아니다. 오히려 외식업 창업의 경우 학력이나 연륜이 더 낮은 사람들이 성공할 확률이 높다. 보통 학력이 높은 사람들은 똑똑하다. 하지만 창업에서는 어리석은 경우가 많다.

예전 광고 중에 춤을 글로 배웠다는 뻣뻣한 춤을 추는 광고가 있었다. 춤을 글로 배우면 이론적으로는 각도가 어떻고, 포즈가 어떻고는 알 수 있겠지만 직접 춤을 추어본 사람들보다 잘 출 수는 없다.

화이트칼라의 경우 창업을 글로 배우려는 성격이 짙다. 이들은 창업에 대한 지식은 전문가 뺨치게 많이 알고 있다. 하지만 정작 창업의 실전에는 무지하다. 대기업 퇴직자들, 은행원출신, 공무원 출신들은 창업을 글로 접근하여 글과 같이 움직이려 한다. 그렇지만 글과 현실은 엄연한 차이가 있

다. 창업은 실전이다. 실전에서 직접 배우는 부분을 소홀히 해서는 성공할
수 없다.

창업을 할 때는 본인에 대한 정확한 판단이 뒤따라야 한다. 본인의 나
이, 학력, 건강, 성격, 적성을 당연히 고려해야 한다. 일시적인 기분으로 창
업을 하지 말고 본인에 대한 냉철한 판단이 수반 되어야 한다. 자신의 능력을
벗어난 창업을 해선 결코 성공할 수 없다. 본인을 주관적으로 판단하지 말
고 객관적으로 판단하여 본인이 창업을 할 수 있는 사람인지 아닌지를 정
확히 판단하는 것이 중요하다.

다음의 표는 창업적성검사표이다. 대략적인 내용이지만 본인의 창업 적
합도를 검토해 보길 바란다.

창업적성검사

번호	내용	아니다	보통이다	그렇다
1	처음 보는 사람과 대화하는 것을 좋아한다.	☐	☐	☐
2	억울한 일을 당하면 꼭 반격한다.	☐	☐	☐
3	잘 될 거라 생각했던 일이 잘 안 돼도 금방 잊어버린다.	☐	☐	☐
4	창업하는 데 가족들의 적극적인 지원을 받을 수 있다.	☐	☐	☐
5	나이에 비하여 건강에 자신 있다.	☐	☐	☐
6	어려울 때 힘이 되어줄 주변인이 2명 이상 있다.	☐	☐	☐
7	다른 사람들이 나에게 조언을 구하는 편이다.	☐	☐	☐
8	어떤 일을 하든 계획적으로 하는 편이다.	☐	☐	☐
9	가족들 중에 창업을 경험한 사람이 있다.	☐	☐	☐
10	희망하는 창업아이템에 대한 정확한 정보를 확보 하고 있다.	☐	☐	☐
11	모임자리에서 1차부터 4차까지 모임이 끝날 때까지 참석한다.	☐	☐	☐
12	한 번 창업에 실패하면 재기할 수 없을 것 같다.	☐	☐	☐
13	창업하려는 업종에 경험이나 지식이 없다.	☐	☐	☐
14	매사에 정리정돈을 잘 못하는 편이다.	☐	☐	☐
15	모험보다는 안전을 추구한다.	☐	☐	☐
16	창업자금의 50% 이상을 대출받아서 하려한다.	☐	☐	☐
17	꿈을 이루기보다는 안정적인 삶을 살고 싶다.	☐	☐	☐
18	누구의 간섭도 받지 않고 일하길 원한다.	☐	☐	☐
19	성격이 활동적이고 적극적이라 대인관계가 무난하다.	☐	☐	☐
20	육체적으로 일하는 업무에 자신이 있다.	☐	☐	☐
21	나는 신용관계가 좋은 편이다.	☐	☐	☐
22	군대생활과 직장생활의 경험이 있다.	☐	☐	☐
23	창업의 목표는 돈을 버는 것이라고 생각한다.	☐	☐	☐
24	중·고등학교 때 3년 개근을 했다.	☐	☐	☐
25	생각했던 일은 반드시 실행하는 편이다.	☐	☐	☐

번호	내용	아니다	보통이다	그렇다
26	새로운 상황에 접하면 적응하기가 어렵다.	☐	☐	☐
27	대중 앞에서 말을 하는 것이 두렵다.	☐	☐	☐
28	유머감각이 없는 편이다.	☐	☐	☐
29	남보다 앞서서 행동하는 것이 싫다.	☐	☐	☐
30	실리보다는 명예를 추구한다.	☐	☐	☐
31	돈을 벌면 집을 사고 싶다.	☐	☐	☐
32	비난이나 비판, 불평을 잘한다.	☐	☐	☐
33	숫자를 계산하거나 장부를 정리하는 일이 힘들다.	☐	☐	☐
34	나는 정해진 일을 하기 좋아한다.	☐	☐	☐
35	입지보다는 상권이 중요하다.	☐	☐	☐
36	창업관련 서적을 3권 이상 읽어 보았다.	☐	☐	☐
37	운동을 하는 것을 좋아한다.	☐	☐	☐
38	음식을 만드는 일보다는 판매하는 것이 좋다.	☐	☐	☐
39	각종 모임의 회장이나 총무를 잘 맡는 편이다.	☐	☐	☐
40	변화가 적고 손이 많이 가는 일도 꾸준히 할 자신이 있다.	☐	☐	☐
41	외출할 때 날씨가 좋지 않아도 그다지 신경 쓰지 않는다.	☐	☐	☐
42	호객행위를 마음만 먹으면 할 자신이 있다.	☐	☐	☐
43	알기 쉽게 요점을 정해서 다른 사람에게 설명할 수 있다.	☐	☐	☐
44	컴퓨터나 인터넷을 자주 사용하지 않는다.	☐	☐	☐
45	길거리를 돌아다니면 앞만 보고 간다.	☐	☐	☐
46	모임에 가면 한자리에만 앉아 있는 편이다.	☐	☐	☐
47	실내장식품이 액세서리에 관심이 별로 없다.	☐	☐	☐
48	남의 시선에 신경 쓰지 않는 편이다.	☐	☐	☐
49	실패나 성공은 운명이라고 생각한다.	☐	☐	☐
50	10년 후의 미래보다는 1년 후의 미래가 중요하다.	☐	☐	☐

▲ 창업적성 검사지

번호	아니다	보통이다	그렇다
1–10	1	2	3
11–17	3	2	1
18–25	1	2	3
26–35	3	2	1
36–43	1	2	3
44–50	3	2	1

▲ 창업적성검사 점수 계산

총점	결과
126점 이상	**창업자질이 매우 우수합니다.** 지금 즉시 창업을 해도 될 정도로 창업의 성공확률이 높습니다. 창업에 대한 자질이 매우 뛰어나기 때문에 창업 준비만 되어 있다면 바로 창업을 해도 성공확률이 매우 높습니다.
100~125점	**창업자질이 우수합니다.** 1~3개월 정도의 철저한 창업 준비를 한다면 충분히 성공적인 창업을 할 수 있습니다. 주변의 창업경험 있는 분들의 조언과 창업전문가의 지원을 바탕으로 창업을 진지하게 준비하셔도 좋을 것 같습니다.
85~99점	**창업자질은 보통수준입니다.** 창업에 대한 철저한 준비가 필요합니다. 창업의 경험을 쌓고 자질은 좀 더 끌어 올릴 수 있도록 노력이 필요합니다. 본인이 꼭 창업을 해야만 하는지 고민이 필요합니다. 꼭 창업을 해야 한다면 6개월 이상의 준비기간을 거쳐야 합니다.
61~84점	**창업자질은 중간이하입니다.** 창업에 대한 고민을 해 보시는 것이 좋을 것 같습니다. 아직까지는 창업의 자질이 부족하기 때문에 창업을 원하신다면 시간을 두시고 창업을 준비하시는 것이 좋을 것 같습니다. 직접 희망하는 업종에 근무도 해보시고, 진정으로 창업을 원한다면 주변의 창업경험이 있는 분들이나 창업전문가의 도움을 꼭 받아 준비하셔야 합니다.
60점 이하	**창업자질이 많이 부족합니다.** 창업에 대해 심각하게 고민을 해 보시는 것이 좋을 것 같습니다. 창업은 의욕만으로 성공할 수 없습니다. 당분간 창업을 보류하시고 꾸준히 본인의 능력을 향상시키도록 노력하시기 바랍니다.

▲ 창업적성검사 결과

010

주변 환경을
정확하게 분석하라

　창업은 혼자 결정하는 것이 아니다. 주변사람들의 동의를 얻어야 가능한 것이다. 창업은 가족의 생계가 달린 문제이기 때문에 가족의 적극적인 동의를 얻어 시작해야 한다. 또한 가족의 창업지원은 매장운영의 일손을 지원받을 수도 있고, 부족한 창업자금을 충당 할 수 있는 돌파구가 되기도 한다. 가족의 동의 없이 혼자만 창업을 결정해서는 안 된다.

　실제 창업을 결정하면 생각보다 가족의 동의를 얻기 어렵다. 특히 부모님들은 자식의 안정적인 직장생활을 선호하기 때문에 반대하는 경향이 높고, 배우자 또한 반대하는 경향이 많다. 안정적인 직장을 버리고 창업한다는 것이 가족입장에서는 불안하고 걱정이 될 수밖에 없는 것이다.
　그런 가족의 반대를 뿌리치고 혼자서 창업을 결정한다면 가정불화의 씨앗이 될 수 있다. 본인이 창업하는 이유와 계획을 정확히 이해시키고 설득을 한 후 동의를 얻어 창업을 시작해야 한다. 무작정 창업을 하면 결국은 도와주겠지 하는 막연한 생각을 하지 말고 가족의 적극적인 지원을 받아서 창업하는 것이 좋다. 가족의 동의 없이 혼자 내린 결정으로 창업해서 잘 된다면 좋겠지만, 실패한다면 가정불화의 원인이 될 수 있다.

가족의 지원뿐만 아니라 지인들의 도움도 받을 수 있는지 생각해 봐야 한다. 내가 창업을 하면 적극적으로 일을 도와 줄 수 있는 사람이 있는지, 창업경험이 많아 노하우를 전수해 줄 수 있는 사람이 있는지 잘 살펴봐야 한다. 특히 창업자금이 모자라면 주변에 동업을 할 수 있는 친구가 있는지 살펴보고, 주변에 아무 도움 받을 곳이 없고 가족의 도움조차 받을 수 없다면 창업을 한 번쯤 다시 생각해 보는 것이 좋다.

"창업을 결정하기 전 주변환경에 대한 정확한 분석을 한 후, 본인이 진정 창업을 시작할 준비가 되었는지 생각해 봐야 한다."

011

나비처럼 날아
벌처럼 쏴라

흔히들 하는 말로 창업은 아무나 할 수 있지만 아무나 성공할 수 없다고 한다. 돈만 있으면 누구나 창업을 할 수는 있다. 돈이 많든 적든 얼마든지 할 수는 있다. 하지만 창업을 하는 것이 중요한 것이 아니라 성공하는 것이 중요한 것이다. 어설프게 창업하려면 처음부터 포기하는 것이 현명하다.

아무나 하는 창업이 아닌 성공하는 창업을 하려면 오랜 창업준비 기간만 필요한 것이 아니라 정확한 상황판단이 필요하다. 우리나라 사람들은 창업 준비 기간이 짧다. 흔히들 6개월도 안 되는 짧은 기간 동안 준비해서 창업을 하기 때문에 실패한다고 한다. 과연 그럴까? 2년동안 창업준비를 한 사람은 성공률이 높을까? 꼭 그렇지만은 않다. 창업 준비 기간이 중요한 것이 아니고 얼마나 효율적으로 창업을 준비를 할 수 있느냐가 중요하다.

직장을 다니면서 인터넷을 검색하고 창업 책을 읽었다고 창업을 잘 준비하는 것은 아니다. 퇴직하고 본격적으로 창업을 준비하는 기간이 진짜 창업기간이다. 하지만 이 창업기간이 1년이 넘고 2년이 넘으면 오히려 창업이 어려워진다.

10년 동안 직장생활만 하다가 창업을 결심하고 찾아온 K씨가 있었다. 30대 후반의 남성분이었는데 자의반 타의반 회사를 나오고 1년 동안 창업준비를 하고 있었다. 그분은 창업박람회, 창업설명회, 중기청 창업교육 등 정말 많은 창업 준비를 했다. 1년 동안 얼마나 창업 준비를 했는지 창업전문가 수준이었다.

하지만 K씨는 걱정이 너무도 많았다. 창업준비를 하면 할수록 결정을 못 하겠다는 것과 자금이 문제였다. 처음 창업을 준비할 때는 1억 정도의 창업자금을 갖고 있었는데, 1년이란 준비기간 동안 생활비가 지출되어 창업자금이 7,000만 원으로 줄어 있었다.

창업을 준비하는 기간도 생활을 해야 하기 때문에 시간이 지날수록 창업자금은 자꾸 줄어들고, 준비를 하면 할수록 이것저것 생각만 많아지고 결정을 못하겠다는 것이다. 오랫동안 창업 준비하는 분들 중 상당수는 이런 분들이다. 철저한 준비를 위해 많은 시간을 투자했지만 오히려 시간이 지날수록 창업의 성공확률이 낮아지는 사례이다.

전설의 복서 무하마드 알리는 "나비처럼 날아 벌처럼 쏴라."라는 유명한 명언을 남겼다. 창업도 나비처럼 준비해서 결정해야 할 때는 벌처럼 재빨리 쏘는 실행력이 필요하다. 창업 준비를 철저하게 하는 것도 중요하지만 효율적으로 하는 것이 더 중요하다.

아무리 창업 베테랑도 100% 성공창업을 확신하고 시작하지는 못한다. 100%의 성공창업은 어디에도 없다. 창업은 100%가 아닌 70~80%의 확신만 있다면 결정해야 한다. 무한정 시간을 끈다고 성공확률이 높아지는 것은 아니다. 퇴직을 하고 창업만 준비한다면 6개월을 넘기지 말고 실행에 옮겨야 한다. 그 기간이 더 늘어진다면 지식은 더 많아지겠지만 창업자금은 줄어들고 결정하기도 더 어려워진다.

창업실행단계에는 책을 읽는 것이 중요한 것이 아니고 창업현장을 직접 찾아다녀야 한다. 창업박람회 참가, 각 브랜드 사업설명회 참석, 소상공인 창업교육 참석, 관심 아이템 선별, 프랜차이즈 본사 방문상담, 가맹점 방문 등 자신에 맞는 창업아이템을 찾아 나서야 한다. 창업을 염두에 둔다면 생각만 하지 말고 행동해야 한다.

"창업은 준비기간이 중요한 것이 아니고, 얼마나 효율적으로 준비하는가가 중요하다."

012

창업,
선택이 아닌 필수이다

 평생직장이란 개념이 무너지면서 청년부터 노인까지 창업이란 단어를 누구나 한 번쯤은 생각해 보게 되었다.

생각은. 하지만 창업이란 것이 어디 말처럼 쉬운 것인가. 생각은 있지만 실행은 어려운 것이 창업이다. 지금 당장은 아니더라도 언젠가 죽기 전에 한 번쯤은 창업을 할 수밖에 없는 시대로 가고 있다. 평균수명은 늘어나는데 직장생활의 기간은 짧아지고, 50살에 명예퇴직을 하면 앞으로 30년을 백수로 지내야 하는 시대가 되었다. 50대 삶의 환경은 대학을 다니는 자녀, 결혼을 시켜야 하는 자녀들이 있는 연령대이다. 돈 들어갈 일이 너무 많은 나이대이다.

명퇴를 하고 과연 할 수 있는 일이 무엇일까? 재취업을 할 수 있다면 좋겠지만 그전의 직장과 같은 급여와 직급으로 재취업을 하기는 현실적으로 불가능하다. 결국은 창업을 생각하게 된다.

50대의 퇴직자는 창업시장에서 경쟁력이 떨어진다. 그동안 해당분야에 대한 전문지식은 있지만 창업시장에서는 20대 청년과 같은 초보자일 뿐이다. 오히려 청년들은 육체적으로 뛰어나고 실패해도 다시 한 번 도전할 기회가 있지만, 50대는 육체적으로도 힘들고 두 번의 기회를 잡기도 어렵다. 잘못된 창업을 하면 50년 동안 잘 살아온 개인의 삶이 한 순간에 망가질 수도 있는 것이다.

창업을 생각하고 있다면 한 살이라도 젊었을 때 도전하는 것이 좋다. 청년층은 육체적으로도 뛰어나고 한 번의 실패정도는 경험으로 여기고 두 번째 기회를 노릴 수 있다.

창업은 자신의 가능성을 스스로 닫지 않는 데서 시작된다. 창업이란 고지를 점령하기 위해서는 스스로 가능성을 열어두고 도전을 하는 결단력이 필요하다. 변명만 잘해서는 결코 성공 할 수 없다.

"창업은 이제 선택이 아닌 필수의 시대가 왔다. 그 시기가 20대인가, 50대인가의 문제일 뿐이다."

013

생각만 하지 말고
행동하라

학창시절 공부를 잘하던 친구와 공부를 못하던 친구가 20년 후 동창회에서 만나게 된다. 공부 잘하던 친구는 회사원인데 공부 못하던 친구는 사업으로 성공해서 사장님으로 나온다.

우리 주변에 흔히 있는 일이다. 공부 잘하던 친구는 이 상황이 도저히 이해가 안 된다. 학창시절부터 열심히 공부해서 좋은 대학 가고 대기업에 취직해서 오직 앞만 보고 달려 왔다. 본인은 언제 잘릴지 모르는 파리 목숨인 직장생활을 연명하고 있을 뿐이고, 공부 못하던 친구는 동창회에 외제 승용차를 타고 나와 큰소리 뻥뻥 치고 있다. 사회가 잘못된 것 같다. 어떻게 학창시절부터 공부도 열심히 하고 비뚤어지지 않았던 내가, 공부도 안하고 놀기만 하던 친구보다 못할까 세상을 한탄하게 된다.

물론 공부 못하던 친구들이 모두 성공한 사장이 되어 나오는 것은 아니다. 공부 못하던 친구 중에 성공한 친구들만이 동창회에 나오기 때문에 학교에서 공부 잘하던 것과 사회에서 성공하는 것은 다르다는 말이 나오는 것이다.

그럼 공부 잘하던 친구와 못하던 친구의 차이는 어디서 비롯되었을까? 좋은 대학을 나온 사람들은 그동안 열심히 공부한 것을 사회에 나오면서 보상을 받는다. 대부분 이름만 대면 알 수 있는 대기업에 취직하고 또래보다 많은 월급과 안정된 직장생활을 영위 한다. 그렇게 10년, 15년이 흘러 현재의 위치에 오게 된 것이다.

하지만 공부 못하던 친구는 고등학교를 졸업하고 이름 없는 대학교를 나와서 변변한 취직자리가 없다. 그렇기 때문에 오히려 기회가 많아진다. 소규모 기업에 취직한다면 한 가지 일이 아닌 멀티 플레이어가 되어야 하고, 대우가 좋지 않기 때문에 본인이 직접 창업에 도전할 마음이 생긴다. 공부 못하던 친구가 일하던 회사는 대부분 소기업이기 때문에 그 분야 창업은 많은 자본을 투자하지 않고도 쉽게 도전할 수 있다.

공부 잘하던 친구가 다니는 대기업은 경력을 살려 대기업을 차릴 엄두를 낼 수 없다. 임원급은 퇴직 후 전관예우 형태의 하청업체를 창업할 수는 있어도 대리, 과장급은 회사를 나와서 관련분야 창업을 하는 것이 현실적으로 불가능하다. 하지만 공부 못하던 친구는 중소기업에 취직해 모든 일을 해보았기 때문에 경력을 살려 얼마든지 창업에 도전할 수 있다.

공부 못하던 친구는 가진 것이 없기 때문에 도전 할 수 있었고 도전했기 때문에 성공할 수 있었던 것이다. 공부 잘하던 친구는 이미 갖고 있는 것이 많기 때문에 도전할 수 없다. 안락한 직장을 버리고 자신만의 창업에 도전하기에는 가진 것이 너무 많다. 그렇기 때문에 만년 직장생활을 하게 된다. 직장생활이 위태로워질 때쯤 창업에 대한 생각을 하지만 너무 늦는 경우가 대부분이다.

 도전하는 사람은 실패할 수도 있지만 성공할 수 있는 가능성도 있다.

창업을 결심했다면 생각만 하지 말고 행동으로 옮겨야 한다. 그렇다고 아무 준비도 없이 덥석 직장을 때려치우라는 것이 아니다. 1차 창업 준비는 직장을 다니면서 준비하는 것이다. 1차 창업준비 없이 미리 퇴직하면 성급한 창업이 되거나 창업기간이 너무 오래 걸려 창업자금만 축내는 경우가 될 수 있다.

창업은 창업 준비단계와 창업 실행단계로 구분할 수 있다. 직장인이라면 창업 준비단계는 직장을 다니면서 창업을 준비하는 기간으로 삼아야 한다. 직장에 얽매여 있기 때문에 많은 시간이 자유롭지 못하다. 아직까지는 창업 생각만 있는 단계이다. 창업에 대한 시간적 여유가 좀 있는 단계임으로 최소한 창업관련 서적 5권은 읽어보고, 관심 있는 아이템의 프랜차이즈 홈페이지를 방문하여 한 글자도 놓치지 말고 읽어봐라. 또한 관심 있는 아이템을 소비자 입장에서 직접 방문하여 자주 찾을 만한 아이템인지를 파악해야 한다. 최소한 해당 아이템 매장 10군데를 직접 방문하여 사업성을 확인해 봐야한다. 위의 3가지를 시간에 관계없이 하고도 창업을 꼭 해야겠으면 당신은 2차 창업 준비를 해도 된다.

> "공부 못 하던 친구는 가진 것이 없기 때문에 도전 할 수 있었고,
> 도전했기 때문에 성공할 수 있었다."

014

더 큰 꿈을 위해
한 살이라도 젊었을 때 도전하라

직장인들은 누구나 창업을 생각하지만 창업을 두려워한다. 어떤 창업도 확실한 성공을 보장할 수 없기 때문이다. 항상 머릿속으로만 생각할 뿐 진짜 창업은 엄두를 못 낸다. 예비 창업자들은 실패에 대한 두려움과 성공에 대한 열정이 항상 머릿속에서 싸우고 있다. 만약 본인이 창업을 해야 할 상황이거나 꼭 창업을 할 것이라면 한 살이라도 젊었을 때 창업에 도전하는 것이 좋다.

청년 창업자들은 중년이나 노년 창업자에 비하여 상대적으로 적은 창업 자금으로 시작할 수밖에 없지만, 젊었을 때는 실패를 맛보았더라도 실패가 다음 성공의 밑거름이 될 수 있다. 하지만 중년 창업자들은 실패 시 노년의 생계를 걱정해야 하기 때문에 창업하는 것이 어려울 수밖에 없다.

꼭 창업을 하겠다면 40세 이전에 도전하는 것이 좋다. 40세 이전에는 육체적으로도 뛰어나고 새로운 일에 대한 적응력도 뛰어나다. 50세가 넘어서는 쉽게 창업을 할 수 없다.

그동안의 하던 일을 벗어나 다른 일을 하기에는 적응력이 떨어지고, 가정적으로 많은 돈이 들어가는 시기라서 쉽게 도전할 수 없다. 더 큰 꿈을 위해서라면 한 살이라도 젊었을 때 창업해야 한다.

	20대	30대	40대	50대 이상
체력	매우 높음	높음	다소 낮음	낮음
창업적응력	높음	높음	다소 낮음	낮음
창업자금	부족	보통	높음	다소 부족
실패에 대한 부담	낮음	보통	높음	매우 높음
창업적합도	다소 높음	매우 높음	보통	낮음

▲ 연령별 창업 적합도

가끔 노년의 신사들이 창업상담을 받으러 온다.

노년층이 창업상담을 해오면 참으로 난감하다. 무리하지 않는 창업자금으로, 육체적으로 부담되지 않아야 하고, 특별한 노하우도 없는 분들을 안정적으로 창업시키기란 너무나도 어렵다. 그분들은 절대 실패를 하면 안되는 분들이기 때문에 더욱 부담스럽다. 실패하면 다시 일어서기가 불가능하기 때문에 창업보다는 적은 수익이라도 안정적인 투자처를 알아보라고 조언하는 경우가 더 많다.

물론 중장년층이 창업을 해서 성공을 못하는 건 아니다. 맥도널드의 창업자 레이 크롤은 주방용품 영업사원에서 53세에 맥도널드를 창업하여 119개국에 3만 1,000개 이상의 매장을 오픈했다. 하지만 레이 크롤 같은 특별한 창업의 주인공이 좀 더 젊었을 때 창업을 시작했더라면 맥도널드와 같은 브랜드가 몇 개는 더 만들어졌을 것이다.

Why don't start-up artists fail?

015	창업자금은 얼마가 있어야 하나?	061
016	초보창업, 작게 시작하라	064
017	역시 창업자금이 문제다	066
018	창업자금은 어떻게 만들까?	068
019	무리한 창업은 포기하라	070
020	정부 정책자금을 활용하라	072
021	창업자금 어떻게 쓰이는가?	074
022	살아있는 돈과 죽은 돈을 구분하라	077
023	수익성을 예측하라	079
024	일반과세와 간이과세	082

Part 2

창업
자금의
법칙

창업을 할 때 똑같은 자금을 투자하더라도 그 돈이 죽은 돈인지, 살아있는 돈인지를 알고 투자해야 한다. 당연히 살아있는 돈에 더 많은 투자를 하는 것이 맞다. 하지만 창업현실은 그렇지 않다. 오히려 죽은 돈에 투자해야 하는 상황이 더 많다.

015

창업자금은
얼마가 있어야 하나?

창업을 하려면 얼마가 있어야 할까? 5천만 원, 1억 원, 아님 3억 원, 얼마의 자금이 있어야 적정한 창업자금일까? 사람마다 준비할 수 있는 창업자금은 천차만별이다. 하지만 창업아이템에 따라 적정한 창업자금은 정해져 있다.

배달치킨전문점을 하는 사람과 고기뷔페를 하는 사람은 필요한 창업자금이 다르다. 배달치킨전문점은 특별히 홀에서 손님을 받지 않기 때문에 유동인구가 많고 임대료가 높은 점포가 필요 없다. 배달 동선이 나오는 보증금 1,000만 원에 월세 30만 원인 점포만 있어도 된다.

굳이 권리금을 주고 매장을 얻을 필요가 없다. 대신에 매장을 알리는 홍보비용과 고객을 찾아가야하는 수고스러움이 따라야 한다. 또한 배달치킨전문점은 고객을 매장 내에서 받는 것이 아니기 때문에 인테리어도 필요 없고 주방기물만 있으면 된다. 매장 또한 굳이 넓을 필요가 없다. 주방공간만 확보된다면 5평에서도 충분히 창업이 가능하다. 그렇기 때문에 배달 치킨전문점은 창업비용 2~3천만 원 안팎으로도 창업이 가능하다.

하지만 고기뷔페를 하는 사람은 배달이 없다. 포장, 배달 없이 순수 매장 내에서 고객들을 상대로 매출을 올려야 한다. 점포 입지 또한 유동인구가 많고 배후인구도 탄탄해야 한다. 점포 평수도 50평 정도는 되어야 한다. 고기뷔페는 4인용 테이블을 25개 정도는 놓아야 한다. 고기뷔페의 특성은 한 테이블에 고객이 와서 오랫동안 머문다. 뷔페이기 때문에 천천히 많이 먹는다. 그렇기 때문에 회전률이 낮고 테이블이 하나라도 더 있어야 하는 아이템이다. 인테리어도 필요하고 각종 집기도 갖추어야 한다. 시설비만도 최소한 1억 이상은 투자해야 한다. 점포 입지도 뛰어나야 하고 최소한 2억은 있어야 하는 창업이 가능한 아이템이다.

창업을 하는 데 꼭 얼마가 필요한 것은 아니다. 하지만 자금대에 따라 창업할 수 있는 최적의 아이템은 정해져 있다. 본인이 융통 가능한 창업비용을 산정해보고 그 자금에 맞는 아이템을 찾아야 한다. 적은 창업자금으로 비용이 더 들어가는 아이템을 선택하는 것은 실패의 도화선이 될 수 있다. 시설비는 정해져 있는데 자금이 모자란다면 임대료가 저렴하고 권리금이 낮은 점포를 찾을 수밖에 없다. 이는 실패로 가는 첫 단추를 꿰는 것이다.

창업자금은 크게 두 가지로 구분 할 수 있다.

첫째, 점포를 얻는 자금인 보증금과 권리금이다. 보증금과 권리금은 상권과 입지에 따라 천차만별이다. 본인이 선택한 아이템은 어떤 상권과 입지의 점포를 얻어야 하는지, 점포에 투자하는 금액이 적당한지를 정확히 판단해야 한다.

둘째, 시설비와 초도 상품비용이다. 시설비는 인테리어, 간판, 집기 등 매장을 꾸미는 금액이고, 초도 상품비용은 초도식재료, 초도상품 등 장사를 하기 위해 구입하는 상품의 비용이다.

아이템에 따라 점포구입비용과 초도시설비의 비율을 적절히 책정해야 한다. 입지 위주의 아이템인지, 시설 및 상품 위주의 아이템인지를 판단하여 분배 사용해야 한다.

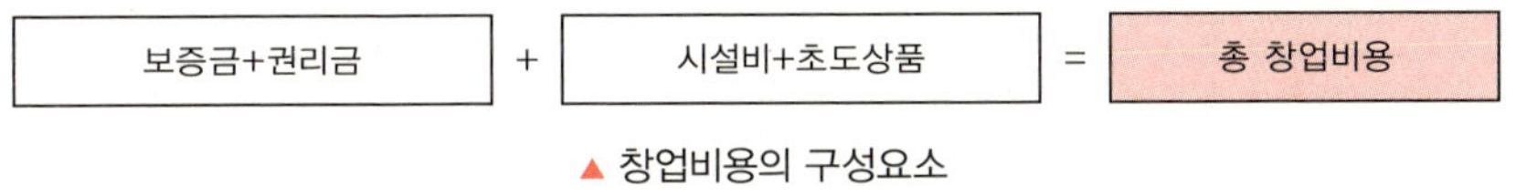

▲ 창업비용의 구성요소

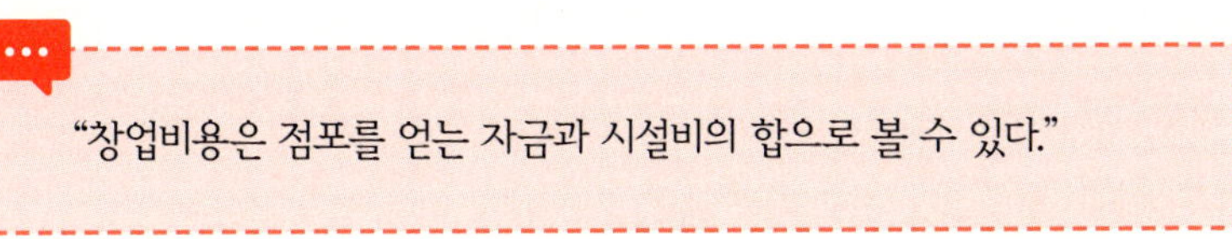

016

초보창업,
작게 시작하라

장사를 해서 대박 난 점포 사장님들을 만나보면 한 가지 공통점이 있다. 그것은 장사를 하며 한 번씩은 망해 봤다는 것이다. 망해본 경험을 바탕으로 성공한 것이다. 처음 장사는 비싼 수업료를 내고 배운 것이고, 두 번째 세 번째 창업을 하면서 실패 경험을 바탕으로 쪽박 사장님에서 대박 사장님으로 거듭난 것이다.

누구나 처음 창업하면서 큰 점포, 좋은 시설을 갖추고 창업을 하고 싶어 한다. 하지만 초보창업자가 무리하게 자금을 융통하여 크게 시작하는 것은 위험천만하다.

우선 초보창업자는 대형 매장을 운영할만한 능력이 되지 않는다. 천재 초등학생이 중·고등학교를 거치지 않고 대학에 입학하는 것과 같다. 천재라서 수업은 따라 갈 수 있을지 모른다. 하지만 대학 생활에 적응하지는 못할 것이다. 중·고등학교의 단계를 거친 형, 누나들과 눈높이를 같이하여

생활하기 힘든 것이다. 장사도 마찬가지다. 초보창업자가 혼자서 운영할 수 있는 점포의 크기는 한계가 있다. 자신의 능력에 맞는 점포부터 시작하여 좀 더 크게 확장해 나가는 것이 좋다.

그리고 초보창업자는 현실감이 떨어진다는 공통점이 있다. 초보자의 입장에서 장사를 보려 한다. 겉으로만 장사를 보고 속은 보지 못한다. 매장에 손님이 몇 테이블만 있어도 손익분기점이 얼마인지도 생각 않고 장사가 잘 된다고 생각한다. 자신도 창업을 하면 저 정도는 얼마든지 할 수 있을 것 같은 자기 환상에 빠져 처음부터 크게 시작하고 싶어 한다. 있는 돈, 없는 돈 모아 시작하면 몇 개월도 안 돼 후회할 수 있다.

처음 창업할 때는 욕심을 버려야 한다. 대박 나는 점포를 만든다는 생각보다는 경험을 쌓는다는 생각을 가져야 한다. 자신이 혼자서 컨트롤할 수 있는 규모, 망해도 다시 일어설 수 있는 여유자금을 확보하고 창업해야 한다.

물론 여유자금을 갖고 넉넉하게 창업하는 사람들이 몇 명 안 되겠지만 여유자금이 없을수록 보다 신중하게 판단해야 한다. 그렇다고 무조건 창업자금을 줄이라는 것은 아니다. 창업자금이 있으면서도 작게 시작한다고 주택가 한가운데에 간판만 달고 창업해서는 성공하기 어렵다. 초보창업자들에게 작게 시작하라는 것은 쓸데없는 비용을 줄이라는 것이다.

작은 평수로 할 수 있는 아이템을 너무 무리하게 크게 하지 말라는 것이고 불필요한 시설비를 줄이라는 것이다. 무리하지 않는 범위 내에서 조금만 더 투자하면 성공확률을 높일 수 있는 점포가 있는데 포기하란 것은 아니다. 점포 입지에 대해서는 적정한 금액이라면 투자할 필요가 있다. 작게 시작하라는 의미는 점포의 규모와 시설비를 무리하게 투자하지 말라는 말이다.

017
역시 창업자금이 문제다

　똑같은 창업아이템으로 창업하더라도 창업자금에 따라 성공확률은 확연히 달라진다. 1억 원으로 창업을 준비하는 것과 2억 원으로 창업을 준비하는 것 중 당연히 2억 원으로 준비하는 것이 성공확률이 높다.

　창업비용이 많다면 성공확률이 높지만 창업자들이 가용할 수 있는 자금은 한정될 수밖에 없다. 대부분의 창업자들은 1억 원 내외의 비용으로 창업을 준비한다. 1억 원이란 자금은 직장인이 모으기에는 많은 비용이지만 창업비로는 한없이 모자란 금액이다.

　대부분의 책자에서 말하는 것처럼 적게는 3개월, 많으면 1년을 버틸 수 있는 여유자금이 갖고 시작하면 물론 좋다. 대부분 1억이라는 자금으로 준비한다면 여유자금 3,000만 원을 빼고 나머지 7,000만 원으로 창업을 하려한다. 혹시 장사가 안 되면 정상궤도에 오를 때까지 여유자금을 준비하는 것이다.

물론 여유자금을 확보하는 것은 좋다. 어떻게 될지 모르는 창업에 대해 대비책을 갖고 있는 것이니까. 하지만 여유자금을 갖고 있으려고 여유자금을 빼고 나머지 자금으로 금액을 맞춰 창업하면 안 된다.

금액에 맞추려고 상권과 입지가 떨어지는 매장을 선정하고, 시설비를 아끼려고 낙후된 시설을 사용해서는 성공하기가 어렵다. 물론 여유 자금이 있다면 몇 개월은 버틸 수 있겠지만, 몇 개월 후 매장의 문을 닫는 상황을 맞을 수도 있다.

자금이 모자란다면 오히려 여유자금을 빼서 좋은 입지를 찾는 데 자금을 쓰는 편이 좋다. 조금 더 가능성이 높은 자리에서 수익을 창출하면서 장사를 해야 한다. 될 만한 자리에서 여유자금이 없더라도 매출로 승부하는 것이 성공 확률이 더 높다.

너무 여유자금에 얽매여 되지도 않을 입지에서 시작한다면 오히려 창업을 보류하는 것이 좋다.

> "여유자금을 갖고 있으려고 여유자금을 빼고 나머지 자금으로 금액을 맞춰 창업하면 안 된다."

018

창업자금은
어떻게 만들까?

창업자금은 자기자본, 대출자금, 엔젤자금 3가지로 구분해 볼 수 있다.

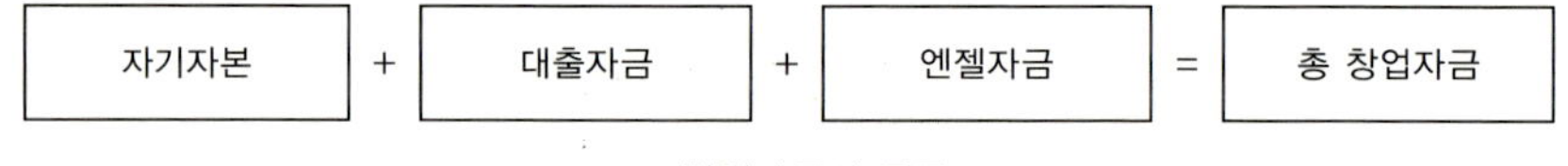

| 자기자본 | + | 대출자금 | + | 엔젤자금 | = | 총 창업자금 |

▲ 창업자금의 종류

1. 자기자본

자기자본이란 본인이 원래 갖고 있던 자금을 말한다. 하지만 직장인이 월 100만 원씩 적금을 넣는다고 해도 1억을 모으려면 8년이란 시간이 걸린다. 1억이란 돈은 참 큰돈이다. 1억을 모으기란 어렵지만 창업을 준비하기에는 1억도 넉넉한 자금이 아니다.

100% 현금으로 창업을 할 수 있는 사람은 많지 않다. 창업을 준비할 때 자기자본 비율은 60% 이상이면 적정하다.

2. 대출자금

금융권에서 담보대출을 받든지, 신용대출을 받든지 대출을 받는 것이다. 100% 현금 갖고 시작하는 사람은 많지 않다. 대출금에 대한 이자를 생각하면서 대출 기관을 선택해야 한다.

금융권 대출 이외에 정부 정책자금도 있다. 소상공인지원센터, 중소기업청 등 정책자금을 받는 것이다. 은행권보다 저리로 자금을 융통할 수 있어 예비 창업자들이 대출 받을 수 있는 조건이 된다면 대출을 받는 것이 유리하다. 그 다음으로 주류를 쓰는 매장이라면 주류도매상을 통해 주류대출을 받을 수 있다. 무이자로 대출을 알선하기 때문에 술을 판매하는 매장은 활용도가 높은 편이다.

3. 엔젤자금

엔젤자금이란 부모, 형제, 지인 같은 천사의 자금이다. 천사처럼 아무조건 없이 자금을 주거나 빌려 주는 것이다. 엔젤 자금은 받을 수만 있다면 금융권보다 당연히 유리하다.

> "창업자금은 자기자본, 대출자금, 엔젤자금의 합이다."

019

무리한 창업은
포기하라

100% 창업성공은 어디에도 없다. 의욕만 앞서 제대로 된 자금도 마련하지 못한 채 과도한 채무부담을 안고 시작해서는 안 된다. 대출은 총 창업자금 대비 40%를 넘지 않는 범위에서 받아야 한다. 너무 많은 대출비용은 창업자의 발목을 잡을 수 있다. 물론 성공하면 얼마든지 갚을 수 있다. 하지만 성공을 하더라도 무리한 대출은 부담으로 다가온다.

무리한 대출은, 매장을 운영해서 돈은 벌리는데 대출원금과 이자를 갚고 나면 남는 것이 없는 꼴이 될 수도 있다. 물론 대출을 갚는 것도 돈을 버는 것이다. 하지만 장사는 한 달 운영하면 내 손에 남는 것이 있어야 한다. 운영비 쓰고 대출 갚고 남는 것이 없다면 장사할 의미가 없다.

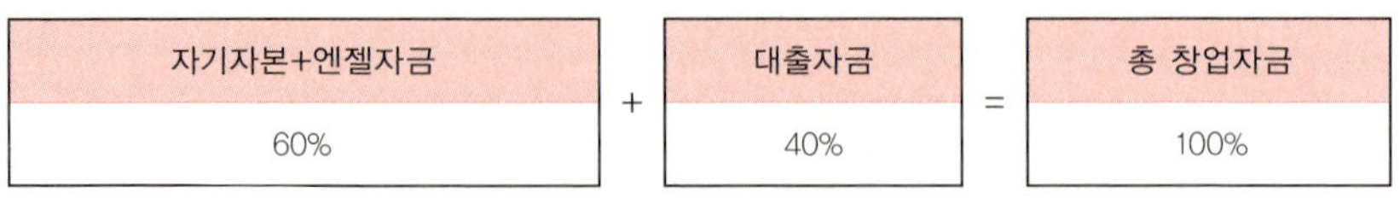

자기자본+엔젤자금		대출자금		총 창업자금
60%	+	40%	=	100%

▲ 자기자본 비율

본인 자금과 엔젤자금이 60% 이상이고 대출은 40% 이내로 활용하는 것은 괜찮지만 거꾸로 대출이 60%가 된다면 당신은 아직 창업할 때가 아니다. 조금 더 자기자본 비율을 높이고 자금이 확보되면 창업하는 것이 좋다.

자금력도 없는데 너무 무리하게 창업을 시작하여 빚에 허덕이면서 장사하는 것은 너무 힘들다. 무리한 창업보다는 기다릴 줄 아는 것도 현명한 방법이다.

> "본인 자금과 엔젤 자금이 60% 이상이고, 대출은 40% 이내로 자금 구성을 하라."

020

정부 정책자금을
활용하라

은행보다 싼 이자로 창업할 수 있는 방법은 부모님이나 가족이 도와주는 엔젤자금과 정부 정책자금이 있다. 정부에서는 자영업 창업을 위해 정책자금을 대출해 주고 있다. 기관별로 조건이 다르고 이율도 차이가 있다. 매년 자주 바뀌기 때문에 정확한 대출 조건을 알려면 직접 전화를 하거나 해당 홈페이지를 자세히 검토해봐야 한다.

정부정책자금은 조건이 까다롭고 절차가 번거롭다. 하지만 정책자금을 활용할 수 있다면 그 정도는 기꺼이 참아야 한다. 또한 정책자금은 연말 보다는 연초에 집행이 더 원활하니 되도록 년초에 알아보는 것이 좋다.

다음은 정책자금을 활용할 수 있는 기관과 대출내역을 정리했다. 정책자금은 변동사항이 많기 때문에 꼭 해당기관에 미리 문의해야 한다.

기관명	정책자금 대출
근로 복지공단	점포지원 자금– 현장실습 및 단기창업교육 이수자 1. 장기 실업자 자금 2. 실직여성 가장 자영업 자금 – 1억 원 이내 점포 보증금으로 전세권 설정 가능해야함. – 월세인 경우는 80만 원 이내로서 500만 원의 보증보험 증권을 요함.
중소기업청 소상공인 지원센터	소상공인 창업 및 경영개선 자금 1. 창업자금: 5,000만 원 이내, 담보 필요, 1주일 소요 2. 보증서 대출: 5,000만 원 이내, 취급수수료 1%, 3주 소요
여성부 여성인력 개발자금	여성기술인 대출 – 7,000만 원 이내, 담보요망 – 기술자격증 소지자 및 창업교육 72시간 이상 이수자
여성 경제인협회	여성 가장 창업 지원 자금: 점포 임대 보증금에 한함 – 보증금 5,000만 원 이내(전세권 설정 가능해야 하고 월세인 경우 월64만 원 이내여야 함.) – 남편이 장애인일 경우: 장애 3등급 이내 – 재산이 있는 경우는 7,000만 원 이내일 경우
장애인 고용촉진 공단	자영업 창업자금 – 5,000만 원 한도, 담보요함 – 점포 임차 보증금 및 시설자금 – 3월과 7월 신청접수 – 지원대상자로 결정되면 창업교육을 이수하여야 함.
국가 보훈처	국가 유공자 및 제대군인 – 2,000만 원 이내로서 창업교육 이수자
대출방법	금융자금 대출
창업자금(리스)	자격: 신용상태 양호한 창업자로서 시설담보로 대출 보증인: 재산세 납부자, 근로소득자(연소득 2,000만 원 이상으로 소득세 원천 징수자) 대출기간: 36개월 이내(금리 7.5%–8.75%)
부동산 담보 대출	금융기관의 담당자기 직접 상담(후순위 설정 가능) – 아파트 의 경우: 시세의 50~80% 가능 – 단독, 연립의 경우: 시세의 40~60% 가능
전월세 자금 대출	임대차 계약이 완료된 주택 – 전세일 경우 보증금의 50% – 월세의 경우는 [(임차보증금–월임차료)×12개월]의 60%
신용대출	금융기관 담당자가 직접 상담 개인 신용 대출과 사업자 대출 대출한도 1,000만 원~3,000만 원

보다 자세한 자금상담은 해당 기관에 직접 문의해야 한다. 본 조건은 변동 가능하다.

▲ 정책자금 및 금융자금 대출

021

창업자금
어떻게 쓰이는가?

대부분의 예비창업자들의 창업비용은 1억 내외다. 1억이란 돈을 직장생활을 하면서 모으는 것이 쉬운 돈은 아니다. 몇 년 동안 한푼 두푼 악착같이 모아야 되는 엄청난 자금이다. 하지만 창업을 준비하다보면 정말 턱없이 부족한 금액일 뿐이다. 창업시장에서는 1억이란 돈이 많다면 많은 돈이고 적다면 적은 투자금액이다.

실제 창업과정에서 이 돈은 어떻게 쓰일까? 창업자금은 크게 점포구입비용, 시설투자비용, 오픈준비·기타비용으로 나눠볼 수 있다.

1. 점포구입비용

무점포창업이 아닌 대부분의 점포형 창업의 경우 점포 얻는 비용이 총 창업비용의 50~60%에 육박할 정도로 자금소요비율이 높다. 점포구입비용은 보증금과 권리금으로 구분하여 살펴볼 수 있다. 보증금은 점포를 얻기 위해 건물주에게 맡겨 두는 비용이고, 권리금은 기존 점포주에게 주는 소멸성 비용이다. 점포에 따라 임대조건이 판이하게 다르기 때문에 절대적이라고 할 수는 없지만 1억 내외의 창업자들은 대부분 보증금 2,000~3,000만 원, 권리금 3,000~4,000만 원 내외의 비용을 소요하게 된다. 점포 얻는 비용은 보증금과 권리금의 합인 5,000~7,000만 원 내외의 비용이 지출된다.

2. 시설투자비용

시설투자비용은 기존시설을 철거하고 새로 설치할 때와 기존시설을 그대로 유지할 때는 비용차이가 많다.

기존시설을 철거하고 설치하는 창업은 인테리어, 간판, 홀 집기, 주방설비 등의 항목으로 지출하게 된다. 프랜차이즈 창업과 개인 창업, 시설의 정도에 따라 비용의 차이가 많이 난다. 일반적으로 20평 매장의 경우 시설을 새로 할 때 3,000~5,000만 원 내외의 시설비용이 지출된다.

기존업종과 시설을 그대로 유지하는 창업은 간판교체 비용정도인 500~1,000만 원의 비교적 적은 비용이 지출된다.

3. 초도상품 비용 및 기타 비용

초도 상품 및 기타 비용으로는 초도상품 비용은 판매업의 경우 2,000~3,000만 원 가까이 지출되고, 외식업의 경우 100~300만 원 내외의 비용이 지출된다. 판매업은 초도물품 비용이 높고 서비스업이나 외식업은 상대적으로 낮은 편이다.

 생각지도 않은 자금의 지출로 창업 초반부터 어려움을 겪을 수 있다. 창업자금의 지출목록을 작성하여 계획적으로 비용을 써야 한다. 한정된 창업자금을 자신의 경험, 창업아이템, 상권과 입지를 고려하여 적절히 투자자금을 분배하여 사용해야 한다.

구분	점포구입비용	시설투자비용	초도상품·기타비용
프랜차이즈 외식업	4,000만 원	5,000만 원	1,000만 원
개인창업 외식업	6,000만 원	3,000만 원	1,000만 원
프랜차이즈 판매업	4,000만 원	3,000만 원	3,000만 원
개인창업 판매업	5,000만 원	2,000만 원	3,000만 원

▲ 창업자금 1억 원 소요비용 예상지출 구분

"프랜차이즈 외식업의 경우 시설투자 비용이 상대적으로 높고, 개인 외식업 창업은 점포구입 비용이 상대적으로 높다. 프랜차이즈 판매업은 시설투자비와 초도 상품비용이 높고 개인 판매업은 검포 구입비용과 초토상품 비용이 높은 편이다."

022

살아있는 돈과
죽은 돈을 구분하라

창업자금은 살아있는 돈과 죽은 돈으로 구분 할 수 있다. 살아있는 돈이란 회수가 가능한 돈이고, 죽은 돈이란 회수가 불가능한 돈이다.

살아있는 돈의 대표적인 것은 매장 보증금이다. 보증금이 3,000만 원이라면 아주 특별한 경우가 아니면 보증금은 매장을 매매할 때 100% 돌려받는 돈이다.

죽은 돈의 대표적인 금액은 시설투자금액이다. 인테리어비용, 간판비용, 주방집기 비용 등 서서히 죽어가는 비용이다. 대부분 5년이 지나면 죽은 돈이 된다. 물론 같은 업종으로 매매하여 시설권리금을 받는다면 살아 있는 돈이 될 수는 있지만 그렇지 않은 경우 죽은 돈이다.

그럼 권리금은 살아있는 돈일까? 죽은 돈 일까? 창업자가 하기에 따라 죽은 돈이 될 수도 있고 살아있는 돈이 될 수도 있다. 권리금은 크게 바닥 권리금, 시설 권리금, 영업 권리금로 나눈다. 그중 바닥 권리금이란 매장의 입지의 좋고 나쁨에 따라 형성되어 있는 권리금으로 대부분 주고 들어온 만큼은 받고 나간다. 그렇기 때문에 살아있는 돈으로 보는 것이 맞다. 시설 권리금은 죽은 돈으로 봐야 한다. 인테리어를 하고 간판을 달고 집기를 설치한 금액, 본인이 시설비를 5,000만 원 지출했다고 해도 시간이 지나면서 사라지는 돈이다. 하지만 그 업종 그대로 매매하여 시설비 5,000만 원을 다 받을 수도 있다. 이럴 경우는 100% 시설비를 살린 것이다. 이런 경우는 무척 장사를 잘한 케이스가 되는 것이다. 하지만 시설 권리금을 다 받고 나오는 경우는 많지 않다.

창업을 할 때 똑같은 자금을 투자하더라도 그 돈이 죽은 돈인지, 살아있는 돈인지를 알고 투자해야 한다. 당연히 살아있는 돈에 더 많은 투자를 하는 것이 맞다. 하지만 창업현실은 그렇지 않다. 오히려 죽은 돈에 투자해야 하는 상황이 더 많다.

"창업자금은 살아있는 돈과 죽은 돈으로 구분할 수 있다."

023

수익성을
예측하라

창업은 결국 돈을 벌려고 하는 것이다. 창업자들은 수익성을 검토한 후 창업을 준비해야 한다. 얼마 전 사회적 이슈가 됐던 대형 마트의 통큰 치킨이 있었다. 며칠 만에 논란이 끝나기는 했지만 그때 기존 치킨집들이 폭리를 취한다는 얘기가 많았다. 마트에서는 치킨을 5,000원에 판매하는데 기존 치킨집들은 15,000원 가량 받으니 도대체 얼마를 남겨 먹느냐는 것이다. 일부사람들은 원가율 자체가 잘못된 계산을 하며 기존 치킨전문점을 폭리를 취하는 집단으로 매도했다.

통큰 치킨의 경우 미끼 상품일 뿐이다. 수익이 제대로 나오지 않는 미끼 상품이었던 것이다. 그렇기 때문에 하루 판매량을 정해서 판매를 했다. 치킨을 1마리에 5,000원에 판매하는데 마트 식품코너를 가면 생닭은 6,000~7,000원에 판매했다. 말이 되는가? 생닭이 6,000~7,000원인데 통닭이 5,000원이라는 것이. 일반 매장이라면 절대 수익구조가 나올 수 없는 원가율이다.

국내산 닭값은 유동성이 매우 크다. 지금 당장의 시세보다는 1년을 기준으로 볼 때 900g 짜리 9호 닭은 3,500원 가량 한다. 닭값만 3,500원이다. 치킨을 튀기는 닭은 미리 염지를 하게 된다. 그럼 염지 값으로 100~200원의 금액이 추가로 들어간다. 염지한 닭을 파우더에 묻혀 튀겨야 한다. 그런 파우더 값은 200~300원이 들어간다. 또한 한 마리 튀기는 데 500원 가량의 식용유 값이 들어간다. 또한 치킨을 담을 포장지가 들어간다. 아무리 적게 봐도 최소한 4,000~4,500원의 비용이 들어가는 것이다. 그럼 대형마트처럼 치킨 한 마리에 5,000원을 받는다면 한 마리 팔아서 500~1,000원을 번 것이다.

이 정도의 수익률이 나오면 매장 운영이 가능할까? 100% 망하는 가게다. 음식장사에서는 식재료 비율이 40%를 넘으면 실제 남는 것이 없는 장사가 된다.

대형마트의 통큰 치킨의 경우 매장 임대료, 인건비, 유지비를 전혀 고려치 않은 경우다. 매장을 운영하면 임대료, 인건비, 가스료, 전기료 하다못해 음식물 처리비용까지 생각해야 한다. 그 비용이 매장에 따라 다르지만 대략 30~35%의 비중을 차지한다. 일반인이 대형마트에 점포를 얻어 장사를 했다면 통큰 치킨은 매달 몇백만 원의 적자를 내는 매장이다.

총매출		식재료비		운영자금		순수익
100%	−	33%	−	33%	=	33%

식재료비가 너무 높은 가격 파괴 매장이나 점포 임대료가 높거나 인원이 많이 들어가는 아이템은 이보다도 더욱 순수익이 떨어질 수 있다.

창업을 할 때는 기본 원가율을 계산하고 시작해야 한다. 원가율이 높은 아이템이라면 운영자금을 얼마나 줄일 수 있는 아이템인지 확인하고 시작해야 한다. 원가율도 높고 운영자금도 높다면 당연히 순수익은 거의 없는 매장이 될 것이다.

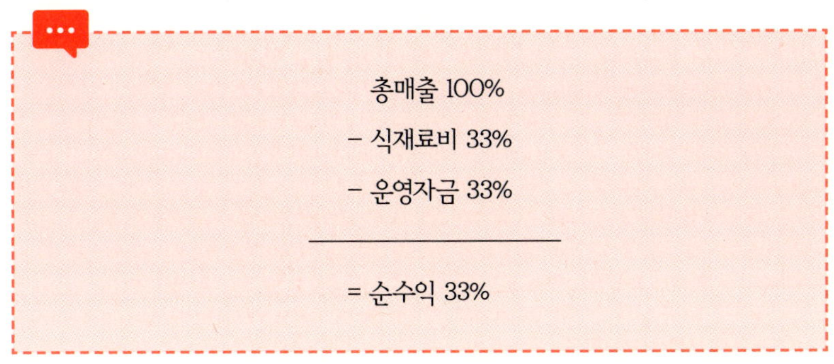

024
일반과세와 간이과세

창업을 하면 사업자등록증을 발급받아야 한다. 사업자등록증을 신청할 때 간이과세와 일반과세 사이에서 고민하게 된다. 대부분의 창업은 일반과세로 진행하면 된다. 간이과세란 것이 영세사업주를 위한 제도로 대부분의 매장은 간이과세로 시작하더라도 일반과세로 자동 넘어가게 된다. 일반과세와 간이과세의 차이점을 말하면 아래와 같다.

1. 적용대상

일반과세는 개인 및 모든 법인 사업자이다. 간이과세는 개인사업자 중 연매출이 4,800만 원에 미달하는 사업자이다. 연매출 4,800만 원이면 한 달 매출 400만 원 이하, 하루 매출 13만 3,000원이다. 하루매출이 13만 원 이하여야 간이과세가 된다. 대부분의 사업자들은 일반과세로 봐야 할 것이다.

2. 과세표준

일반과세자는 공급가액에 부가가치세를 별도로 책정해야 하고 간이과세자는 부가가치세를 책정하지 않는다. 쉽게 말해 음식점에서 11,000원의 음식을 판매했다면 일반과세 음식점은 10,000원이 매출이고 1,000원은 부가세로 납부해야 한다. 간이과세자는 11,000원 그대로 매출이 되는 것이다.

3. 납부세액

일반과세자는 매출에서 매입을 뺀 것에 대한 세금을 낸다. 간이과세자는 과세표준×업종부가가치율×10%의 세금을 납부하게 된다.

4. 세금계산서 교부

일반과세자는 원칙적으로 세금계산서를 발행할 수 있고, 간이과세자는 세금계산서를 발행할 수 없다. 간이과세자는 간이 영수증만 발급이 가능하다.

5. 매입세액 공제

일반과세자는 매입한 전액을 공제받을 수 있고, 매출세액을 초과할 때는 환급을 받을 수도 있다. 간이과세자는 매입세액 곱하기 업종 부가가치율을 공제하고 납부세액을 벗어난 금액은 받을 수 없다.

6. 가산세

일반과세자는 세금계산서 관련 가산세가 있다. 미등록 가산세율은 1%이다. 간이과세자는 세금계산서 관련 가산세가 없고, 미등록 가산세율은 1.5%이다.

소자본 창업자의 경우 일반과세와 간이과세는 신중하게 결정해야 한다. 자신의 업종과 예상매출, 투자금액을 고려하여 신고해야 절세할 수 있다.

일반과세자와 간이과세자의 구분은 연간매출액 4,800만 원을 기준으로 구분된다. 4,800만 원이 초과할 것으로 예상되는 사업자는 일반과세, 4,800만 원에 미달할 것으로 예상되는 사업자는 간이과세자로 신고하면 된다. 연매출 4,800만 원이라고 하면 한 달에 400만 원 매출이다. 그럼 일평균 매출이 13만 원 이상이면 일반과세로 봐야 한다. 일매출 13만 원 이하로 나온다면 거의 대부분의 업종은 문을 닫아야 하는 수준이다. 한마디로 간이과세자는 영세한 사업자를 위한 것이다. 단순히 일매출만 본다면 거의 모든 사업자는 일반과세자다. 하지만 업종에 따라 매출은 높은데 카드 매출 비율이 낮아 간이과세로 신고하는 경우도 있다.

음식점에서 한 테이블에 33,000원의 매출이 나왔다고 한다면 일반과세는 33,000원 안에 3,000원의 부가세가 포함되어 있다. 손님이 33,000원의 카드를 긁고 갔더라도 내가 가져 갈 수 있는 돈은 30,000원이고 3,000원은 부가세로 납부해야 한다. 반면 간이과세는 33,000원을 모두 가져 갈 수 있다. 반면 매입부분에서 일반과세자는 상품매입시 포함되어 있는 부가세를 받을 수 있다. 농수산물을 제외한 대부분의 상품에는 부가세가 포함되어 있다. 호프집에서 안주를 만들기 위해 3,300원 짜리 햄을 구입했다면 그 햄에는 부가세 300원이 포함되어 있다. 일반과세자는 300원을 돌려받을 수 있지만 간이과세자는 300원을 돌려받을 수 없다.

또한 매장을 오픈할 때 지출하는 인테리어, 주방기물, 초도물량 등 자금이 많이 소요되는 부분에 대해 일반과세자는 부가세를 환급받을 수 있지만 간이과세자는 환급이 안 된다. 창업자가 기존 점포를 인수한 후 그대로 사용하여 투자금액이 작고 매출이 높지 않을 것 같은 점포는 간이과세자가 좋고, 초도 시설투자금액이 많고 매출이 일정수준 이상일 것 같은 점포는 일반과세자로 신고하는 것이 좋다.

하지만 일반과세자와 간이과세자로 등록했다고 해서 변하지 않고 계속 적용되는 것은 아니다. 사업자등록을 한 년도의 부가가치세 신고실적을 기준으로 다시 과세유형을 다시 판정한다. 간이과세자로 신고했어도 연 4,800만 원이 넘는다면 일반과세로 전환된다. 반대로 일반과세자도 연 4,800만 원 이하면 간이과세자로 변경 신청할 수 있다.

일반과세자 중 세무 기장료를 아끼기 위해 본인이 직접 세무신고를 하는 사람들이 있다. 별로 권하고 싶지 않은 방법이다. 본인이 신경 써야 하는 부분도 힘들지만 세무사에게 맡기면 세무 기장료 보다 더 많은 비용을 환급받을 가능성이 높다. 굳이 모든 것을 사장이 할 필요는 없다. 기장료를 주고 전문가에게 맡기는 것이 좋을 것이다.

Why don't start-up artists fail?

025	창업정보를 얻는 6가지 방법	089
026	창업아이템과 나와의 궁합이 맞나?	093
027	고객 연령과 나의 연령을 맞춰라	095
028	창업자금대별 아이템 선택전략은 다르다	097
029	아이템의 수명주기를 파악하라	100
030	연애도 타이밍, 창업도 타이밍이다	103
031	남들보다 한 발짝만 앞선 트렌드를 잡아라	107
032	미래가 궁금하다면 과거를 돌아보라	109
033	창업아이템 구분도	112
034	벤처 아이템보다는 대중적인 아이템이 좋다	114
035	고객의 눈으로 아이템을 선택하라	116
036	복합형 아이템과 전문 아이템이 있다	118
037	유행아이템과 유망아이템은 다르다	120
038	프랜차이즈 가맹점과 독립창업, 어떤 창업을 할까?	123
039	프랜차이즈 본사 판단 비법	126
040	1등 아이템이 아닌 2등 아이템을 선택하라	130
041	유명브랜드가 유망브랜드는 아니다	132
042	음식장사, 맛만 있으면 대박이다	134
043	특별한 아이템을 찾지 마라	137
044	창업박람회 관람의 6가지 기술	139

Part 3

창업
아이템의
법칙

대부분의 창업아이템은 유명한 것이 중요하지 않다. 그 브랜드가 앞으로 얼마나 유망할까가 중요하다. 유명한 브랜드들은 대부분 유망했던 브랜드였다. 하지만 유명브랜드가 아직도 유망브랜드인지는 잘 생각해봐야 할 것이다.

025
창업정보를 얻는
6가지 방법

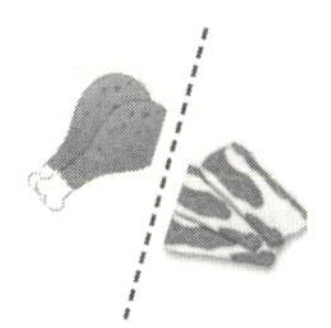

창업상담을 하다 보면 많은 창업자들이 앉아서 인터넷 검색만으로 창업정보를 얻으려 한다. 인터넷의 정보 홍수 속에서 수없이 많은 정보들을 습득하지만 정작 현장의 현실을 모르고 창업하는 사례가 늘어나고 있다. 창업관련 서적을 읽고 인터넷을 통하여 정보를 습득하는 것도 중요하지만 정작 중요한 것은 창업현장에서 많은 사람들을 만나보고 많은 일을 직접 경험해보는 것이다.

창업을 위해서는 프랜차이즈본부, 부동산업체, 인테리어업체, 식자재상, 간판, 인쇄업체 등 수많은 창업관련 업체들은 물론 현재 매장을 운영하고 있는 선배창업자들을 만나야 하다. 그들 한 명 한 명을 만남으로써 예비창업자들이 모르고 있던 창업현장의 노하우를 조금씩 얻을 수 있다.

하지만 예비창업자들은 그들을 만나기 두려워한다. 왠지 그들을 만나면 속아 넘어갈 것 같고 시간을 내서 만나기도 귀찮다. 그래서 인터넷과 책만 보고 창업을 계획한다.

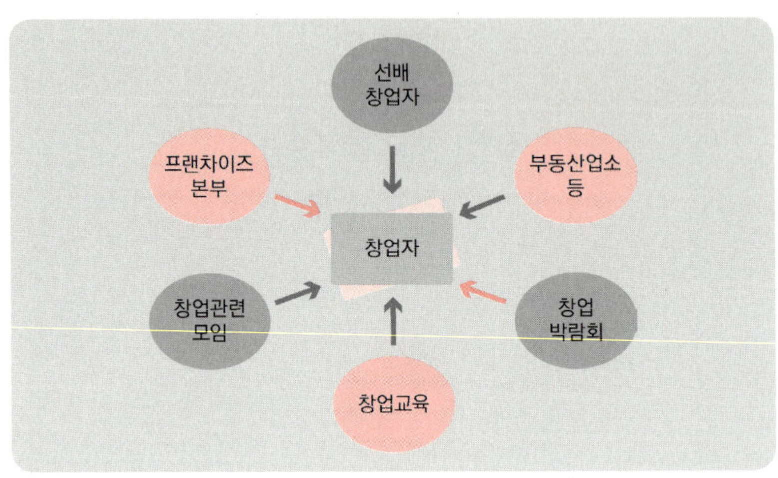

▲ 창업정보를 얻는 6가지 방법

창업의 성공률을 가장 높이는 첫째의 방법도, 둘째의 방법도 예비창업자의 발이 부르트도록 많은 현장을 둘러보고 많은 사람을 만나 보는 것이다. 지하철요금과 몇 시간만을 투자하면 그들의 노하우를 빼올 수 있는데 언제까지 앉아서 인터넷만 하고 있을 것인가? 실전 창업정보를 얻는 방법은 크게 6가지로 볼 수 있다.

첫째, 5군데 이상의 프랜차이즈 본부를 찾아가라.

프랜차이즈 본부를 찾아가는 것은 아이템의 장·단점을 파악 할 수 있는 기회가 된다. 개인 창업을 결정했더라도 해당 아이템의 프랜차이즈 본부를 직접 찾아가 벤치마킹해야 한다. 프랜차이즈 본부는 창업전문가들이 모여 하나의 브랜드를 만든다. 수많은 노력과 시행착오를 거쳐 하나의 브랜드가 완성되는 것이다. 나와 같은 아이템으로 운영되는 본부를 찾아가 벤치마킹하여 내 것으로 만들어 활용해야 한다. 프랜차이즈 창업희망자는 여러 브랜드를 직접 방문하여 자신에 맞는 프랜차이즈 본부를 선택해야 한다. 좋은 프랜차이즈 본부, 나쁜 프랜차이즈 본부보다는 자신에게 가장 맞는 프랜차이즈 본부를 찾는 것이다. 대부분의 프랜차이즈 본부 직원들은 많은 경험과 노하우를 갖고 있는 사람들이다. 그들과의 대화를 통하여 내가 모르는 정보를 습득할 수 있다.

둘째, 같은 아이템의 선배창업자를 찾아가라.

내 주변에 같은 업종에 종사하는 지인이 없어도 된다. 호프집을 창업하고 싶다면 매장이 한가한 시간에 맥주 한 잔 먹으며 주인에게 조언을 구하면 가감 없는 현장의 소리를 들을 수 있다. 해당 아이템의 점포를 10군데 이상 찾아가 보고 5명 이상의 선배창업자들과 이야기를 나눠보라. 아이템의 과거, 현재, 미래를 내다볼 수 있을 것이다.

셋째, 부동산업소를 찾아가라.

초보자들이 점포가 좋고 나쁨을 판단하기는 정말 어렵다. 책을 본다고 해도 한계가 있으며 최대한 많은 상권과 점포를 봐야만 비교하여 판단할 수 있다. 부동산업소를 찾아가 점포를 보지 않고 창업을 준비한다는 것은 '장님 코끼리 더듬기 식'의 창업 준비밖에 안 된다. 여러 부동산업소를 돌아다니며 점포물건도 보고 상권도 파악하는 능력을 키워야 한다.

넷째, 사업설명회와 창업박람회를 참석하라.

사업설명회는 프랜차이즈 본부마다 수없이 많이 진행되고 있다. 자신이 창업하고 싶은 아이템의 사업설명회에 참석하여 사업의 전망과 본부의 역량을 파악하라. 요즘 사업설명회는 강의실에서만 끝나지 않고 매장방문도 함께 진행된다. 사업설명을 들을 수 있을 뿐만 아니라 해당 업체의 매장도 방문해 볼 수 있는 기회다.

창업박람회는 여러 아이템을 한자리에서 살펴보고 직접 상담, 창업교육, 시식 등을 하면서 정보를 얻을 수 있다. 여러 기관에서 주최하고 있으며 매년 몇 번씩 열리기 때문에 부담 없이 참석하기 좋다.

다섯째, 창업관련 교육을 받자.

중소기업청, 창업컨설팅회사, 소상공인 지원센터 등에서는 무수히 많은 창업교육이 진행되고 있다. 대부분 유명강사를 초빙하여 강의를 진행하며 창업자들은 강의를 통하여 많은 정보를 습득할 수 있다. 무료교육도 많고 경우에 따라 소정의 비용도 지출되지만 지출 대비 교육의 질이 높은 편이다. 창업 준비 기간이 긴 사람들은 틈틈이 들어 보는 것이 좋다.

여섯째, 인터넷 창업관련 모임에 가입하라.

다음, 네이버 등 창업관련 카페가 무수히 많이 개설되어 있다. 아이템별로도 세분화 되어 있고, 회원들끼리 많은 정보를 공유하고 협력하고 있다. 많은 곳에 가입하여 정보를 습득하고 모임에도 적극적으로 참석하여 같은 목표, 같은 생각을 가진 사람들과 정보를 공유해 보자.

이 글 또한 어떻게 보면 쉽게 말하는 것이다. 예비 창업자들이 직접 발로 뛰기에는 두렵기도 하고, 힘들기도 한 것이 사실이다. 하지만 지하철 요금과 몇 시간을 투자한 것에 비하여 얻어지는 것은 상상을 초월하는 노하우들이다.

026

창업아이템과
나와의 궁합이 맞나?

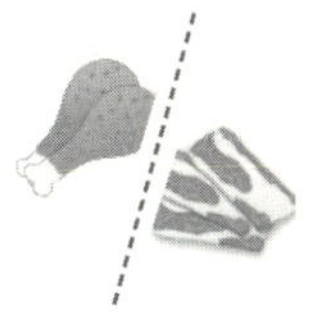

내 배우자가 유명 여배우이면 어떨까? 아니면 재벌가의 자녀라면 어떨까? 누구나 이름만 대면 아는 예쁜 여배우와 결혼한다면 행복한 가정을 만들어 갈수 있을까? 나는 평범한 직장인으로 월급 200만 원을 받고 9시에 출근해서 6시에 퇴근하는 사람인데, 와이프는 유명 여배우라 몇억 원씩 벌고 몇백만 원짜리 명품가방을 수도 없이 사며, 출퇴근 시간도 대중없다면 가정생활이 행복할까? 서로의 라이프사이클이 다르고, 벌이와 씀씀이가 다른 사람들끼리 만나서 결혼생활을 얼마나 이어갈 수 있을까?

예쁜 여배우나 재벌가의 딸은 선망의 대상은 될 수 있어도 평범한 나와는 맞지 않는 배우자이다. 내가 평범한 가정에서 자라 평범한 회사원이라면 결혼 상대자도 나와 눈높이가 맞는 평범한 여자를 만나야 더 행복한 결혼 생활이 될 수 있다.

창업아이템도 마찬가지이다. 선망하는 창업아이템은 있을 수 있어도 누구

 창업을 준비하는 사람들이 가장 많이 물어보는 것이 어떤 아이템이 유망창업아이템이냔 것이다.

요즘 뜨고 있는 대형커피전문점은 아무리 좋아보여도 최소한 투자금액이 3억이 넘는 아이템이다. 본인의 창업자금은 5,000만 원이라면 대형커피전문점은 본인과 맞는 아이템이 아니다. 다른 사람한테는 유망아이템이 될 수 있어도 본인한테는 맞지 않는 아이템인 것이다.

창업아이템을 선택 할 때는 본인이 자주 접촉해본 창업아이템 위주로 찾아야 한다. 피부 관리샵을 한 번도 안 가본 40대 남성한테 피부 관리샵이 아무리 유망아이템이라고 하더라도 이 남성에게는 맞는 아이템이 아니다.

> "누구에게나 좋은 아이템은 없다. 본인의 성격, 자금, 창업 목적에
> 맞는 아이템이 좋은 아이템이다."

027

고객 연령과
나의 연령을 맞춰라

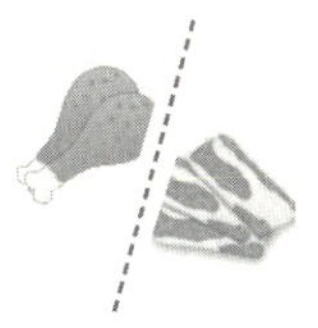

　남자들은 어린 여자를 좋아한다. 어린 여자에 대한 환상이 있다. 신문을 통해 띠 동갑이랑 결혼하는 남자 연예인들도 흔하게 볼 수 있다. 과연 10년 이상 나이 차이가 나는 여자랑 결혼하면 행복할까? 처음에는 좋을 수 있지만 같이 살면서 오히려 또래의 여자보다는 힘든 부분이 더 많을 것이다. 서로의 세대가 틀리다 보니 서로 공유되는 부분이 적고 생각의 차이가 많을 것이다.

　그나마 연예인이라는 특수한 직업을 갖은 사람이라면 모를까 일반인이 10살 이상 차이나는 배우자와 함께 산다는 것은 장점보다는 단점이 많다.

　창업아이템도 창업자의 나이에 맞는 아이템을 선택해야 한다. 창업주의 연령과 맞는 아이템은 손님들 입장에서도 편하지만 우선 창업자 입장에서 편하다. 보통 창업아이템의 주요 고객과 사장의 나이 차이는 위아래 10년 차이가 넘지 않는 것이 좋다고 한다. 사회생활에서 10년은 친구라고 말하듯이, 사장과 고객과의 연령 차이는 10년을 넘지 않는 것이 서로에게 부담이 없다.

50대 사장님이 홀을 보는 호프집에 20대 초반의 손님들은 불편함을 느낀다. 사장님 또한 자식뻘 되는 손님들 시중들기가 쉽지만은 않다. 물론 종업원을 손님 연령대로 쓰면 된다. 하지만 대형 점포의 경우는 사장님이 뒷짐 지고 종업원 관리만 하면 되지만, 대부분의 소형매장은 사장이 뒷짐 지고 근엄 떨며 장사할 수 있는 매장은 많지 않다. 그리고 종업원은 종업원일 뿐이다. 언제 그만둘지 언제 무슨 일이 있을지 모르는 것이다.

사장과 손님과의 관계가 편안한 존재가 되기에 적당한 연령이 10살 정도라는 것이지, 꼭 10살을 넘어서는 안 된다는 것은 아니다. 하지만 되도록 창업아이템을 선택할 때 주요 고객층과 연령차이가 많이 나지 않는 것이 좋다. 고객을 접대하는 사장과 서비스를 받는 고객과의 연령이 너무 많은 차이가 나면 서로 불편할 수 있다.

"사장과 주요 고객과의 연령 차이는 10년을 넘지 않는 것이 좋다."

028

창업자금대별 아이템 선택전략은 다르다

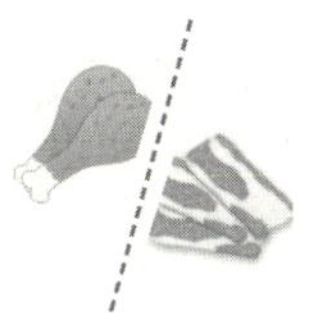

창업자금별로 선택할 수 있는 아이템이 정해져 있다. 창업자금은 5,000만 원 이하, 5,000~1억, 1억~2억, 2억 이상으로 구분해 볼 수 있다.

본인의 자금을 벗어난 창업아이템은 성공확률이 급속도로 떨어진다. 창업자금은 크게 점포를 얻는 비용과 시설투자금액으로 구분할 수 있다. 아이템에 따라 점포구입비용과 시설투자금액의 비율을 적절하게 나눠야 한다.

5,000만 원 이하의 창업비용은 선택할 수 있는 창업아이템이 많지 않다. 5,000만 원 이하의 창업아이템은 배달형 아이템, 기술을 보유한 창업 아이템 등 창업자의 몸과 기술을 쓰는 아이템이 대부분이다. 치킨배달, 피자배달, 중국음식 배달, 네일아트, 잉크충전방 등이 가능한 창업아이템이다.

5,000~1억 사이의 창업비용은 창업예정자들이 가장 많이 보유한 창업

자금대이다. 이 자금대부터 점포형으로 창업이 가능하나 20평 이내의 소형매장 위주이다. 대표적인 아이템으로는 죽 전문점, 소형호프집, 분식집, 떡볶이집, 배달을 겸한 치킨호프, 남성 컷트 전문점, 피부 관리샵, 미용실, 꽃집, 보습학원 등 소형매장이거나 기술이 첨가된 창업아이템을 선택할 수 있다.

1억~2억 사이의 창업자금부터는 보다 넓게 창업아이템을 선택할 수 있다. 고깃집, 도너츠가게, 샌드위치, 횟집, 호프집, 테이크아웃 커피숍, 퓨전주점, 제과점, 약국, 편의점, 이동통신매장, 학원, PC방 등 자금이 넉넉하지는 않지만 대부분의 창업아이템을 선택할 수 있다.

2억 이상의 창업자금은 아이템에 따라 3억, 4억 들어가는 것도 있지만 거의 모든 창업아이템을 오픈할 수 있다. 대형가든, 레스토랑, 일식집, 퓨전음식점, 패스트푸드, 대형커피숍, 브랜드의류, 가구점, 가전제품, 스포츠용품점 등 아이템의 선택 폭이 넓다.

다음의 표는 일반적인 자금대별로 선택 가능한 창업아이템을 구분한 것이다. 창업자금이 높은 상태에서 한 단계 금액이 낮은 아이템을 선택한다면 오히려 창업성공 확률이 높아진다. 대부분 더 많은 창업자금은 점포의 보증금과 권리금으로 소진되기 때문에 좀 더 좋은 입지의 점포로 시작할 수 있는 것이다.

예를 들어 고깃집은 1억에서 2억 사이 선택할 수 있다. 하지만 2억 이상을 투자한다면 좋은 입지, 더 넓은 평수로 창업하기 때문에 성공확률은 훨씬 높아진다.

창업자금	선택가능한 창업아이템
5,000만 원 이하	포장만두전문점, 배달 치킨점, 오픈 치킨점, 토스트전문점, 테이크아웃 분식점 등
5,000만 원~1억	국밥전문점, 반찬전문점, 도시락전문점, 김밥전문점, 막걸리주점, 라면전문점, 떡볶이전문점, 국수전문점, 육회전문점, 소형주점 등
1억-2억	감자탕전문점, 부대찌개전문점, 주꾸미전문점, 일식전문점, 요리주점, 생맥주전문점, 돈가스전문점, 고기전문점, 삼겹살전문점 등
2억-4억	샤브샤브 전문점, 파스타전문점, 패스트푸드점, 룸형 요리주점, 쌀국수전문점, 와인바, 한우전문점, 아이스크림전문점, 커피전문점 등
4억 이상	패밀리레스토랑, 씨푸드 레스토랑, 대게 전문점, 대형 패스트푸드점, 대형 커피숍 등

▲ 창업자금별 선택 가능한 창업아이템

"창업자금이 높은 상태에서 한 단계 금액이 낮은 아이템을 선택하면 성공 확률은 높아진다."

029

아이템의 수명주기를
파악하라

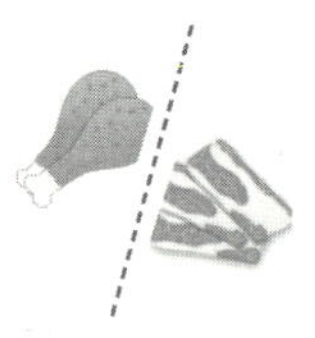

피터 드러커는 성공을 위한 모든 노력 중에 가장 중요한 것은 타이밍이란 말을 했다. 창업아이템도 적정한 타이밍이 있다. 똑같은 불닭이란 아이템을 창업해도 타이밍에 따라 성공과 실패는 확연히 달라진다. 불닭이란 창업아이템을 지금 창업하려는 사람은 없다. 누구나 아는 쇠퇴기의 창업아이템이기 때문이다. 하지만 10년 전에는 최고의 유행창업아이템이었다. 불닭이란 간판만 달면 사람들이 줄을 서서 먹었다. 불닭집 중 안 되는 매장이 없었다. 하지만 2년도 안 돼 불닭은 도입기, 성장기를 거치고 성숙기 없이 쇠퇴기를 맞고 없어진 아이템이다.

그럼 불닭이란 창업아이템을 선택한 사람 중에 어떤 사람은 돈을 벌고, 어떤 사람은 손해를 봤을까? 불닭이란 창업아이템을 도입기에 창업하여 쇠퇴기가 오기 전에 가게를 처분한 사람은 돈을 많이 벌었을 것이다. 도입기에 입점하여 1년간 돈을 벌고 쇠퇴기로 진입하기 전에 권리금을 받고 매매했다면 장사하면서 돈 벌고 가게를 매매하면서 돈을 번 경우이다.

하지만 아이템의 수명주기를 잘못 판단한 사람은 쇠퇴기에 기존 불닭 매장을 권리금 주고 얻거나 신규로 창업한 사람은 어떨까? 창업하자마자 불닭이란 아이템은 죽고 장사가 안 되서 권리금도 받지 못하고 가게를 매매해야 하는 쪽박 창업을 했을 것이다.

불닭을 창업한 사람 중에 상당수가 쇠퇴기에 창업하여 실패의 쓴잔을 본 사람들이다. 창업아이템을 선택할 땐 그 아이템의 수명주기를 정확히 판단해야 한다.

창업아이템은 도입기, 성장기, 성숙기, 쇠퇴기의 수명주기를 갖게 된다. 아이템의 주기에 따라 창업자의 수익성, 경쟁력, 위험도 등이 다르기 때문에 창업자는 창업하려는 아이템의 수명주기가 어느 단계인가를 판단해야 한다.

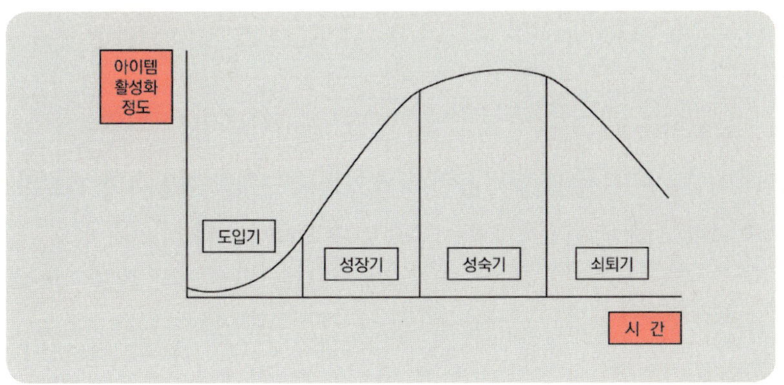

▲ 아이템 생명주기

1. 도입기(introduction)

도입기는 신규아이템이 시장에 소개되는 시간이다. 아이템의 차별성이 높고, 경쟁업체가 없는 장점이 있지만 검증되지 않은 아이템으로 인한 위험부담이 높다. 도입기 자체에 창업아이템이 자리를 못 잡고 없어지는 경우가 많다.

2. 성장기(growth)

성장기에는 창업아이템에 대한 고객 만족이 증가함에 따라 시장규모가 확대되고 경쟁업체가 생겨나기 시작한다. 성장기에 접어들면 위험은 급격이 적어지고 이윤은 극대화된다.

3. 성숙기(maturity)

높은 수익률로 인해 새로운 모방업체가 시장에 속속 진입하기 시작하고 수요가 포화상태로 접어들게 된다. 신규업체들은 가격의 인하를 통해 경쟁이 치열해지며 경쟁력이 약한 아이템은 산업에서 퇴출되는 위험한 시기이다.

4. 쇠퇴기(decline)

쇠퇴기를 거치면서 매출이 급격히 줄어들고 수익이 하락하며 기존의 창업아이템은 시대에 뒤떨어진 아이템으로 전락하게 된다.

030

연애도 타이밍,
창업도 타이밍이다

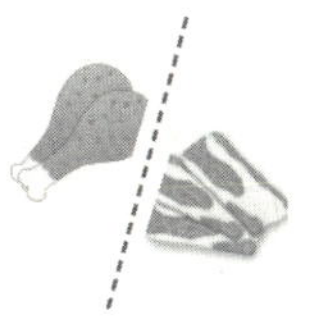

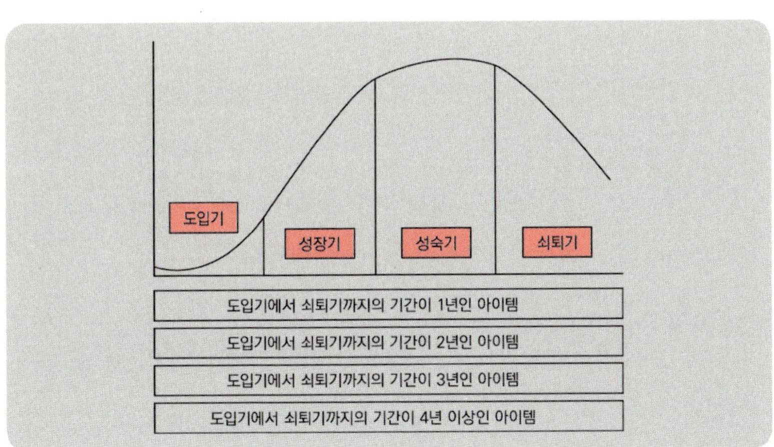

▲ 창업아이템별 수명기간

창업아이템의 수명주기만큼 중요한 것이 수명기간이다. 10년 전만 해도 창업아이템의 수명기간이 최소 3년 이상 지속됐다. 하지만 요즘은 수명기간이 1년도 안 돼 도입기, 성장기를 거쳐 성숙기 없이 쇠퇴기를 맞는 창업아이템이 늘어나고 있다. 1년도 안 돼 도입기부터 쇠퇴기까지 빠른 속도로 진행되는 것이다. 요즘 창업아이템은 초보창업자 입장에서는 정신을 차릴 수 없을 정도로 짧은 수명기간을 보이고 있다.

아이템 생명주기가 2년 이하의 창업아이템은 유행아이템일 뿐이다. 초보창업자들은 최소한 2년 이상 지속될 수 있는 아이템을 선택하고 되도록 3년 이상 지속가능한 아이템을 선택해야 한다.

그럼 어떤 창업아이템이 1년도 안 돼 도입기에서 쇠퇴기로 접어드는 것일까? 수명기간이 짧은 아이템은 몇 가지 특징을 보인다.

예전에 유행했던 와인삼겹살 전문점을 생각해보자. 와인삼겹살은 1인분 3,900원이란 획기적인 가격에 와인까지 숙성하여 판매했다. 와인삼겹살 브랜드가 출시되고 1년도 안 돼 전국에 수백 개의 가맹점이 생겨났다. 하지만 지금 와인삼겹살집은 찾아볼 수도 없을 정도만 남아있다.

왜 와인삼겹살 전문점은 짧은 수명기를 갖고 없어졌을까? 그 이유 중 하나가 단일메뉴를 너무 강조한 창업아이템이라는 것이다. 와인삼겹살이란 메인타이틀을 걸고 장사를 하다 보니 전체 판매량의 90% 이상이 와인삼겹살이었다. 손님들은 와인삼겹살 전문점에 가서 와인삼겹살만 먹은 것이다. 손님들은 와인숙성삼겹살을 저렴한 가격에 먹을 수 있는 공간으로만 인식되었다.

전국 어디든지 와인삼겹살 전문점이 생기면 줄을 서서 먹을 정도로 인기가 좋았다. 문제는 거기서부터 시작되었다. 줄을 서서 먹는 와인삼겹살 체인점이 생기면서 모방 프랜차이즈 본부들이 생겨났다.

모방 프랜차이즈 본사의 가맹점이 기존 와인삼겹살 전문점 옆에 오픈했다. 또 한 개의 와인삼겹살 매장이 생기면서 줄을 서던 손님들이 이제는 줄을 설 필요가 없어진다. 하지만 그래도 두 점포 모두 손님들이 많다.

우리나라 프랜차이즈의 문제점은 한 곳이 잘되면 모방브랜드들이 수도 없이 생겨난다는 것이다. 또 다른 모방브랜드가 상권에 하나, 둘 입점하게 된다. 줄을 서던 먹던 와인삼겹살 매장들이 이제는 서로 경쟁하게 된다. 와인삼겹살 전문점끼리 경쟁이 되는 것까지는 그나마 할만하다.

그러나 더 큰 문제가 발생하게 된다. 기존 고깃집들은 특별메뉴로 와인삼겹살을 판매하기 시작한다. 이제 와인삼겹살은 특별한 메뉴가 아니다. 일반 고깃집에서도 판매하고 와인삼겹살 전문점에서 판매하는 대중적인 메뉴가 된다.

손님들도 이제는 와인삼겹살에 대해 호기심이 없어진다. 어디가나 먹을 수 있는 메뉴인 것이다. 손님들은 변덕이 심하다. 특별하지도 않은 와인삼겹살이 이제는 지겨워진다. 화덕에 굽는 삼겹살이 나오고, 솥뚜껑에 푸짐하게 나오는 삼겹살, 떡에 쌈을 싸먹는 삼겹살, 저가형 소고기집이 출현하면서 와인삼겹살은 고객들의 발길이 뜸해 진다.

기존 고깃집들은 이제 와인삼겹살 메뉴를 빼버린다. 이제는 찾는 손님이 없기 때문이다. 그럼 기존 와인삼겹살 전문점은 어떻게 될까? 와인삼겹살 인기가 떨어졌기 때문에 이제는 목살도 넣고, 소고기도 넣어 메뉴를 추가하게 된다. 하지만 손님들은 와인삼겹살만 먹으러만 가봤지, 그곳에서 소고기나 목살을 먹은 적이 없다. 그곳은 그냥 와인삼겹살 전문점일 뿐이다. 그렇게 와인삼겹살 전문점은 고객의 외면을 받고 폐점에 이르게 된다.

최근에 유행했던 육회전문점, 칼집삼겹살전문점, 막걸리주점, 갈매기살전문점, 오븐치킨전문점 등 대부분 와인삼겹살과 같은 패턴을 보이면서 사라졌다. 한 가지 예비 창업주들은 선택하려는 신규 창업아이템이 지역 상권에 한두 개 정도의 매장이 있을 때까지는 모르지만 상권 내에 세 개 이상 같은 아이템이 입점해 있다면 6개월도 안 돼 성숙기에서 쇠퇴기로 접어들 수 있는 아이템이라는 것을 알아야 한다.

또한 해당 아이템의 메인 메뉴를 유사 매장에서 판매를 시작했다면 창업을 할 타이밍이 아니라 현재 하고 있는 매장도 빨리 권리금을 받고 매매해야 할 시점이 온 것이다.

031

남들보다 한 발짝만 앞선
트렌드를 잡아라

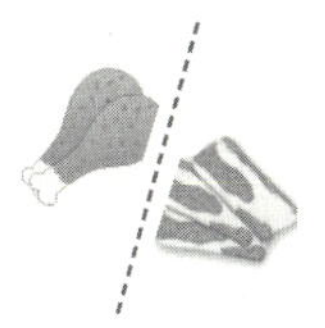

아이돌 그룹의 홍수 속에 살고 있다. 특히 여자 아이돌 그룹은 그 수를 헤아릴 수 없을 정도로 많다. 오죽 아이돌 그룹이 많으면 그들을 모아서 체육대회를 하는 프로그램까지 생길 정도이겠는가. 한마디로 여자 아이돌 그룹이 가요계의 트렌드다. 예쁘장하게 생긴 아이들을 몇 명 모아놓아 춤을 가르치고, TV에 내보내면 기본은 한다는 것이다. 기획사 입장에서 노래 잘하는 솔로 가수를 키우는 것보다 아이돌 가수를 키우는 것이 위험부담이 적다. 여자 아이돌 가수의 트렌드를 타고 비슷하게 만들면 기본은 하는 것이다.

창업아이템도 트렌드가 있다. 특정 아이템을 뜻하는 것이 아니라 지금의 트렌드를 말하는 것이다. 웰빙 트렌드, 가격파괴 트렌드, 복고 트렌드 등 트렌드란 것이 존재한다. 2000년대 이후 웰빙이란 단어는 꽤나 익숙한 단어가 됐다. 웰빙이란 단어와 함께 웰빙 푸드가 주목을 받고 있다. 건강한

먹을거리에 대한 관심이 높아진 것이다.

창업할 때도 트렌드를 공략해야 한다. 하지만 웰빙이 트렌드라고 해서 웰빙 음식만 파는 음식점보다는 음식에 웰빙을 가미한 음식점을 만들어야 한다. 웰빙 치킨집을 한다고 키토산을 먹인 닭, 무항생제 닭, 유황 닭만을 판매하는 치킨집은 성공할 수는 없다. 치킨이란 대중메뉴를 키토산을 먹인 닭만을 판매하려면 한 마리 15,000원하는 판매가격이 20,000원, 30,000원이 넘어야 한다. 가격에 상관없이 웰빙 트렌드에 맞는 치킨을 사먹는 사람은 극소수이다. 너무 앞서 나갈 필요는 없다. 웰빙 트렌드에 맞게 치킨을 식용유가 아닌 올리브유로 튀긴다거나, 마늘 치킨, 파닭 치킨처럼 웰빙 재료를 첨가하여 한 발짝만 앞선 트렌드를 잡아야 한다.

트렌드란 것이 10년을 앞서면 추잡한 것이고, 5년을 앞서면 뻔뻔스러운 것이고, 1년을 앞설 때 가장 과감한 것이라고 한다. 창업아이템도 10년 후, 5년 후를 내다보고 선택하는 것이 아니라 1년을 앞선 창업아이템을 선택해야 하다.

"웰빙이 트랜드라고 해서 웰빙음식만 파는 음식점보다는 음식에 웰빙을 가미한 음식점을 만들어야 한다."

032

미래가 궁금하다면
과거를 돌아봐라

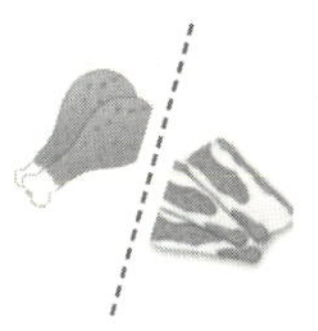

　창업아이템도 돌고 돈다. 과거의 아이템이 재포장되어 새롭게 시장을 주도하기도 한다. 요즘 들어 고기뷔페 전문점들이 눈에 띄게 늘어나고 있다. 깨끗한 인테리어와 넓은 매장으로 지역마다 손님몰이를 하고 있다. 고기뷔페란 아이템에 대한 질문을 심심치 않게 듣는다. 고기뷔페란 아이템은 유망아이템일까 유행아이템일까? 유망보다는 유행아이템에 가까운 아이템이다.

　10여 년 전을 생각해봐라. 이미 우리는 고기뷔페를 경험했었다. 그때는 프랜차이즈 형태가 아닌 개인매장들이 대부분이었지만, 동네마다 고기뷔페가 우후죽순으로 생겨났다. 1인분에 만 원도 안 되는 금액으로 배터지게 먹을 수 있는 정말 최고의 매장이었다. 하지만 고기뷔페는 오래 가지 못했다. 손님들은 만 원도 안 되는 돈을 내고 고기를 너무 많이 먹고, 너무 오래 앉아 있었다. 적당히 먹고 빨리빨리 일어나야 돈을 버는데 먹기도 많이 먹지만, 오래 앉아 있다 보니 회전율이 나오지 않았다. 업주는 마진율도 생각하고 회전율을 높이기 위해 처음에 쓰던 좋은 고기를 빼고, 싸구려 고기로만 메뉴를 채우기 시작했다.

하지만 고객들은 싸고 배부르게 먹는 것도 중요하지만 맛 또한 중요하게 생각한다. 맛없는 고기 뷔페집은 서서히 우리의 머릿속에서 사라져 갔다. 고기뷔페가 사라진지 10년 후, 이번에는 고기뷔페 체인점들이 나타나기 시작했다. 1인당 단가를 높이면서 깔끔한 인테리어로 손님들을 모으기 시작했다. 하지만 지금 당장은 장사가 될 수 있지만 과거 고기 뷔페와 똑같은 시스템으로는 멀지 않아 같은 길을 가게 될 것이다.

 현재는 과거보다 빠른 트렌드 주기를 보이고 있다는 것을 감안하고 비교해야 한다.

와인삼겹살이 유행했던 것을 떠올리며 칼집삼겹살집의 미래를 봤어야 한다. 와인삼겹살과 칼집삼겹살은 같은 창업아이템이다. 삼겹살을 와인에 숙성했느냐 칼집을 냈느냐만 다르다. 삼겹살을 변형시켜 차별화한 아이템이다. 상권과 입지, 규모 또한 비슷하다. 판매비율도 와인삼겹살과 칼집삼겹살이란 메인메뉴가 전체 판매량의 80% 이상을 차지하는 아이템이다. 칼집삼겹살은 와인삼겹살과 비슷하거나 짧은 트렌드 주기를 보일 것이다.

3인분에 9,900원하는 돼지갈비 전문점이 유행했던 시절이 있었다. 싸고 맛있는 메뉴로 고객들을 사로잡았다. 하지만 가격 파괴점이기 때문에 고기질의 하락, 원가의 상승, 고객의 식상함으로 오래 버티지 못하고 사라진 아이템이다. 그 이후로 3인분에 9,900원하는 막창집을 거쳐 지금은 한 접시 600g에 만 원하는 갈매기살 전문점이 유행을 하고 있다. 돼지갈비집의 3인분을 600g 한 접시로 풀고 돼지갈비를 갈매기살로 변화를 준 것이다. 갈매기살 전문점도 돼지갈비, 막창과 같이 똑같이 유행을 하며 같은 길을 걷고 있다. 갈매기살 전문점은 저가 아이템으로 마진율이 낮은 데다가 갈매기살 전문점이 유행하면서 수요가 늘어 유통가격이 급속도로 높아지고 있다. 원가의 상승으로 인해 양을 600g에서 500g, 400g으로 줄이고 가격은 10,000원에서 12,000원, 14,000원으로 높여가고 있다. 하지만 결국은 돼지갈비나 막창 집과 똑같이 서서히 갈매기살 전문점은 없어질 것이다.

하고 싶은 아이템이 있다면 과거의 아이템들을 살펴 봐야한다. 과거 비슷한 창업아이템이 어떻게 유행했고 어떻게 사라져 갔는지를 봐야 한다. 영원불변의 창업아이템은 없다. 하지만 1년도 안 돼 사라질 아이템이라면 신중하게 선택해야 한다. 물론 유행아이템이라고 해도 트렌드를 정확히 판단하여 도입기에 시작하여 성숙기에 가게를 매매한다면 돈을 벌 수 있다. 하지만 베테랑 창업자라면 몰라도 초보창업자들은 유행하는 아이템은 피하는 것이 상책이다.

"창업 아이템은 돌고 돈다. 과거를 돌아봐야 한다. 과거 비슷한 콘셉트의 아이템이 얼마나 유행하고, 어떻게 없어졌는지 판단해야 한다."

033

창업아이템 구분도
– 외식업, 서비스업, 판매업, 무점포·소호

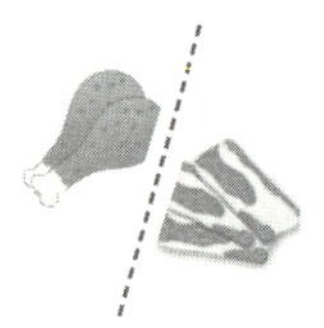

　예비 창업자들의 가장 큰 고민 중의 하나가 과연 어떤 아이템을 선택해야 성공할 수 있는가이다. 우리나라에는 수많은 창업아이템이 있다. 창업아이템은 크게 외식업, 서비스업, 판매업, 무점포·소호 아이템으로 구분할 수 있다. 구체적으로 구분을 하면 다음과 같다.

외식업	
한식류	감자탕전문점, 묵은지요리전문점, 국밥전문점, 버섯샤브샤브, 부대찌개전문점, 주꾸미전문점, 찌개전문점, 두부요리전문점, 순대전문점, 반찬전문점, 비빔밥전문점, 삼계탕전문점, 해물떡찜전문점, 해장국전문점, 콩나물국밥전문점, 샤브샤브전문점, 동태찜전문점, 칼국수전문점 등
분식류	만두분식전문점, 퓨전분식점, 김밥전문점, 우동 돈가스 초밥전문점, 돈가스전문점, 떡볶이전문점, 쌀국수전문점, 스시롤전문점, 국수전문점, 라면전문점, 도시락전문점 등
주점류	막걸리주점, 요리주점, 꼬치구이전문점, 생맥주전문점, 병맥주전문점, 퓨전해산물요리주점, 룸형요리주점, 일본식주점, 무드카페주점, 와인바, 실내포장마차, 퓨전포차 등

일식·중식류	자장전문점, 짬뽕전문점, 차이나풍 레스토랑, 퓨전일식레스토랑, 일식전문점, 스시전문점
퓨전류	패밀리레스토랑, 스파게티전문점, 파스타전문점, 패스트푸드점, 씨푸드레스토랑, 오무라이스전문점, 함박스테이크전문점, 케밥전문점
고기류	구이전문점, 수입소고기전문점, 삼겹살전문점, 한우요리전문점, 곱창전문점, 육회전문점, 장어구이전문점, 막창전문점, 고기뷔페, 양꼬치전문점 등
치킨류	바비큐전문점, 오븐치킨점, 치킨레스토랑, 치킨전문점, 치킨호프, 배달치킨점, 파닭전문점 등
커피·아이스크림	커피전문점, 아이스크림전문점, 제과제빵전문점, 베이커리카페, 와플전문점, 도너츠전문점, 생과일전문점, 퓨전떡카페, 브런치카페 등
패스트푸드	핫도그전문점, 피자전문점, 샌드위치전문점, 햄버거전문점, 토스트전문점 등
해산물류	횟집, 오징어전문점, 전복요리전문점, 씨푸드뷔페, 참치전문점, 대게전문점, 해물전문점 등

판매업	
제품판매업	핸드폰판매, 신발판매, 의류판매, 주얼리/시계, 안경전문점, 액세서리전문점, 문구·사무용품 전문점, 장난감, 도서판매, 화장품 등
식품판매업	편의점, 슈퍼, 과일가게, 야채가게, 건강식품전문점, 유기농식품판매점, 반찬/식재료 등
기타	애완동물 백화점, 한복대여업, 비대오대여 등

서비스업	
공간대여업	멀티방, 오락실, 찜질방, 당구장, 원룸텔업, 독서실, DVD방, PC방, 스크린골프장, 헬스클럽 등
생활서비업	미용실, 운동화세탁편의점, 청소대행전문점, 세탁편의점, 자동차광택전문점, 잉크충전전문점, 네일아트, 포토/사진, 피부미용 등
학원	보습학원, 입시학원, 어학원, 전문학원, 영어유치원, 주산학원, 태권도도장 등
기타	요가, 광고대행, 청소대행, 세차장 등

무점포소호	
무점포소호	온라인쇼핑몰, 교육, 사진/영상, 컴퓨터서비스, 자동차관련, 여행사 등

034

벤처 아이템보다는
대중적인 아이템이 좋다

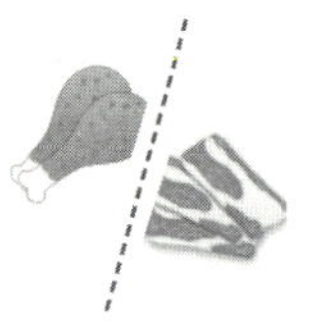

블루오션이란 개척되지 않은 시장, 신선하며 미래지향적인 새로운 시장을 의미한다. 기존에 없던 새로운 시장에 진출하며 경쟁 없이 시장을 창출하는 것이다.

레드오션이란 기존에 있던 시장에서 경쟁을 통해 이익을 창출하는 시장이다. 제품의 경쟁력, 가격의 경쟁력, 서비스의 경쟁력을 갖춰야 살아남을 수 있기 때문에 피 튀기는 싸움을 해야 한다.

레드오션 시장보다는 블루오션 시장이 매력적이다. 누구나 블루오션 시장을 선점하고 싶어 한다. 하지만 창업시장에서는 블루오션시장보다는 레드오션 시장이 더 안정적이다. 외식 아이템을 예로 들어보자. 삼겹살 전문점은 너무도 흔한 창업아이템이다. 우리나라 어디에 가나 쉽게 찾아볼 수 있는 음식점이다. 레드오션 시장임에 틀림없다. 그럼 네팔음식점이나 인도음식점을 하면 어떨까? 경쟁은 치열하지 않다. 우리나라에서는 분명 블루오션 시장이다. 네팔요리점을 하면 경쟁 없이 시장에 진입할 수 있을까? 물론 네팔요리 전문점을 한다면 경쟁은 없을 것이다. 경쟁은 없지만 대중성이 떨어져 고객들을 창출하기가 쉽지 않은 아이템이다.

대기업들은 블루오션 시장을 개척하는 것이 맞다. 대기업은 중소기업들이 이미 포화상태로 만들어 놓은 레드오션 시장에 진입하여 시장을 망가트러서는 안 된다. 하지만 소자본 창업자들은 대기업이 아니다. '모 아니면 도' 식의 위험부담을 안고 시작하면 안 된다. 위험 부담을 안고 시작하는 벤처 아이템보다는 대중적인 아이템을 선택하는 것이 현명하다.

대중성을 바탕으로 차별화를 꾀해야 한다. 대중성을 무시하고 차별성만 신경 쓰다 보면 대박보다는 쪽박을 찰 가능성이 높다. 창업은 위험부담을 최소화하면서 시작해야 한다. 그냥 잘 될 것이라는 막연한 생각만으로 창업아이템을 결정해서는 안 된다.

> "창업은 위험부담을 안고 시작하는 벤처 아이템보다는 대중적인 아이템을 선택하는 것이 현명하다."

035
고객의 눈으로
아이템을 선택하라

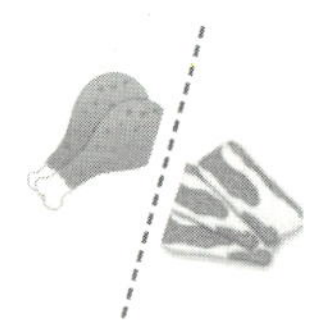

창업상담을 하면서 만나는 가장 답답한 사람은 자신의 눈높이에서 아이템을 결정하려는 사람들이다. 본인이 점심식사로 만 원은 부담 없이 지출하기 때문에 점심메뉴를 만 원에 맞춰 놓거나, 본인은 국내산 삼겹살만 먹는다고 주택가에 국내산 삼겹살 전문점을 오픈하는 것이다.

창업할 때 본인의 눈높이로 창업 아이템을 선택하는 것이 아니다. 본인이 점심 한 끼 만 원 정도는 쓴다고 누구나 점심 한 끼에 만 원을 쓰지는 않는다. 대다수의 고객들은 한 끼 식사에 만 원은 부담스러운 금액이다. 본인이 국내산 삼겹살만 먹는다고 모든 고객들이 국내산만을 선택하지는 않는다.

특히 대기업출신, 공무원출신, 은행원출신 등 전 직장의 대우가 좋았던 분들, 직급이 높았던 분들, 나이가 많은 분들은 본인의 입장에서 창업아이템을 선택하려한다. 하지만 본인이 먼저가 아니고 고객을 먼저 봐야 한다. 내 주머니 사정이 아닌 고객의 주머니 사정을 생각하고 아이템을 선택해야 한다. 일반 고객입장에서 과연 얼마의 금액이면 부담 없이 매장을 찾을 수 있는지 판단해야 한다.

떡볶이집을 창업한다면 떡볶이집의 주요 고객층이 누구인지를 먼저 생각해야 한다. 청소년, 여성들이 주요 고객층일 것이다. 그럼 그들이 떡볶이를 먹는 데 얼마를 쓸 것인가를 생각해야 한다. 그들이 생각하는 금액을 벗어나 창업자 입장에서 메뉴와 가격을 구성하면 이것은 실패의 첫 단추이다.

또한 창업아이템을 선택할 때 과연 그 아이템을 고객이 얼마나 자주 이용할 수 있는 아이템인가 판단해야 한다. 아무리 좋은 식당도 매일 이용할 수는 없다. 중저가 고깃집은 저녁 때 간단하게 직장동료와 가족, 친구와 들를 수 있다. 대중적인 메뉴이기 때문에 일주일에 두세 번도 방문이 가능한 아이템이다. 대중적인 고깃집은 그래서 B급 상권에 작게 입점해도 경쟁력을 발휘할 수 있다.

하지만 똑같은 고깃집이라고 해도 한우전문점은 다르다. 한우전문점도 물론 방문할 수는 있다. 하지만 특별한 경우이다. 부모님을 모시고 가거나 특별한 일이 있을 때 간다. 자주 보는 친구들과 '우리 한우고기에 소주나 한 잔 하러 가자'라고 말하기에는 가격부담이 너무 높다. 한우전문점은 자주 가야 한두 달에 한 번이나 갈까 말까하는 아이템이다. 한우전문점은 목적을 갖고 가는 곳이기 때문이다. 그렇기 때문에 도보를 이용하는 고객보다는 차량을 이용해서 오는 고객들이 많다. 매장이 커야 하며 주차공간이 확보되어야 한다.

창업아이템에 따라 고객들의 이용횟수에 차이가 난다. 과연 내가 선택하는 창업아이템이 고객입장에서 한 달에 몇 번이나 찾아 올 것이고 한 번에 얼마를 지출해야 하는 아이템인지 판단해야 한다.

036

복합형 아이템과
전문 아이템이 있다

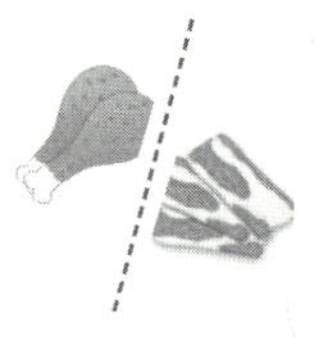

　창업아이템은 복합형 아이템과 전문점 아이템으로 구분하여 볼 수 있다. 요즘 유행하는 떡복이 전문점은 테이크아웃을 주로 하는 전문점의 형태이다. 떡볶이, 순대, 튀김 등 3~4가지 메뉴만 있다. 반대로 복합형 매장은 김밥전문점이다. 김밥이 주가 되지만 라면, 돈가스, 비빔밥 등 30~40개의 메뉴가 구성되어 있다.

　복합형 매장과 전문매장은 형태에 따라 장단점이 있다. 같은 매출이 오른다면 당연히 전문점 형태가 좋다. 식재료의 관리와 조리가 간편하기 때문에 운영자체가 좀 더 쉽고 재료의 신선도를 유지할 수 있는 장점이 있다. 하지만 전문매장의 경우 주 메뉴에 문제가 발생했을 때 심한 타격을 받을 수 있다. 오징어회 전문점에서 오징어가 없어 판매를 못한다거나, 아귀찜전문점 옆에 아귀찜집이 생기면서 매출이 하락한다거나 외부적인 요인에 의한 위험부담이 있다.

 또한 고객에게 이것저것 다 파는 그냥 그런 식당이라는 인식을 줄 수 있다. 장점으로는 특정메뉴에 대한 위험부담이 적다. 식재료의 상승이나 경쟁업체의 출현에 보다 쉽게 대응이 가능하다.

전문점과 복합형 매장은 장·단점이 있다. 때문에 전문점과 복합형 매장의 중간 형태로 고객들에게 접근하는 것도 좋은 방법 중 하나이다.

부대찌개 전문점은 점심에는 장사가 잘 되지만 저녁에 매출이 저조하다. 부대찌개의 특성상 점심식사로는 선호하지만 저녁에 소주한 잔과 함께 하기에는 부족함이 있다. 저녁 매출이 저조한 것을 개선하기 위해 부대찌개와 더불어 두루치기나 족발, 보쌈 등을 추가하면 좋다. 점심에는 부대찌개와 두루치기를 식사용으로 판매하고, 저녁에는 두루치기, 족발, 보쌈을 술안주로 판매하는 전략이다. 전문점과 같은 형태를 취하지만 한 가지에만 치우치지 않고 다양성을 확보할 수 있는 장점이 있다.

또한 아이템을 선정할 때는 1년을 기준으로 메뉴를 구성해야 한다. 보신탕집, 굴국밥집, 장어집, 생맥주 전문점, 오뎅바 등의 공통점은 특정 계절에만 장사가 잘 된다는 것이다. 오뎅바는 겨울에는 자리가 없을 정도로 사람이 많지만 여름에는 손님이 없어 파리만 날릴 수 있다. 거꾸로 생맥주전문점은 여름에는 매출이 높지만 겨울에는 고객이 절반으로 줄어든다.

그래서 비수기와 성수기가 있는 창업아이템은 피하는 것이 좋다. 만약 비수기와 성수기가 확연히 구분되는 아이템이라면 비수기를 대비한 메뉴 보강이 있어야 한다.

037

유행아이템과
유망아이템은 다르다

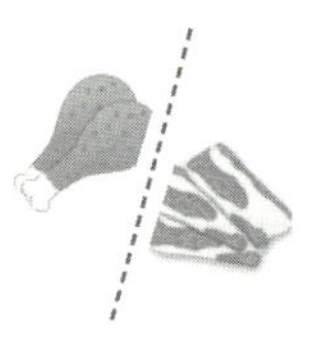

미혼녀가 꼽은 최고의 결혼 상대자의 조건은 1위가 돈 많은 남자, 2위가 외모가 뛰어난 남자, 3위가 '사'자 들어가는 전문직이라고 한다. 그러나 유부녀가 꼽은 최고의 결혼 상대자는 1위가 나를 더 좋아하는 남자, 2위가 착한 남자, 3위가 가정적이고 아이를 좋아하는 남자라고 한다. 미혼녀와 유부녀가 생각하는 최고의 결혼상대자에 확연한 차이가 난다. 미혼녀는 사람보다는 조건을 보고, 유부녀는 조건보다는 사람을 보는 것이다.

창업도 초보창업자와 베테랑창업자는 아이템을 보는 눈이 다르다. 초보창업자는 눈에 보이는 외형만 보고 베테랑창업자는 아이템의 내면까지 본다. 아이템은 보기에 번지르르한 유행 아이템이 있고, 속이 꽉 찬 유망아이템이 있다.

유행아이템과 유망아이템은 정확한 구분이 가능할까? 안타깝게도 유행아이템과 유망아이템은 정확한 구분이 쉽지 않다. 유망아이템과 유행아이템은 처음에는 쌍둥이처럼 똑같다. 시간이 지나면서 유행아이템과 유망아이템으로 분리가 된다.

몇 년 전 유행했던 찜닭전문점을 예로 들자. 찜닭전문점은 분명 처음에는 유망아이템이었다. 하지만 결국은 유행아이템으로 변질되고 말았다. 찜닭전문점이 유행아이템으로 전락한 데는 몇 가지 이유가 있다.

첫째, 너무 급속도로 매장이 늘었다는 것이다. 각 상권마다 찜닭전문점이 하루가 멀다 하고 매장이 오픈됐다. 그러다 보니 과다경쟁이 발생하여 유행아이템으로 전락하게 된 것이다. 너무 급속도로 프랜차이즈본부와 매장이 늘어난다면 유행아이템일 가능성이 높다.

둘째, 누구나 쉽게 따라 할 수 있는 아이템이다. 찜닭전문점이 생기고 고객들이 맛에 열광했다. 하지만 찜닭은 웬만한 주방장들은 만들 수 있는 메뉴였다. 한마디로 진입장벽이 낮다는 것이다. 특히 유통의 경쟁력이 없이 단순한 맛의 차별화로 진입장벽을 만들 수는 없다. 진입장벽이 낮는 아이템은 유행아이템으로 변질될 가능성이 높다.

셋째, 고객의 이용 빈도가 낮거나 처음 보는 아이템이다. 고객의 이용 빈도가 낮은 아이템이란 것은 조개구이, 찜닭 등 평소에 즐겨 찾는 메뉴가 아니라 일 년에 몇 번 찾지 않는 업종이다. 그런 아이템은 매장의 수가 적을 때는 충분히 경쟁력을 갖고 있지만, 동일 아이템이 늘어나면 늘어날수록 유행아이템으로 변질된다. 순간적으로 매장이 늘어남에 따라 고객의 이용 빈도가 늘지만 3개월 6개월 등의 한시적인 현상일 뿐이다. 그 일정 기간이

지나면 이용횟수는 다시 낮아진다. 고객이 몇 년 동안 기복 없이 자주 찾아 올 수 있는 아이템이 유망아이템이다.

요즘 들어와서는 3~4년간 꾸준한 유망아이템이 사라지고 1년간 반짝하는 유행아이템이 대부분이다. 심지어는 6개월 반짝하고 없어진 육회전문점 같은 브랜드들도 심심치 않게 보인다.

십년 전만 해도 하나의 아이템이 생기면 3~4년은 지속되었는데 요즘은 아이템 하나만으로 몇 년간 꾸준하기 힘든 것이 현실이다. 그만큼 창업 예정자들은 아이템을 선택할 때 현재뿐만 아니라 앞으로 1년, 2년, 3년, 언제까지 지속가능한 아이템인지를 판단해야 한다. 아이템을 선택하고 창업을 했다고 해도 그 아이템이 유행아이템으로 변하고 있는지를 관심 있게 지켜봐야 한다. 유행아이템으로 변질될 가능성이 높아지면 과감하게 업종을 변경하거나 점포를 매매하는 결정을 해야 한다.

> "유망 아이템과 유행 아이템은 처음에는 쌍둥이처럼 생겼다. 시간이 지나면서 유행 아이템과 유망 아이템으로 분리가 된다."

038

프랜차이즈 가맹점과 독립창업,
어떤 창업을 할까?

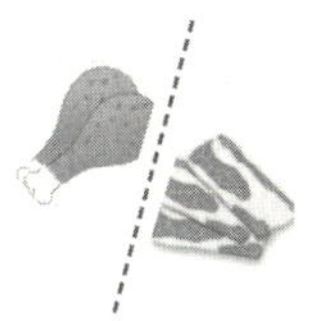

남녀관계에서 중요한 건 어떻게 만났느냐는 것 보다는 어떤 사람을 만났느냐가 중요하다. 연애결혼과 중매결혼, 두 가지 결혼 모두 행복한 가정을 꾸리는 데 목적이 있다. 창업도 체인점창업과 독립창업이 중요한 것이 아니라, 안정적으로 수익이 나오는 창업을 하는 데 목적이 있는 것이다.

부끄러움을 많이 타는 사람은 중매결혼이 좀 더 맞을 것이고, 사교성이 높은 사람은 연애결혼이 좀 더 맞을 것이다. 창업도 경험이 있고 기술이 있는 사람은 독립창업형태가 좋을 것이고, 경험 없는 초보창업자라고 하면 체인점 창업이 좀 더 맞을 것이다. 체인점창업과 독립창업, 어떤 창업이 좋고 나쁘다기 보다는 창업자의 현재 상황에 따라 알맞은 창업을 선택해야 한다.

1. 비용 대비 효율성을 파악하라

아무래도 창업비용은 체인점 창업형태가 높다. 당연한 얘기이다. 체인

본사는 이윤을 추구하는 기업이기 때문에 개인이 창업하는 비용보다는 비용이 더 들어간다. 예비 창업자가 생각해야 할 것은 더 들어 가는 비용만큼 값어치를 하는가이다. 체인점을 선택했다면 더 많이 들어가는 비용보다 본사로부터 지원받는 것이 많다면 체인점을 선택하는 것이 현명하다.

일반적으로 프랜차이즈 가맹점창업은 독립창업보다 총 창업비용이 약 500~2,000만 원이 더 소요된다. 그만한 값어치를 하는 조리, 물류, 디자인, 지원시스템이 갖춰졌다면 비용이 더 들어가더라도 선택하는 것이 맞다. 하지만 독립창업보다 단돈 100만 원이 더 소요되더라도 그만한 값어치가 없다면 독립창업이 더 좋을 것이다.

2. 창업성공률은 어떤 형태가 높을까?

흔히들 독립창업보다는 체인점 가맹점창업이 성공률이 높다고 한다. 평균을 잡아본다면 맞는 말이다. 아무래도 프랜차이즈 본부의 도움을 받고 창업하는 것이 성공률 면에서는 높다.

하지만 성공률은 높지만 실패 시 독립창업보다 프랜차이즈 가맹점창업이 훨씬 위험부담이 크다. 독립창업은 기존 점포를 인수하여 시설을 크게 고치지 않고 그대로 사용하는 경우가 많다. 이런 경우 가게를 접을 때 비용적인 면에서 크게 손해를 보는 경우는 많지 않다. 그렇지만 독립창업도 기존시설을 모두 새로 한다면 프랜차이즈 가맹점과 같이 투자금액 회수가 힘들어 위험부담이 있다.

프랜차이즈 가맹점창업은 인테리어, 간판, 시설 등을 모두 새로 하기 때문에 실패 시 투자금액을 전부 회수하긴 불가능하다. 새로 한 시설비는 그대로 날리는 비용으로 생각해야 한다. 요즘은 프랜차이즈 가맹점창업도 기존시설을 최대한 살려 매장을 오픈하는 브랜드들이 늘어나고 있

다. 이런 브랜드의 경우는 투자금액이 많지 않아 실패 시 손해가 크지 않
을 수 있다.

일반적으로는 체인점 가맹점창업이 성공률도 높지만 실패 시 손해 보는 비용
도 높다.

3. 전수창업도 있다

전수창업은 프랜차이즈창업과 개인창업의 중간 형태로 볼 수 있다. 전수
창업은 성공한 개인매장의 사장이 전수 비용을 받고 예비창업자에게 조리
노하우와 매장운영의 노하우를 제공한다. 예비 창업자는 맛과 운영노하우
만 전수받고 인테리어, 시설, 집기 등을 직접 설치하여 오픈하게 된다. 상
호 또한 같은 상호를 사용 할 수도 있고 새로운 상호를 사용할 수도 있다.

전수창업은 전수하는 정도(음식, 인테리어, 상호, 시설)에 따라 독립창
업 성향이 짙은 아이템도 있고, 프랜차이즈 가맹점 성향이 짙은 아이템도
있다. 예비 창업자와 전수자 사이에 어떻게 협의 하느냐에 따라 형태는 다
양하다.

039

프랜차이즈 본사
판단 비법

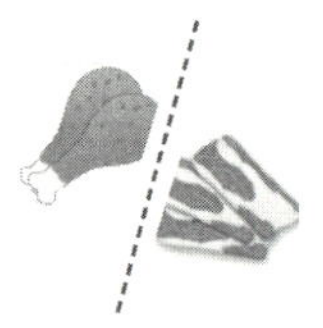

현재 공정거래 위원회에 등록된 프랜차이즈 브랜드만 3,000개가 넘는다. 하지만 공정거래위원회에 등록되지 않은 소형 브랜드까지 합친다면 몇 배가 더 늘어날 수도 있다. 수많은 프랜차이즈 브랜드 중 어떤 한 브랜드를 선택하기란 쉽지 않다.

간단하게 프랜차이즈 본사를 판단하는 방법을 제시하겠다. 정보공개서를 살펴보면 알 수 있는 내용도 있고, 직접 발로 뛰어 알아봐야 하는 내용도 있다.

1. 가맹점의 개수를 파악하라

퇴직자들은 단순히 프랜차이즈 본부의 크기와 가맹점 수만 보고 본부를 판단하는 경향이 있다. 가맹점이 100호점이 넘고 1,000호점을 넘었다고 무조건 좋은 프랜차이즈 본부는 아니다. 100호점, 500호점이 넘었다는 것은 그만큼의 많은 가맹점이 오픈되어 영업을 하고 있다는 것이고, 유사

브랜드도 많아 치열한 경쟁을 벌이고 있다는 것이다. 가맹점 갯수가 중요한 것이 아니라 가맹점이 현재도 활발히 오픈되고 있는 브랜드인지, 과거에 한창 유행했다가 없어지고 있는 브랜드인지를 파악하는 것이 중요하다.

2. 가맹점을 돌아봐라

해당 가맹점을 오픈하기 위해서는 무조건 해당 브랜드의 가맹점주를 직접 만나봐야 한다. 앞으로 당신이 들어설 길을 미리 경험한 선배들이다. 본부에 대한 불만, 지원 사항, 창업비용 등 세심하게 물어보고 선택해야 한다. 하지만 아무리 좋은 본부라도 100%만족하는 가맹 점주는 없다. 10명의 가맹 점주를 만나 7명 이상 나쁘지 않다고 말하면 선택해도 좋은 브랜드 이다.

3. 무리한 수익률을 제시하는가?

투자 대비 무리한 수익률을 제시하는 본부는 피하라. 수익률은 투자에 대비하여 나오는 것이다. 1억 투자하고 한 달에 몇천만 원씩 번다는 본부는 피하는 것이 좋다. 매장운영이 너무 쉽다거나 100% 성공을 보장하는 본부 또한 피하는 것이 좋다. 신이 아닌 이상 어떤 창업도 실패할 수 있다. 제대로 된 평균 수익률과 해당 아이템의 힘든 점과 어려운 점도 가감 없이 제시해 주는 본부를 선택해야 한다.

4. 정보공개서를 제공받아라

정보공개서는 회사의 일반현황과 계약에 관한 사항이 필수로 기재되어 있다. 그 안에는 영업권역, 계약의 종료조치 등 창업자가 꼭 알아야 할 부분이 포함되어 있다. 특히 영업권역은 내가 오픈한 지역 내에 다른 가맹점이 오픈할 수 있는 거리가 얼마나 되는지를 살필 수 있다. 또한 계약기간 중이라도 중도해지가 가능한지 등을 살펴볼 수 있는 책자이다.

5. 물류공급과 사입

물류부분을 본사가 직접 공급하는지 아웃소싱업체를 통해 공급하는지를 확인해야 한다. 본사가 직접 공급한다고 좋고, 아웃소싱을 사용한다고 나쁜 것은 아니다. 본사가 직접 물류를 취급함으로써 아웃소싱보다 높은 물류 단가가 형성되는 경우도 많으며, 보다 전문적인 아웃소싱업체에 의뢰함으로써 비용이 절감되는 경우도 있다. 특히 물류 공급에서 공산품, 야채 등 가맹점주가 쉽게 구할 수 있는 물품도 본사에서 무조건 받아야 하는지도 확인해야 한다. 공산품, 야채 같은 경우는 본사에서 공급하는 물품과 가맹 점주가 사입하는 물품의 품질이 똑같은데 강제로 구매해야하는 경우가 없어야 한다.

6. 영업사원이 많은가?

프랜차이즈 본부를 판단할 때 규모에 비해 영업사원이 많은 곳은 피하는 것이 좋다. 영업사원은 대부분 적은 기본급에 인센티브 형식을 취하기 때문에 무리하게 개설을 유도한다. 또한 가맹점 모집광고를 신문에 대문짝만하게 하는 프랜차이즈 본부도 피해야 한다. 몇천만 원씩 하는 광고비를 지출하면 그만큼 가맹점을 오픈할 때 폭리를 취할 수밖에 없다. 프랜차이즈 본사가 영업에만 치우치는 경우 오픈만 하고 관리는 소홀히 하는 경우가 많다.

7. 개설비용에 대한 적정성

가끔 신문광고를 보면, 가맹비도 없고 인테리어비도 없이 가맹점 오픈이 가능하다고 하는 회사가 있다. 프랜차이즈 본부는 이윤을 추구하는 기업이다. 자선 단체가 아니다. 어떤 방식으로든 수익이 발생해야 한다. 가맹비가 없다는 것은 다른 곳에서 수익을 창출한다는 것이다. 이런 본부들은 계약할 때만 겉으로 비용이 안 들어가 보일뿐 매장을 오픈하고 유지하다보면 오히려 더 많은 비용이 들어가는 경우가 많다. 예비창업자들도 본부의 적정한 수익을 인정하고 그만큼의 지원을 받는 것이 좋다.

8. 프랜차이즈 본부의 CEO

프랜차이즈 본부는 CEO의 마인드에 따라 흘러가게 된다. 가맹계약 전에 본부의 CEO를 꼭 만나서 사람 됨됨이와 능력을 파악해야 한다.

정말 능력이 있고, 가맹 점주를 먼저 생각하는 사람인지 따져 봐야 한다. 아무리 가맹점이 많아도 직접 가맹 희망자를 만나지 않는 CEO라면 문제가 있는 것이다. 본부의 사장이 누군지도 모르고 계약을 하는 것은 어리석은 짓이다.

040

1등 아이템이 아닌
2등 아이템을 선택하라

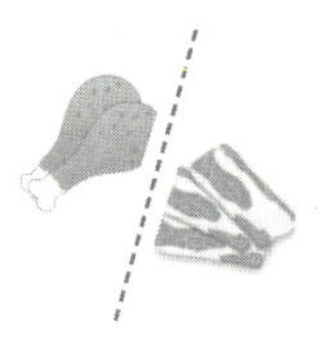

마케팅 법칙 중에서 '더 좋은 것보다는 맨 처음이 났다', '1등을 하려면 맨 처음이 되라'는 말이 있다. 2등은 아무도 기억해주지 않는다는 말과도 일맥상통한다. 특히 스포츠 경기에서 금메달과 은메달은 하늘과 땅의 차이이다. 스포츠는 한때 유행어처럼 '1등만 기억하는 더러운 세상'이란 말이 통하는 분야이다. 그럼 창업시장에서도 1등만 기억하기 때문에 꼭 1등을 해야 할까? 아니다. 창업시장은 스포츠 경기가 아니다. 꼭 1등을 할 필요가 없다. 2등을 해도 좋고 3등을 해도 좋다. 꼴등을 하거나 낙오를 안 하는 것이 중요하다.

내가 1등을 하기 위해 누구도 시도하지 않은 아프리카 음식전문점을 차려 국내 1등 아프리카 전문점을 만드는 것이 목표인 사람이 있다고 하자. 그는 국내에서 아프리카 음식으로 1등을 할 수는 있을 것이다. 그러나 국내 1등인 아프리카 음식점이지만 파리 날리는 매장일 수도 있다. 국내 1등 아프리카 음식점이라도 성공과 실패의 확률을 볼 때 성공보다는 실패 쪽에 더욱 가까울 것이다. 아무도 시도하지 않는 것을 처음 하는 것은 위험천만한 일이다.

벤처 아이템으로는 성공 확률이 10%로도 안 된다. 물론 10%에 들어가는 성공을 거둔다면 대박이 날 수도 있다. 하지만 1등을 하기 위해 너무 많은 위험부담을 감수해야 한다. 2등을 하면 어떨까? 스포츠처럼 2등은 아무도 기억해주지 않을까? 아니다. 창업은 2등도 상관은 없다. 누군가 아프리카 음식점으로 큰 성공을 했다면 1등을 벤치마킹하여 보강한다면 위험부담을 최소화하고 성공할 수 있다. 1등은 90%의 위험부담을 갖고 시작했지만 2등은 20~30%의 위험부담만을 갖고 시작할 수 있다.

창업은 스포츠와 다르다. 1등만 기억하는 스포츠가 아니다. 1등을 하기 위해 특별한 창업아이템을 만들려 하지 말고 이미 성공한 창업아이템을 벤치마킹하여 나만의 경쟁력으로 보강하는 것이 성공의 지름길이다.

> "창업은 스포츠 경기가 아니다. 꼭 1등을 할 필요가 없다. 2등을 해도 좋고 3등을 해도 좋다. 꼴등을 하거나 낙오를 안 하는 것이 중요하다."

041

유명브랜드가
유망브랜드는 아니다

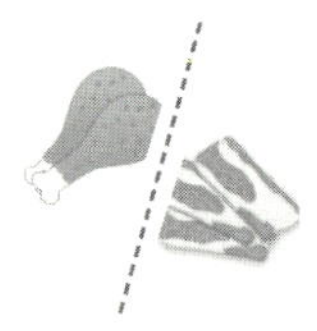

초보창업자들은 유명브랜드를 유망브랜드로 착각한다. 유명한 것과 유망한 것은 전혀 다른 말이다. 유명하다는 것은 이름이 널리 알려졌다는 것이고, 유망하다는 것은 앞으로 잘 될 듯한 희망이나 전망이 있다는 것이다.

유명브랜드는 사람들에게 많이 알려져 있는 만큼 외형적으로 가맹점의 개수가 많을 것이다. 창업자의 입장에서 가맹점의 개수가 많다는 것은 약이면서 독이 된다.

브랜드력을 갖출 수 있는 의류, 신발, 화장품, 아이스크림, 제과점, 패밀리 레스토랑 등 대기업이 뛰어드는 브랜드들은 유명브랜드가 일반브랜드보다 경쟁력을 갖고 있다. 하지만 대부분의 아이템들은 브랜드력을 갖추기 어렵다. 유명하긴 하지만 브랜드를 보고 고객들이 방문하지는 않는다. 오히려 유명브랜드가 되는 시점이 아이템 생명주기가 쇠퇴기로 접어드는 경우도 있다.

얼마 전 상담한 P씨는 유명 호프브랜드를 생각하고 있었다. 10년 전 유행해서 전국에 몇백 개의 가맹점을 오픈했던 브랜드이다. 이름은 널리 알려져 있지만 지금은 절반도 남아 있지 않은 아이템이다. 이미 오래전에 유행했다 사라진 브랜드인데도 유명한 브랜드이니까 시작하고 싶다고 했다. P씨 생각에는 유명한 브랜드이고 오래된 브랜드이니까 사람들이 브랜드를 보고 매장을 찾아올 것이라고 생각한 것이다. 하지만 P씨가 말한 브랜드는 이미 시장경쟁력을 잃고 기존에 운영하던 매장 대부분이 매매를 시도하는 브랜드였다.

대부분의 창업아이템은 유명한 것이 중요하지 않다. 그 브랜드가 앞으로 얼마나 유망할까가 중요하다. 유명한 브랜드들은 대부분 유망했던 브랜드였다. 하지만 유명브랜드가 아직도 유망브랜드인지는 잘 생각해봐야 할 것이다.

"초보창업자들은 유명브랜드를 유망브랜드로 착각한다. 유명한 것과 유망한 것은 전혀 다른 말이다."

042

음식장사,
맛만 있으면 대박이다

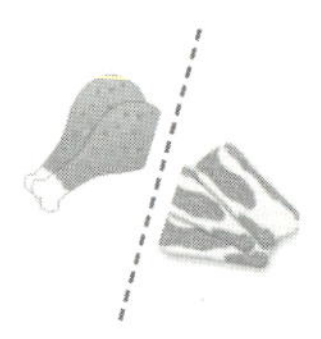

초보창업자들은 교과서적인 생각을 한다. 우리나라 초등학교 교육의 힘이라고 할까. 초보창업자들은 교과서적으로 음식점 맛만 있으면 손님들이 멀리서도 찾아온다고 생각한다.

초보창업자들이 실패하는 가장 큰 이유 중의 하나가 맛에 대한 자신감이다. 그 이유 중의 하나가 동네마다 있는 맛집의 영향이 크다. 맛으로 소문난 집을 가보면 인테리어도 허름하고 친절하지도 않은데 손님은 줄을 서서 기다린다. 그런 맛집을 보고 초보창업자는 맛만 있으면 손님은 저절로 찾아온다는 생각을 갖게 된다. 하지만 맛집이 장사가 잘되는 것은 맛만 있어서가 아니고 공통된 조건을 충족했기 때문이다.

1. 신선하고 좋은 재료를 사용한다

맛집은 음식맛이 뛰어나다는 음식점이다. 하지만 맛집의 음식이 누구도 흉내 낼 수 없는 맛은 아니다. 다른 음식점에 비하여 맛이 조금 좋고 색다르다는 것이지 비교조차 안 될 정도로 뛰어난 맛은 아니다.

텔레비전 화면에 나오는 비법의 소스보다는 신선하고 좋은 재료를 사용하는 것이 맛집의 조건이다. 맛집이 신선하고 좋은 재료를 쓸 수 있는 것은 장사가 잘 되기 때문이기도 하다. 장사가 잘되니 신선하고 좋은 재료를 재고 없이 쓸 수 있고, 재료가 신선하고 좋으니 손님이 많은 선순환 구조를 만드는 것이다.

2. 10년 이상 오래된 단골이 많다

대부분의 맛집은 오픈부터 손님이 북적대던 곳은 아니다. 한 번 온 손님을 단골로 만들고, 그들이 다른 손님을 데려 오고, 그 손님이 다시 단골이 되는 형태를 취한다. 그렇기 때문에 오픈 한두 달 만에 손님이 북적거렸던 것이 아니라 시간이 지나면서 두터운 고객층을 확보한 것이다. 맛집이 되기 위해서는 많은 시간이 필요하다. 인고의 시간을 거치고 살아남은 집이 맛집이 된다.

3. 가격이 저렴하다

강남의 대형 음식점을 빼고 대부분의 맛집은 가격이 저렴하다. 가격이 저렴해서 손님이 주머니 걱정 없이 찾을 수 있는 매장들이다. 높은 가격보다는 편안한 가격 정책으로 손님의 주머니를 생각한다.

4. 입지가 나쁘지 않다

맛집으로 소문난 집들은 대부분 입지가 나쁘지 않다. 주택가 한가운데 있기보다는 상가들이 모여 있는 상업지 내에 있다. 차량접근성, 도보접근성 등 손님이 쉽게 찾아갈 수 있는 입지를 갖추고 있다. 대부분 A급지는 아니더라도 B급지 이상의 입지에서 장사를 하고 있다.

위의 4가지 조건을 충족하는 매장이 맛집으로 살아남을 수 있다. 우리 동네 맛집도 다른 동네에 분점을 오픈하면 생각만큼 장사가 잘 안 되는 경우가 많다. 본점보다 맛이 떨어져서가 아니고 입지와 단골을 만들 시간이 충분하지 않은 것이다. 맛은 본점과 똑같지만 고객의 반응은 다르다. 10년 전통의 본점에서 북적대는 많은 손님들과 먹는 맛과 이제 막 오픈한 한적한 매장에서 먹는 맛은 다르다. 사실 본점의 맛도 정말 맛있어서 자다가도 생각나는 맛은 아니다. 맛집이란 타이틀과 많은 손님들 틈바구니에서 먹기 때문에 맛있을 뿐이다.

요즘 오픈하는 음식점들도 맛이 없어서 망하는 집은 많지 않다. 대부분 먹을 만한 음식을 먹을 만한 가격으로 판매하고 있다. 단순히 맛만 좋으면 장사가 잘 된다는 생각은 버려야 한다. 물론 맛은 음식점의 필요조건이다. 하지만 충분조건은 되지 못한다는 것을 알아야 한다.

> "우리 동네 맛집도 다른 동네에 분점을 오픈하면 장사가 안 될수 있다."

043

특별한 아이템을 찾지 마라

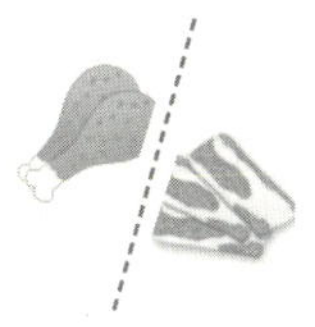

창업시장은 이미 치열한 전쟁터가 된지 오래됐다. 남들과 똑같은 아이템과 똑같은 가격으로 판매한다면 경쟁에서 이기기 힘들다. 그렇기 때문에 예비 창업자들은 특별한 창업아이템을 찾아다닌다. 남들보다 특별함, 차별성으로 승부를 걸려는 것이다.

여기서 특별함을 어떻게 찾느냐의 문제가 발생한다. 차별화되어 있는 아이템을 대중화 시킬 것인지, 대중적인 아이템을 차별화 시킬 것인지를 고민해야 한다. 그럼 차별화된 아이템을 대중화 시키는 것과 대중화된 아이템을 차별화 시키는 것 중 어떤 것이 성공 확률이 높을까?

고깃집을 예로 들면 말고기전문점은 분명 차별화 아이템이고, 삼겹살 전문점은 대중화 아이템이다. 말고기전문점은 기존 고깃집과 분명 차별화를 꾀할 수 있는 아이템이다. 쉽게 먹을 수 없는 말고기를 대중화 시킨다면 기존 고깃집들과 경쟁 없이 특별한 고깃집으로 남을 수 있다. 말고깃집을 창업하는 것은 차별화 아이템을 대중화 시키는 것이다.

　그럼 대중적인 아이템을 차별화시키는 방법은 어떤 게 있을까? 예를 들어, 대중적인 삼겹살 전문점을 창업한다면 어떻게 차별화할 것인가를 고민해야 한다. 삼겹살을 와인에 숙성하고, 삼겹살에 칼집을 내고, 삼겹살을 황금불판에 구워먹는 등 차별화를 꾀하는 방법은 여러 가지가 있다. 기존 삼겹살집과 같은 메뉴를 판매하지만 숙성, 자르는 방법, 굽는 방법으로 차별화를 꾀하는 것이다.

　일반적으로는 차별화된 말고기 아이템을 대중화 시키는 것보다는 대중화된 삼겹살집을 차별화하는 것이 더 성공확률이 높다.

"차별화되어 있는 아이템을 대중화시킬 것인지, 대중적인 아이템을 차별화시킬 것인지 고민해야 한다."

044

창업박람회 관람의
6가지 기술

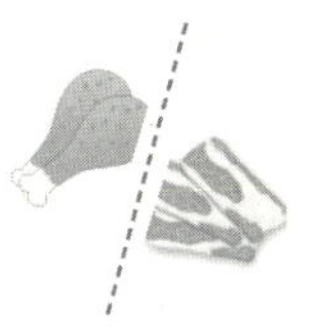

창업을 준비하는 사람들이라면 누구나 한 번쯤 찾게 되는 곳이 창업박람회장이다. 하지만 창업박람회를 참관해본 사람들은 대부분 무료시식이나 창업안내서를 받아 오는 것으로 끝내고 만다. 하지만 창업박람회는 여러 브랜드를 한자리에서 만나 볼 수 있는 좋은 기회이다. 창업박람회를 제대로 관람하기 위한 기술이 필요하다.

1. 무료 관람권을 활용하라

창업박람회의 주최에 따라 다르지만 대부분의 창업박람회는 사전등록 등을 통하여 무료로 관람이 가능하다. 해당 창업박람회 홈페이지를 통해 관람권을 무료로 받아볼 수 있다. 많은 비용은 아니지만 해당 홈페이지를 보고 사전에 박람회의 내용과 일정도 볼 수 있기 때문에 박람회 홈페이지를 방문하여 내용도 확인하고 무료입장권도 받는 것이 좋다.

2. 사전에 참가업체를 파악하라

창업박람회 사이트를 가보면 어떤 업체가 참가하는지를 알 수 있다. 창업자가 관심 있는 참가업체 홈페이지를 미리 살펴보고 업체에 대한 사전지식을 갖추고 관람하는 것이 좋다. 홈페이지를 통해 관심 있는 아이템을 5가지 이상 추려보고 관람 시 집중적으로 살펴봐야 한다. 무작정 참관하여 관광하듯 관람하지 말고 꼼꼼히 따져 보는 것이 좋다.

3. 직접 상담하라

미리 파악된 업체들은 해당업체 부스로 찾아가 담당자와 직접 상담하라. 홈페이지를 통한 사전지식을 바탕으로 궁금한 사항을 직접 물어 보는 것이 좋다. 단순히 박람회에서 창업안내서만 가져가오는 것은 아무 의미가 없다. 창업안내서의 내용은 대부분 홈페이지에 나와 있다. 시간과 비용을 들여 관람하는 것인데 집에서도 편히 알 수 있는 내용만 갖고 오는 바보 같은 짓은 하지 말자.

4. 창업 강좌를 들어라

창업박람회 기간 중 유명 강사를 초빙하여 창업 강의가 진행된다. 돈 주고 받는 강의를 공짜로 들을 수 있는 기회이다. 상권분석, 아이템 선정요령, 창업자금 조달 등 창업 시 필요한 강의가 진행되어 많은 도움이 된다. 특히 미리 시간을 파악하여 박람회 관람하는 시간과 강의 듣는 시간을 잘 분배해야 한다.

5. 최소 이틀은 참석하라

직접상담을 하고, 창업 강좌를 듣다 보면 하루에 모두 관람하기에는 시간이 부족하다. 대부분 3~4일 동안 박람회가 진행되므로 진행기간 동안 모두 참석하는 것도 좋다. 상담을 받았던 업체라면 집에서 다시 한 번 자료를 검토해 보고, 다음은 유사아이템의 업체에서도 상담을 해보는 것이 좋다. 단순히 창업안내서만 받아 오는 것이라면 몰라도 제대로 된 창업박람회를 활용하기 위해서는 최소한 이틀 이상을 참관하여 세밀하게 파악해야 한다.

6. 프랜차이즈 업체는 돈만 내면 박람회 참가가 가능하다

대부분 프랜차이즈 박람회는 공적인 느낌이 나는 곳에서 주최를 한다. 하지만 박람회에 참가하는 업체는 돈만 내면 선착순으로 참가할 수 있다. 박람회에 참가했다고 유망아이템이고 공신력이 있는 것은 아니다. 박람회 참관 중 어떤 것도 계약하지 말아야 한다. 가맹점도 방문해 보지 않고 박람회장에서 가맹계약을 하는 어리석은 짓은 하지 말아야 한다. 아무리 마음에 드는 아이템을 보더라도 최소한 가맹점과 본사를 방문하고 심사숙고한 후 진행해야 한다.

시간 들여 찾아간 창업박람회에서 하나라도 얻을 수 있게 철저한 준비를 하고 참관해야 한다. 먹을 게 없어서 시식하러 가는 것도 아니고, 창업안내서 모아 와서 고물상에 팔아먹을 것도 아니지 않는가.

제1절 점포구하기에 앞서 · 145
045 부동산업체를 내편으로 만들어라 · 146
046 여자는 첫째가 외모, 장사는 첫째가 목이다 · 148
047 아이템선정과 점포선정, 어떤 것 먼저 할까? · 150
048 상권은 집에서 어느 거리까지 창업이 가능할까? · 152
049 애인 구하는 방법과 점포 구하는 방법 · 155
050 중개수수료는 얼마나 줘야 할까? · 167
051 데두리를 아십니까? · 169
052 만남이 있으면 헤어짐이 있듯 점포 매매할 때를 생각하라 · 171
053 점포매매는 어떻게 해야 할까? · 173
054 권리금 있는 점포와 없는 점포, 어떤 점포가 좋을까? · 175
055 가게주인들은 사람에 따라 권리금을 다르게 말한다 · 178
056 최고의 점포가 아닌 최선의 점포를 찾자 · 180

제2절 상권분석의 법칙 · 183
057 상권분석은 배우자의 집안을 보는 것이다 · 184
058 1시간 안에 상권 파악하기 · 186
059 며칠 장사할 수 있는 상권인가? · 188
060 상권에 사람이 모이는가? 흩어지는가? · 190
061 같은 업종의 점포 있는 게 좋을까? 없는 게 좋을까? · 192
062 초보창업자여! 선수촌은 피해라 · 194

제3절 입지분석의 법칙 · 197
063 상권은 집안, 입지는 애인이다 · 198
064 남녀뿐만 아니라 점포와 아이템도 궁합이 맞아야 한다 · 200
065 점포개발 서식 알아두면 편리하다 · 203
066 계약평과 실평은 다르다 · 205
067 아이템에 맞는 평수와 층수가 있다 · 208
068 매장 전면간판은 여자의 얼굴과 같다 · 211
069 화장에 따라 변하는 여자, 간판에 따라 변하는 점포 · 214
070 점포형태는 여자의 몸매다 · 217
071 인테리어는 성형수술이다 · 219

제4절 점포개발의 법칙 · 223
072 점포 몇 개나 봐야 할까? · 224
073 점포를 얻으려면 얼마가 있어야 할까? · 226
074 보증금과 월세전환 이렇게 한다 · 230
075 월세 100만 원에 계약했는데 실제는 130만 원을 낸다 · 233
076 적당한 승용차와 같이 적당한 월세도 있다 · 235
077 여자는 남자를 속이고, 가게주인은 매출을 속인다 · 238
078 특이한 여자가 있듯 특이한 임대조건도 있다 · 240
079 장사 잘하는 가게주인과 못하는 가게주인 · 242
080 애인의 친구를 만나듯 주변 가게주인을 만나라 · 244
081 건물주는 하나님과 동기동창이다 · 247
082 여자의 마음처럼 복잡한 권리금 · 250
083 얼굴 값하는 남자, 자리 값하는 바닥 권리금 · 252
084 사짜 직업의 남자, 장사 잘 되어 형성된 영업 권리금 · 254
085 겉만 번지르르한 남자, 쓸데없는 시설 권리금 · 256
086 기타 권리금의 종류 · 258
087 권리금에는 정가가 없다 · 260
088 쪽박 점포개발 사례 · 263
089 대박 점포개발 사례 · 266

제5절 계약체결의 법칙 · 269
090 상가임대차보호법, 중요사항만이라도 알아둬라 · 270
091 각종 인·허가 절차 · 274
092 사업자등록증 어떻게 낼까? · 276
093 재개발의 위험, 토지이용계획 확인원을 검토해라 · 280
094 음식장사를 하기 위해선 영업신고증이 있어야 한다 · 282
095 보건증과 위생교육 · 284
096 건물하자는 등기부등본으로 확인한다 · 286
097 불법건축물은 건축물대장을 확인해야 한다 · 290
098 소방기본법 때문에 오픈을 못하는 경우도 있다 · 295
099 확인 못 하면 돈 나가는 사항들 · 298
100 행정처분은 주인이 바뀌어도 승계된다 · 304
101 바지사장이 나오는 경우도 있다 · 306
102 권리계약과 임대차계약도 순서가 있다 · 308
103 권리계약, 배짱으로 하라 · 312
104 임대차계약 사항은 어떤 내용이 있나 · 316

Part 4

상권 분석의 법칙

세상살이가 그렇듯 적당한 것이 좋은 것 같다. 20대 초반의 어린 나이에 아무것도 모르고 결혼해서 고생하는 것도, 마흔이 다되도록 눈만 높아 결혼을 못하는 것도 좋게 보이지 않는다. 적당한 나이에 자신과 맞는 상대자를 찾아야 한다. 점포는 너무 급하게 찾아서도 안 되지만 너무 많은 조건을 따져서는 영원히 못 찾을 수도 있다.

점포구하기에 앞서

창업을 하는데 있어 매장의 상권과 입지는 여자의 얼굴과도 같은 것이다. 같은 브랜드를 똑같이 노력해도 목이 좋은 매장은 목이 나쁜 매장의 몇 배의 매출을 올릴 수 있다.

045

부동산업체를
내편으로 만들어라

점포를 구하러 다니다 보면 정말 수 없이 많은 일이 발생한다. 예비창업자들의 돈을 뺏어 먹기 위해 매물주, 부동산업소, 프랜차이즈 본부 등이 예비창업자들의 어리숙함을 이용해 돈을 벌려고 달려든다. 그럴수록 예비창업자들은 그들을 의심하게 되고 서로가 서로를 믿지 못하는 상황이 전개된다.

예비창업자들은 누구를 만나든 항상 의심을 해야 한다. 부동산업소의 직원을 만날 때도, 프랜차이즈 본부의 직원을 만날 때는 물론이고 부동산을 매물로 내놓은 점포주인도 결코 믿어서는 안 된다. 점포개발은 투전판을 방불케 하는 서로의 돈을 뺏어 먹기 위해 눈이 벌게져 있는 곳이다. 그렇다고 내 돈을 안 뺏기겠다고 나도 눈이 벌게져 있으면 안 된다.

내가 눈이 벌게져서 상대방을 쳐다본다면 상대방은 나에게 좋은 부동산 물건을 소개해줄 리가 없다. 조금은 어리숙해 보이고 꼭 점포를 구할 사람으로 보이되 그들의 말을 겉으로는 긍정적으로 받아들이고 속으로는 객관적으로 판단해야 한다.

 병원에 가서 의사한테 진찰을 받으면 몸에 이상이 없어도 진찰료를 내야 한다. 하지만 이들은 계약이 되지 않는 이상 돈 한 푼 안 주고 점포소개는 물론 상권에 대한 조언도 무료로 받을 수 있는 정말 고마운 사람들이다. 아무리 많은 부동산 업체를 만나 물건을 소개 받고 조언을 받든, 프랜차이즈 본부를 만나 조언을 받든, 내가 지불하는 수수료나 가맹비는 한 곳에만 지불하면 된다.

그들을 내 편으로 만들어야 한다. 그들 또한 자신과 계약을 할 만한 사람과 자신에게 친절한 사람에게 좀 더 좋은 물건을 소개한다. 그들은 분명 창업자보다 많은 경험과 정보를 갖고 있는 사람이다. 그들로부터 받을 수 있는 정보를 다른 창업자보다는 나에게 먼저 알려줄 수 있도록 내 편으로 만들어야 한다.

점포를 계약할 상황이 임박했을 때도 매물주보다는 창업자의 편을 들어줄 수 있게 만드는 것 중요하다. 그들을 만날 때 식사시간대이면 식사라도 한 끼 사주고, 커피숍을 갔으면 창업자가 먼저 커피 값을 내는 것이 좋다. 그들에게 그 정도의 돈을 아까워하면서 그들의 경험과 정보를 그냥 공짜로 얻으려고 한다면 터무니없는 창업자의 생각일 뿐이다.

046

여자는 첫째가 외모,
장사는 첫째가 목이다

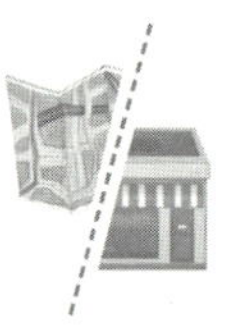

지금은 외모가 경쟁력인 시대이다. 똑같은 능력이 있고, 똑같은 일을 하더라도 미녀와 추녀의 결과는 달라진다. 미녀는 같은 노력이나 과정을 거치더라도 추녀보다 성공 확률이 높은 삶을 산다. 똑같은 학교, 똑같은 학과를 나와도 미녀가 추녀보다는 더 좋은 직장에 취직할 확률이 높다는 것을 부인하기 어렵다. 외모가 경쟁력이 된 지는 이미 오래됐다. 그렇기 때문에 성형미인들이 넘쳐나는 것이다. 성형을 해서라도 미인이 되면 좀 더 편안하게 세상을 살 수 있다. 창업을 하는데 있어 매장의 상권과 입지는 여자의 얼굴과도 같은 것이다. 같은 브랜드를 똑같이 노력해도 목이 좋은 매장은 목이 나쁜 매장의 몇 배의 매출을 올릴 수 있다.

특히 점포형 창업은 점포의 목이 성공과 실패를 가르는 잣대이다. 대부분의 예비 창업자들도 목이 좋은 점포를 판단할 수 있다. 하지만 문제는 자금이다. 창업자금이 한정된 상태에서 무조건 좋은 목의 점포를 구하는 것은 불가능하다. 그래서 어쩔 수 없이 점포 목이 마음에 들지 않더라도 금액에 맞추어 점포를 구하게 된다. 목이 나빠도 자신은 왠지 잘될 것 같은 기분이 들기 때문이다.

특히 요식업을 창업하는 많은 사람들은 맛이 좋고 친절하면 목이 나빠도 성공할 수 있다고 생각한다. 하지만 요식업체 중에서 맛없는 집이 몇 집이나 되며 불친절해서 실패하는 집이 얼마나 될까? 요식업에서 맛있는 음식은 필요조건이지 충분조건이 아니란 것을 명심해야 한다. 물론 요식업뿐만 아니라 판매업, 서비스업 또한 자신이 제공하는 상품에 대한 지나친 과신은 실패의 첫걸음이라는 것을 잊어서는 안 된다.

가끔 TV나 신문에 나오는 나쁜 입지의 대박점포를 보게 된다. 하지만 TV에 나온다는 것이 그만큼 확률이 적은 일을 했다는 것이다. 한마디로 백에 하나가 나쁜 입지에서 대박을 터트린 것이다. 같은 입지의 나머지 99명의 창업자는 실패의 쓴잔을 맛봤다는 것을 생각해야 한다.

같은 프랜차이즈 가맹점이 똑같은 노력을 해도 일매출이 10만 원 나오는 점포가 있고, 100만 원 나오는 점포도 있다. 같은 시간과 노력을 투자하게 된다면 이왕이면 될 만한 자리에서 시작해야 한다. 물론 자금이 한정되어 좋은 입지를 못 구한다는 하소연을 할 수 있다.

하지만 점포는 권리금이 비싸고 유동인구가 많은 입지의 점포만이 좋은 점포는 아니다. 입지와 아이템의 궁합이 맞는 점포가 좋은 점포이다. 정확한 상권분석과 입지분석, 좋은 점포를 보는 눈을 키운다면 저렴하고 좋은 점포는 충분히 찾을 수 있다.

047

아이템선정과 점포선정,
어떤 것 먼저 할까?

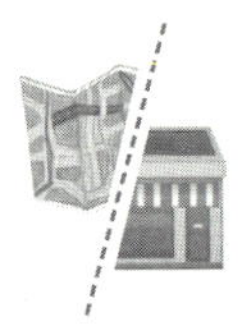

초보창업자들이 자주 하는 질문중의 하나가 점포를 선정하고 아이템을 선택해야 하는지, 아이템을 정하고 점포를 찾아야 하는가이다. 대부분은 아이템을 선정하고 점포를 찾는 것이 좀 더 빠르고 정확한 창업진행이 가능하다. 하지만 창업을 많이 해본 베테랑 장사꾼이라면 점포를 먼저 선정하고 그에 맞는 아이템을 선정해도 상관 없다. 그들은 경험이 충분해서 입지에 맞는 아이템을 개발할 수 있기 때문이다.

그러나 대부분의 창업자들은 고깃집을 할 건지, 술집을 할 건지, 치킨집을 할 것인지를 결정하고 점포를 찾아야 좀 더 쉽게 점포를 찾을 수 있다. 아이템을 선정해야 조건에 맞는 점포를 좀 더 쉽게 찾을 수 있다.

애인을 소개받더라도 그냥 좋은 사람보다는 얼굴은 보통이라도 머리가 좋다거나, 얼굴만 예쁘면 된다거나 하는 자신의 이상형을 구체적으로 알려 줘야 한다. 그래야 소개시켜 주는 사람이 소개해줄 상대를 찾기 쉽다. 그냥 무조건 좋은 사람이라고 하면 누굴 소개 시켜줘야 할지 막막하다. 점포도 마찬가지다. 그냥 좋은 점포가 아니라 아이템에 맞는 평수, 입지, 전면 등을 구체적으로 정하고 점포를 찾아야 하다. 그래야 좀 더 쉽게 점포를 찾을 수 있다.

좋은 점포만 나타나면 지역은 상관없다가 아니라 몇 군데 상권을 정하고 그 위주로 점포를 찾아야 한다. 그렇지 않으면 수많은 상권을 전전하다 몸만 지친다. 상권을 몇 개로 한정해 놓고 점포를 찾아보고, 충분히 찾아봐도 마땅한 점포가 없다면 한두 군데의 상권을 조금씩 확장해 보는 것이 좋다. 애인을 소개받고 싶다면 이상형을 정확히 말해야 하는 것처럼 점포도 아이템과 희망하는 상권이 있어야 구하기 쉽다. 그냥 무조건 좋은 점포가 아닌 자신의 아이템과 상권을 정하고 거기에 맞는 점포를 찾아야 좋은 점포를 쉽게 찾을 수 있다.

난 이런 애인을 만날래	난 이런 점포를 얻을래
키: 160~165cm	평수: 20~30평
체형: 마른형	층수: 1층만 고집
거주지: 신촌 부근	상권: 신촌, 홍대 부근
성격: 착하고 이해심 많은 사람	금액: 1억 원 내외

▲ 애인의 이상형과 점포의 아이템

아이템에 따라 적정 점포의 평수와 상권, 층수는 달라진다. 분식집을 결정했다면 1층에 매장이 위치해야 하고 10~15평사이가 적당하다. 이면도로보다는 대로변이 좋은 것처럼 분식집 창업에 필요한 점포형태가 정해지게 된다. 분식집을 하는 데 필요한 입지에 대해 판단을 하고 점포를 찾아나가야 한다. 분식집을 하는 데 2층 50평짜리 매장은 볼 필요가 없는 매장이다.

048

상권은 집에서 어느 거리까지
창업이 가능할까?

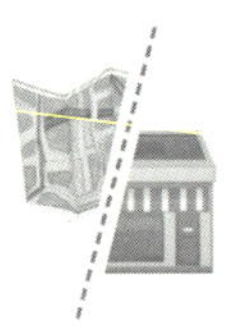

창업상담을 하다보면 무조건 자신의 동네에서 하겠다는 사람도 있고, 서울 어디라도 상관없다는 사람이 있다. 어떤 사람은 지인들을 대상으로 영업을 해야 하기 때문에 꼭 본인 동네에서만 창업을 고집하기도 한다.

그 예로 경기도 부천에 오픈한 J사장님이 있다. 본인이 초·중·고를 부천에서 다녔고 부천에 아는 사람도 많기 때문에 지인들만 찾아와도 매출은 전혀 걱정 않는다고 했다. 지인들 대상 영업을 생각한 J사장님은 동네에 마땅한 점포가 없자 입지가 떨어지는 3층 점포를 선정하여 호프집을 오픈했다.

처음 오픈하고 한 달간은 지인들이 일주일에 두 번씩 찾아와 매출이 괜찮았다. 하지만 두 달, 세 달 지나면서 지인들의 발걸음이 한 달에 한 번으로 줄었다. 지인들을 믿고 점포를 선정했는데 그들은 시간이 지나면서 차츰 발걸음이 줄어든 것이다.

막상 창업을 하면 지인들이 오는 것은 한 달에 한두 번 뿐이다. 생각만큼 매출에 크게 영향을 미치지 않는다. 이왕이면 지인들도 많고 자신이 거주하는 잘 아는 동네에서 창업하는 것이 좋다. 하지만 너무 본인동네만 집착해서는 안 된다. 지인들은 그냥 덤으로 생각해야지 그들은 주요 고객으로 생각한다면 3개월도 못 버티는 매장이 된다.

창업할 점포가 자신의 거주지에서 차로 20~30분 내외의 지역이라면 좀 더 장사될만한 상권을 선택하는 것이 좋다. 상권을 너무 좁게 선정하면 선택의 폭이 좁아진다. 무리하게 먼 곳은 아니더라도 출퇴근 거리가 20~30분 이내의 점포까지는 상권을 넓게 봐야 한다.

반대로 서울 어느 곳이나 상관없다는 사람들도 있다. 이사를 생각하지 않는다면 너무 먼 곳은 피하는 것이 좋다. 매장에서 10시간 가까이 근무를 하고 1시간 넘게 운전을 하고 온다는 것은 생각보다 쉽지 않다.

예전에 상담했던 창업자중 집이 도봉구 도봉동인데 경기도 안양에 창업한 K씨가 있었다. K씨는 장사만 잘 될 자리라고 하면 서울·경기 어디든지 상관없다는 마인드를 갖고 있었다. 서울·경기를 열심히 찾아다녀 안양에 권리금도 싸고 입지도 뛰어난 매장을 계약했다.

거리가 조금 멀기는 하지만 본인이 출퇴근할 때는 차가 안 막히니 1시간 이내로 출퇴근을 할 수 있을 것 같았다. 처음 매장을 오픈해서는 역시 좋은 점포를 찾아서 멀리라도 창업한 것이 만족스러웠다. 예상했던 것처럼 매출이 잘 나오는 매장을 오픈한 것이다.

하지만 시간이 지나면서 문제가 발생했다. K씨는 매일 새벽 4시에 장사를 마치고 자가용으로 퇴근했다. 매일 10시간씩 근무를 하고 피곤한 몸으로 운전을 하고 퇴근했다. 그리고 얼마 후 상습적으로 졸음운전을 하는 자신을 봤다. 어느 날 졸음운전을 하면서 집에 오던 중 대형 교통사고를 당 할 뻔 했다. 그는 돈 버는 것도 좋지만 이러다가 죽을 것 같다는 생각이 들었다고 한다.

그 후 이사도 생각했지만 초등학교, 중학교 다니는 아이들 때문에 이사도 못하고 결국 매장근처 찜질방에서 지내고 주말에만 집에 들렀다고 한다. 장사는 그럭저럭 됐지만 가족하고 떨어져 혼자 찜질방 생활을 못 견뎌서 결국 매장을 매매하게 됐다.

매장운영이란 것이 육체적으로 힘들기 때문에 출퇴근 거리가 너무 멀면 힘이 든다. 점포를 선정할 때 집에서 거리가 너무 먼 매장은 제외하는 것이 좋다.

049
애인 구하는 방법과
점포 구하는 방법

애인을 구하는 방법도 정해져 있다. 중매쟁이, 결혼정보회사처럼 비용을 지불하고 만나는 방법, 지인들이 시켜주는 소개팅, 평소 알고 지내는 사람에게 대시하는 법, 채팅사이트나 인터넷을 통해 만나는 법, 아니면 헌팅을 통해서 만나는 법 등으로 나눠볼 수 있다. 어떤 방법으로 애인을 만나는 것이 가장 좋은 방법일까? 어떤 방법이 좋다는 것은 없다. 어떤 사람을 만나느냐가 중요한 것이다.

애인 구하는 방법만큼 다양하지는 않지만 점포를 찾는 방법도 크게 다르지 않다. 애인을 구하는 것도 힘들지만, 점포를 찾는 것 또한 애인을 구하는 것만큼 많은 노력과 시간이 필요하다.

초보창업자는 점포를 찾으려면 처음에 어떻게 해야 할지 막막하다. 그냥 동네 부동산에 들러 가게자리 보러 왔다고 하면 알아서 해주는 건지, 아니면 점포 앞에 붙어 있는 임대란 종이쪽지만 보고 돌아다녀야 하는지 방법을 잘 모른다. 누구하나 속 시원하게 가르쳐 주는 사람도 없고 물어보는 사람마다 말이 제각각이어서 머리만 아파온다. 정확한 답이 없지만 각 방법마다 장·단점을 비교 분석하여 나에게 맞는 점포개발 방법을 본인 스스로 찾아야 한다.

점포개발이란 단어는 국어사전에도 등록되어 있지 않은 신조어이다. 점포라는 단어와 개발이란 단어의 합성어로 점포란 상업 활동을 할 수 있는 공간을 의미하며 개발이란 것은 새로운 것을 만든다는 의미이다.

이라 할 수 있다. 점포개발은 상권분석, 입지분석과 점포의 선정과 계약까지의 전 과정을 아우르는 단어이다. 상권·입지분석을 아무리 완벽하게 준비해도 해당점포가 적정가격에 매물로 나오지 않는다면 앞의 준비사항은 아무 의미가 없다.

많은 창업자들이 창업을 결심하고 부닥치는 가장 큰 어려움이 점포개발이다. 점포개발을 하다보면 처음에는 마음에 드는 점포를 찾기가 힘든 것에 놀라고, 그 다음에는 점포의 높은 임대료와 권리금에 놀란다.

성공창업을 위해서 아이템, 자금, 유통, 마케팅 등 수없이 많은 조건을 갖추어야 하지만, 실패하지 않는 창업을 위한 첫 번째 조건은 점포개발에 달려있다.

1. 점포매물의 흐름을 알아야 한다

점포를 찾는 방법은 크게 네 가지로 볼 수 있다. 첫째가 부동산중개업체를 통한 방법으로 부동산 중개사무실과 부동산 중개법인을 통해 구하는 방법이 있다. 둘째는 프랜차이즈 본부를 통한 방법이고, 셋째가 인터넷이나 생활정보신문 이용 등을 들 수 있다. 마지막으로 지인의 소개나 창업자의 직접개발을 들 수 있다. 각 방법마다 장·단점이 있고 서로 피드백작용하며 각 방법의 중심에는 창업자가 있다.

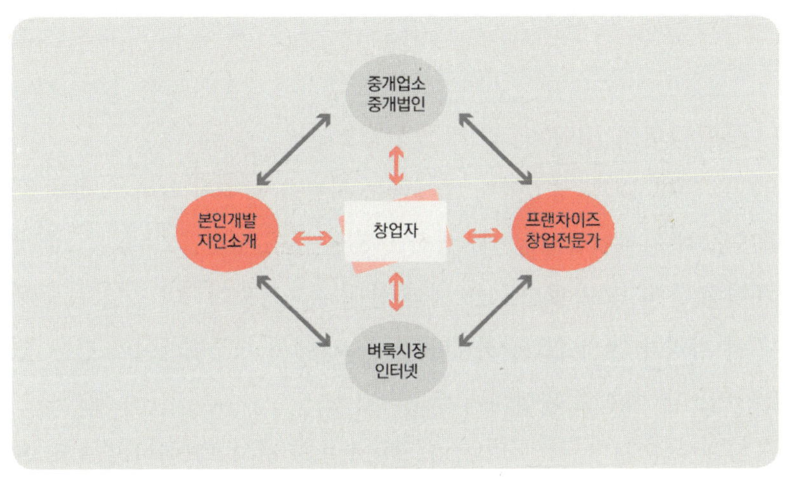

▲ 점포개발 흐름도

점포물건은 돌고 돌면서 결국 창업자에게 가게 되어 있다. 부동산에서 점포정보를 입수하여 프랜차이즈 본부에 물건을 추천하고 마지막으로 창업자에게 들어가는 형태를 취할 수 있다. 또한 창업자가 부동산을 통하여 매물을 본 것이 프랜차이즈 본부에서 상권분석을 하는 경우도 있다. 프랜차이즈 본부가 인터넷이나 벼룩시장을 통하여 매물을 입수하여 창업자에게 추천하기도 한다.

어떤 방법을 통해서도 가운데 있는 창업자를 향하여 물건은 움직인다. 점포소개 이동경로가 매물주와 창업자가 한 번에 통하는 경우도 있지만, 점포주에서 부동산으로, 부동산에서 프랜차이즈 본사로, 프랜차이즈 본사에서 창업자로 연결되는 여러 단계를 거칠 수도 있다. 창업자는 몇 단계를 거친 물건이냐가 중요한 것이 아니라 물건자체의 임대료와 권리금이 적정한가와 장사가 될 만한 곳인지에 대한 판단이 더 중요하다.

각 방법의 장·단점을 이해하고 대처방안을 세우고 접근하는 것이 필요하다.

2. 중매쟁이와 같은 동네 부동산업소

결혼을 이뤄지도록 중간에서 소개하는 사람을 낮추어 말하는 것이 중매쟁이이다. 예전에는 중매쟁이를 통한 결혼을 많이 했지만 이제는 중매쟁이를 통한 결혼이 많지 않다. 인터넷과 함께 결혼정보회사의 발달로 중매쟁이가 설 자리가 많지 않다. 하지만 창업시장에서는 중매쟁이와 같은 동네 부동산업소는 아직도 활발하게 움직이고 있다. 상가부동산의 폐쇄성으로 인해 동네 부동산업소는 아직까지 점포개발을 하는 데 있어 중요한 역할을 담당하고 있다.

동네 부동산업소란 우리 주변에서 흔히 볼 수 있는 1층에 있는 10평 내외의 부동산 사무실로 주택의 매매나 전·월세 등의 중개를 주 업무로 하는 지역 밀착형 부동산업소를 의미한다.

주 수입원이 주택이나 아파트의 전·월세이기 때문에 상가, 건물, 토지 등은 부업형식으로 다루는 경우가 많다. 물론 지역마다 토지, 분양권, 건물(등기), 오피스 등을 주로 다루는 업소들이 있지만 이곳은 창업과는 거리가 있기 때문에 논외로 한다. 상업지내 부동산 사무실은 중개법인의 형태를 취하므로 중개법인 부분에서 다루겠다.

동네 부동산업소의 주 업무가 주택이나 아파트의 매매, 전·월세 이다보니 상가 매물을 적극적으로 접수하러 다니는 경우는 드물다. 대부분 중개

사무실로 매물주가 직접 찾아오거나 전화로 부동산에 매물을 내놓는 형태이다. 이런 매물의 장점은 대부분 권리금이 싸다는 것이다. 매물주는 같은 지역에서 장사를 하는 입장에서 뻔히 아는 시세를 부풀려 점포를 내놓지 못한다. 또한 점포주가 스스로 점포를 부동산 매물로 내놓는 경우로서 장사가 안 되거나 매매 사유가 발생한 경우라서 과다한 권리금을 요구하지 못한다. 하지만 대부분의 점포가 현재 장사가 안 되거나 입지가 떨어지는 점포라는 것이 단점이다.

창업자가 동네 부동산을 이용할 때는 직접 부동산 사무실을 찾아가 어떤 업종을 어느 정도의 가격으로 찾고 있는지를 상세히 설명하고 점포를 소개받는 형식을 취하게 된다.

동네 부동산을 이용할 때의 장점으로는 지역의 시세를 자세하게 알고 지역 내의 인맥으로 가끔씩 좋은 점포를 저렴한 가격에 보유하고 있다는 것이다.

상가 알선이 주업이 아니기 때문에 과다한 수수료를 요구하는 경우가 적다. 동네 부동산은 앞으로 같은 지역에서 장사할 것이기 때문에 권리금을 갖고 장난치는 경우가 비교적 적다. 그러나 요즘 들어서는 동네 부동산에서도 상가만을 전문으로 취급하는 인력을 두고 상가부분에서만큼은 부동산법인이나 컨설팅업체만큼 과다하게 중개수수료를 요구하고 권리금을 높여 부르는 경우도 종종 있다.

단점으로는 대부분의 매물이 임대료나 권리금은 저렴하지만 상권분석과 입지분석에 대한 전문지식 없이 추천하는 경우가 많다는 것이다. 가끔 계약관련 서류를 제대로 체크하지 못하는 경우도 있다. 그래서 동네 부동산 말만 믿고 싼 가격에 혹하여 계약했다가 얼마 안가 후회하는 경우도 많이 있다.

동네 부동산은 직접 부동산 사무실을 찾아다니며 알아봐야 하기 때문에 쓸데없이 다리품을 팔 가능성 있다. 동네 부동산에서 점포를 알아본다면 해당 상권 내에서 최소한 3~5군데 부동산을 들러 봐야 한다. 각 부동산마다 갖고 있는 매물이 다르고 같은 물건이라도 권리금에 차이가 나는 경우도 있기 때문이다.

3. 결혼정보회사와 같은 부동산 컨설팅업체

중매쟁이보다는 결혼정보회사가 좀 더 전문적인 것처럼 동네 부동산보다 부동산컨설팅 업체는 좀 더 전문적으로 상가를 소개한다.

부동산 컨설팅업체는 꼭 중개법인으로 등록된 업체만을 의미하는 것은 아니다. 요즘은 동네 부동산의 상호가 00부동산 컨설팅이라는 형식으로 붙은 경우를 자주 볼 수 있다. 법인으로 등록이 되었든 개인으로 등록되었든 크게 상관없다. 여기서 말하는 부동산컨설팅이란 상가를 전문으로 하는 부동산업체를 통틀어 말하는 것이다. 부동산 컨설팅은 대부분 2층 이상의 위치에 입점하여 있으며, 작게는 20~30평, 크게는 100평이 넘는 사무실 공간을 사용하며 주요 역세권 일대에 입점해 있다.

부동산 컨설팅은 종류도 많고 규모도 천차만별이지만 대부분 등기팀, 상가팀, 교환팀 등 주 업무에 따라 팀별로 독립적으로 운영된다. 대부분의 창업자들이 만나게 되는 팀은 상가팀인데 한군데의 부동산 법인이 여러 개의 상가팀을 보유하고 있다.

운영체계는 대부분 회사와 팀장 간에 독립채산제로 운영이 되기 때문에 회사의 규모가 크고 작고는 의미가 없다. 일반 회사처럼 사장이 직원의 월급을 주는 것이 아니라 팀장이 자기 직원을 뽑아 월급을 준다. 수익 구조 또한 계약이 되면 회사와 팀장 간에 비율로 나눠 갖는 형태이다. 팀장 중에는 자신이 월급을 주는 직원을 10명 이상을 두는 경우도 있고, 직원 없이 혼자서 팀을 꾸리는 사람도 있다. 각 상가팀은 식당, 호프, 커피, 분식, 옷가게, 판매업, 편의점 등 주력 분야가 있다.

이처럼 운영되는 부동산 컨설팅의 장점으로는 다음과 같다.

첫째, 유명상권의 A급 물건을 많이 보유하고 있다. 이들은 대부분 사무실에 앉아서 물건을 기다리는 것이 아니라 직접 점포를 찾아다니며 물건을 수집하기 때문에 좋은 물건을 보유하고 있을 가능성이 높다. 기존에 점포를 운영해본 독자는 한 번쯤 점포매매를 권하는 부동산 직원을 만나봤을 것이다. 실제로 대부분 A급 점포의 경우, 점포주가 직접 부동산을 찾아가 매물로 내놓는 경우는 드물다. 부동산 컨설팅업체에서 수도 없이 찾아와 매물을 접수하기 때문에 굳이 점포주가 부동산을 찾아갈 필요가 없다. 이들은 직접 발로 뛰어 점포를 개발하기 때문에 A급 상권에 A급 점포를 많이 보유하고 있다.

둘째, 이들은 취급하는 물건의 지역 범위가 넓다는 특징이 있다. 작게는 강남구, 종로구 등 구 단위 정도의 범위를 취급하고 대부분은 강남권, 강서권, 도심권 등 권역별로 물건을 취급한다. 서울전역이라던가 경기지역까지 광범위하게 취급하는 사람도 있어 여러 상권의 물건을 한 번에 소개 받을 수 있다.

셋째, 내가 원하는 지역, 원하는 점포를 조사해 줄 수 있다는 것이다. 이들은 물건의 취급 범위가 넓고 직접 물건을 수집하러 다니기 때문에 내가 마음에 드는 상권이나 점포에 대한 정보를 얻을 수 있다.

이상 장점을 열거했는데 여기에도 당연히 단점이 있다.

첫째, 대부분의 업체가 권리금 장난이 심하다는 것이다. 이들은 직접 매물을 수집하고 매물을 다듬기 때문에 권리금을 10% 내외로 크게 올려 수수료로 챙기는 경우가 흔히 있다.

둘째, 계약을 너무 서두르는 경향이 있다는 것이다. 창업자가 조금만 호감을 표하면 다른 사람이 먼저 계약하려 한다며 점포계약을 서두른다.

셋째, 지역 상권을 잘 모르는 경우가 있다. 점포 취급 지역이 넓다보니 점포를 추천한 상권에 대한 정확한 분석 없이 추천하는 경우가 있다.

4. 직장상사와 같은 프랜차이즈 본부

이성을 만나는데 직장상사나 부모님이 추천하는 사람이라면 조금은 믿음이 갈 것이다. 부하직원이나 자식에게 이성을 소개해주는데 아무나 소개하지는 않기 때문이다. 윗사람이 아랫사람에게 이성을 소개시켜줄 때는 무척 신중할 수밖에 없다. 아무나 소개하는 것이 아니고 소개시킬 사람에 대해 어느 정도 자신이 있을 때 소개가 가능하다. 그래서 이 경우 가벼운 소개팅보다는 맞선의 느낌이 더 든다.

직장상사나 부모님이 이성을 소개하는 것과 비교할 수 있는 것이 프랜차이즈 본부에서 점포를 소개하는 것이다. 프랜차이즈 가맹점창업을 하는 경우에 해당되는 사항이며, 프랜차이즈 본부 내의 영업이나 점포개발을 담당하는 직원들이 진행한다.

프랜차이즈 본부 또한 일반창업자와 마찬가지로 부동산업소, 생활정보신문 등 점포를 구할 수 있는 모든 방법을 동원하여 점포를 확보하여 창업자에게 소개한다.

장점으로는 1차적으로 프랜차이즈 본부 내에서 상권분석과 점포개발을 담당하는 직원이 검증하기 때문에 좋은 점포일 가능성이 높다. 쓸데없이 다리품을 파는 일이 비교적 적다. 프랜차이즈 본사는 가맹점을 출점하면서 얻은 경험이 있어서 아이템의 적정 입지를 판단할 줄 안다. 또한 **가맹점을 출점하면 추후 관리 측면을 고려하기 때문에 일정 수준의 점포를 찾아** 소개하는 편이다. 그렇기 때문에 다른 방법보다는 비교적 믿을 만한 편이다. 그러나 많은 프랜차이즈 본부들이 철저한 상권분석을 내세우기는 하지만 실질적으로 체계적으로 교육받고 상권에 대해 제대로 아는 인원이 부족하다. 가끔 불량 프랜차이즈 본부는 점포를 소개하며 권리금을 착복하거나 가맹점 출점에만 목적을 두는 경우도 있으니 창업자의 주의가 필요하다.

프랜차이즈 본부에서 점포 선정을 다루는 부서는 영업부나 점포개발부 등의 명칭으로 운영되고 있다. 대부분 가맹상담을 하는 직원이 점포개발 업무까지 다룬다. 가맹상담부터 점포개발 업무까지 다루다 보니 전문성이 떨어지는 직원도 있는 것이 사실이다.

하지만 프랜차이즈본부의 매물 접수 경로는 중개업소, 중개법인, 생활정보신문 등 다방면으로 접수가 가능하고 창업자 자신을 빼고는 가장 많은 매물 접수 경로를 갖고 있어 좋은 점포를 추천할 가능성이 높다.

단점으로는 대부분의 창업자들이 한정된 자금으로 창업을 하기 때문에 본부의 가맹비, 집기 및 인테리어비용 등 프랜차이즈 본부로 들어가는 비용을 제외한 금액으로 점포를 찾아야 한다는 것이다. 시설비용을 뺀 자금으로 점포를 찾아야 하기 때문에 상권이나 입지가 떨어지는 경우도 있다. 또한, 오더맨이라는 제도를 운영하는 본부가 있다. 오더맨이란 프랜차이즈 본부로부터 차량유지비나 식대 등의 낮은 기본급에 개설 수당을 받는 영업사원이다. 오더맨의 입장에서는 가맹점을 개설해야만 수입이 생기기 때문에 개설에만 혈안이 되어 점포 입지나 상권에는 아예 신경을 안 쓰는 경우도 있다. 오더맨은 특히 점포계약 부분에서 수수료를 챙기는 경우도 종종 있어 주의해야 한다.

5. 소개팅과 같은 지인들의 점포소개, 헌팅과 같은 자체개발

지인들을 통해 소개팅으로 이성을 만나는 경우가 많이 있다. 점포도 소개팅을 하듯 지인들의 소개로 점포를 찾는 경우가 있다. 이성을 만나듯 많지는 않지만 눈여겨 볼만한 방법이다.

지인의 소개는 평소 알고 지내던 사람들에 의한 소개로 친구나 동료, 단골집 등 평소 알던 사람들이 점포를 소개하는 경우이다. 장점으로는 물건을 중개수수료 없이 소개받을 수 있다는 것이고, 단점은 지인으로부터 소개를 받음으로써 냉철한 판단보다는 우호적으로 점포를 판단하는 것이다.

지인들은 비교적 창업자의 편에서 점포를 소개한다. 창업자 또한 지인들의 소개에는 비교적 믿고 잘 따르는 편이며, 지인들 또한 창업자에게 도움이 되길 원하기 때문에 가감 없이 말하는 경우가 많다. 하지만 **지인들도 전문가가 아니기 때문에 잘못된 정보를 제공하는 경우가 있어 창업자의 정확한 판단이 중요하다.**

특히 잘 알던 단골집을 인수하는 경우는 좀 더 신중을 기해야 한다. 겉으로 보기에는 장사가 잘 되는 것 같으나 속을 들여다보면 매출이 저조한 매장들이 많다. 초보자들 생각에는 몇 테이블만 있어도 잘 되는 것 같지만, 실제로는 겉으로 남고 속으로 밑지는 경우도 많이 있다.

다음으로 창업자가 직접 점포개발을 하는 방법이 있다. 임대 쪽지가 붙어 있는 물건을 찾거나 기존 매장을 직접 방문하여 매매의사를 타진하는 방법이다. 매장에 임대, 점포정리라는 쪽지가 붙여 있는 경우에 그 점포가 자신의 아이템과 맞는 입지라면 직접 임대문의를 하면 된다. 이런 물건은 대부분 권리금이 주변보다 적거나 없는 장점이 있다. 하지만 권리금이 없다는 것은 그만큼 입지가 나쁘거나 주변보다 임대료가 높을 가능성이 많은 점포이다.

마지막으로 이성을 길거리에서 헌팅하듯 창업자가 직접 마음에 드는 점포를 찾아가 점포주에게 점포 매매의사를 타진하는 것이다. 정중하게 점포사장님에게 창업을 준비 중인데 혹시 매매의사가 있냐고 물어보면, 생각 외로 매매의사가 있는 경우가 많다. 매매의사가 없다고 해도 주변에 나와 있는 점포를 소개해주는 경우도 가끔 있다.

주의할 점은 기존 점포주들이 초보창업자로 판단하여 주변보다 많은 권리금을 요구하는 경우도 있으므로 초보창업자보다는 경험 있는 창업자에게 더 잘 맞는 방법이다.

6. 채팅사이트와 같은 생활정보신문과 인터넷 매물

채팅을 통해 이성을 만날 수도 있다. 대부분은 일회성으로 장난삼아 만나는 것이지만 가끔 진짜 짝을 만나는 경우도 있다. 확률은 낮지만 쉽게 이성을 접할 수 있는 방법이다.

채팅사이트처럼 생활정보신문이나 인터넷을 통해서 쉽게 매물을 접할 수 있으나 실제 좋은 점포는 별로 없는 편이다. 생활정보신문이나 인터넷의 매물은 크게 매물을 광고하는 주체에 따라 두 가지로 구분할 수 있다. 광고의 취지에 맞게 매물주가 내놓은 직거래와 부동산업체에서 손님을 잡기 위해 광고를 한 물건으로 나눌 수 있다.

직거래는 매물주가 중개수수료를 아끼려 하는 경우와 부동산에 물건을 내놓았으나 점포 계약이 안 돼 직접 매수인을 찾는 경우가 있다. 또한 직거래를 통해 점포개발에 관하여 잘 모르는 창업자를 대상으로 권리금을 많이 받으려는 경우도 있다.

생활정보신문·인터넷 등을 통한 직거래의 장점으로는 우선 가격이 매우 저렴하다는 것이다. 실거래가로 내놓는 경우가 많아 비교적 권리금이 저렴하다. 또한 직거래를 통하여 부동산 중개수수료를 아낄 수 있다. 대부분 상권과 입지가 떨어지는 물건이나 가끔 A급 물건이 포함되어 있는 경우도 있다.

단점으로는 가격이 저렴한 대신 상권과 입지가 빠지는 곳이 많이 있다. 그리고 직거래라서 계약서 작성, 서류 확인 등 매수인이 직접 챙겨야 할 부분이 많고, 하자에 대한 책임이 전적으로 본인에게 있다. 또 하나, 직거래는 기존 장사경험이 없거나 매물에 대한 기초 판단능력이 없는 창업자는 부동산 수수료 지불보다 더 큰 바가지를 쓸 수도 있다.

대부분의 매물주들은 장사를 몇 년씩 한 선수들이다. 창업자가 잘 모르거나 만만해 보이면 권리부분을 부풀려 흥정을 시도할 수도 있다.

한 가지 덧붙여 말하면 생활정보신문·인터넷의 부동산의 매물 중 부동산업체에서 가짜 매물을 올려놓을 때도 많다. 주변시세보다 저렴한 가격으로 가짜 매물을 올려놓고 창업자를 꼬이게 하는 것이다. 창업자가 그 매물을 보고 싶다고 하면 바로 계약이 성사됐다고 거짓말 하고, 다른 매물이 더 좋다고 하며 계약하도록 유도한다. 인터넷이나 생활정보 신문의 물건은 30% 정도만 믿어야 한다.

050

중개수수료는
얼마나 줘야 할까?

　부동산업소를 통해 점포계약을 체결하면 중개수수료를 지불한다. 법정 중개수수료율은 상가는 0.2~0.9% 이내이므로 중개업자와 협의하여 지불하면 된다. 하지만 대부분 부동산 업소에서는 법정 중개수수료보다 더 많은 수수료를 요구하는 경우가 많다. 아래의 표에서는 법정 중개수수료 계산을 해보았다.

	법정 중개수수료 산정방식
중개수수료율	0.2%~0.9%
임대조건	보증금 3,000만 원, 월세 100만 원, 권리금 2,000만 원 계약기간 1년
환산보증금	보증금+권리금+(월세×100)
총금액	3,000만 원(보증금)+2,000만 원(권리금)+10,000만 원(100만 원×100) =1억 5,000만 원
수수료	15,000만 원×(0.2~0.9%)=300,000원~1,350,000원

▲ 법정 중개수수료

부동산중개업법령에 따라 법정 중개수수료가 정해져 있지만 상가 중개 시는 중개수수료율보다 몇 배 이상을 중개업자가 요구할 때가 많다. 분명 중개수수료율을 지키는 것이 상식이지만, 현실에서는 그보다 몇 배 되는 금액을 요구하는 것이 상식으로 통하고 있다. 그렇다고 달라는 대로 다 줄 수도 없고, 법정 수수료만을 고집하는 것도 무리가 있다. 점포를 계약하기 전 중개업자와 중개수수료에 대하여 어느 정도 합의하여 시비의 소지를 없애는 것이 좋다.

중개수수료는 법적으로 0.2~0.9% 내에서 중개업자와 계약자간의 협의를 통하여 정하게 되어있다. 하지만 대부분의 중개업자는 설명 없이 중개수수료를 무조건 0.9%를 적용하여 달라는 경우가 많다. 그때는 계약자가 무조건 지불하지 말고 협의하여 결정해야 한다.

점포의 경우 권리금을 조정할 수 있는 여지가 많기 때문에 중개업자의 기여도에 따라 수수료를 조정하는 것이 바람직하다. 권리금 5,000만 원에 나온 점포를 권리금 3,000만 원으로 낮춰 줬다면 수수료를 조금 더 지불해도 나쁠 것이 없다.

무리한 중개수수료를 요구하는 것은 분명히 따지고 들어야 하지만 중개업자의 역할에 따라 유동적으로 수수료를 지불하는 것이 현명하다.

> "중개수수료는 법적으로 0.2~0.9% 내에서 중개업자와 계약자 간의 협의를 통하여 정하게 되어 있다."

051

데두리를 아십니까?

　데두리란 부동산 은어 중 가장 흔하게 쓰이는 단어이다. 어원은 일본어 데두리에서 나온 말로 '손에 넣다'라는 의미이다. 데두리는 부동산 은어로서 점포 매매에서는 권리금을 올려 부르는 것을 뜻한다.

　상가주인이 점포를 매물로 내놓을 때 권리금을 1억이라 말하면 부동산 중개인들은 대부분 권리금의 10% 안팎을 올려 매수인에게 1억 1,000만 원에 제시한다. 만약 1억 1,000만 원에 거래가 성사가 된다면 데두리가 쳐진 1,000만 원은 중개인이 수수료로 갖게 되는 것이다.

　중개업자가 데두리를 치는 경우를 크게 3가지 이유가 있다.

　첫째, 중개수수료를 많이 받기 위해서이다. 권리금은 시세도 없고 세금을 내는 금액도 아니다. 또한 상가 중개의 경우는 일반주택이나 아파트의 중개보다 몇 배의 노력과 시간을 소비하기 때문에 한 번에 많은 수수료를 챙기기 위해서 중개업자가 데두리를 치는 것이다.

둘째, 매수인들이 권리금을 무조건 깎으려 하기 때문이다. 가격의 적정성을 따지기보다는 저렴한 매물도 권리금은 묻지도 따지지도 않고 깎는 것이라고 생각하기 때문이다. 부동산중개업자는 깎아 줄 것을 미리 계산하고 데두리를 치는 것이다.

점포 권리금이 주변보다 저렴하게 나왔고 더 이상 권리금의 조정이 힘들 경우 데두리를 치는 것이다. 당장에는 권리금 조정되기 힘들 거라 생각되는 경우 중개업자는 매수자가 깎을 만한 가격을 미리 올려 권리금을 제시하고 차후에 깎아주는 척 하는 것이다.

마지막으로 매물주가 권리금 1억만 받으면 되니까 나머지는 알아서 하라고 먼저 제시하는 경우도 있다. 이럴 경우 매물주가 받기로 한 금액인 1억이 입금 금액이다. 매물주는 중개 수수료 없이 1억만 주고 더 받는 것은 중개업자가 가지라고 하는 것이다. 정확한 부동산용어로는 순 가중거래라 한다. 정의는 부동산의 일정금액을 매도인이 받기로 약정하고 더 이상 가는 나머지 금액에 대해서는 중개업자가 수수료로 갖는 것을 의미한다.

점포를 선정할 때 권리금의 데두리는 누구나 당할 수 있다. 위에서는 중개업자만을 대상으로 설명을 하였지만 중개업자는 물론이고 프랜차이즈 본부, 지인을 통해 점포를 소개받을 때도 데두리는 있을 수 있다는 것을 명심해야 한다.

052

만남이 있으면 헤어짐이 있듯
점포 매매할 때를 생각하라

어떤 만남도 헤어짐이 있다. 남녀가 사랑하고 헤어지는 것은 당연하다. 그 헤어짐이 결혼 전이냐, 결혼 후냐, 사별이냐, 이혼이냐의 차이가 있을 뿐 어떤 만남도 언젠가는 헤어짐이 있다. 창업도 마찬가지이다. 어떤 점포도 언젠가는 타인에게 매장을 양도하거나 그만하게 된다.

초보창업자들은 의욕에만 넘쳐 상권분석과 점포개발보다는 장사에만 신경을 쓴다. 상권·입지가 안 좋아도 본인이 운영을 잘해서 살리면 된다고 생각한다. 초보창업자는 실패에 대한 생각을 못해서 향후 점포 매매까지는 생각하지 못한다. 그러나 베테랑 장사꾼들은 실패를 염두에 두고 창업을 한다. 초보창업자들은 창업을 하는 것만 생각하지만, **창업선수들은 점포를 매매할 것 까지 생각을 하고 창업한다.**

창업은 3~6개월이면 성패는 결정된다. 초보창업자가 6개월 후 성공적인 창업을 이룬다면 좋겠지만 실패하면 그때서야 점포 매매를 생각한다.

보증금은 다시 받을 수 있는 금액이지만 권리금과 시설비, 인테리어비용은 마음대로 받을 수 없는 금액이다. 그런데 대부분의 창업자들은 내가 권리금 5,000만 원을 주고 들어왔고 인테리어 및 집기에 5,000만 원을 투자했으니 적어도 1억은 받아야겠다는 생각을 한다. 아니 잘 생각해보니 그래도 단골손님도 있고 시설도 깨끗하니까 좀 더 받고 싶어 한다. 한 2,000만 원 정도 더 붙여서 권리금 1억 2,000만 원에 부동산에 내놓는다. 하지만 부동산에서는 시큰둥해 한다. 그래도 여기저기 부동산에 점포를 매물로 내놓는다.

하지만 부동산에 매물을 내놓았으면 무슨 연락이 있어야 하는데 연락이 없다. 전화를 걸어 매매 좀 잘 성사시켜달라고 하지만 부동산에서는 권리금이 너무 비싸다고 한다. 그럼 내가 들어간 돈인 1억만 받겠다고 말을 한다. 부동산에 점포매매를 의뢰하고 나니 장사하기도 귀찮고 가게에 대한 정도 떨어진다. 그럼 그럴수록 장사는 더욱 안 되고 장사가 안 되니 가게 나오는 것조차도 싫어진다.

결국 권리금은 9,000만 원, 7,000만 원, 5,000만 원까지 떨어진다. 그때는 인테리어비나 시설비는 포기하더라도 내가 주고 들어온 권리금만이라도 받아 나가고 싶은 생각이 든다. 하지만 폐업직전인 점포여서 내가 주고 들어온 권리금도 못 받고 점포를 헐값에 넘기게 된다.

이것이 망하는 창업자들의 상황이다. 누구나 장사가 대박날 것이라는 희망으로 시작하지만 실제로 대부분의 창업자들은 실패를 맛보게 된다. 실패 후 점포를 매매하려고 할 때는 본전 생각나니까 들어 올 때의 권리금과 인테리어 및 집기비용을 포함하여 투자비를 모두 챙겨 나가고 싶다. 하지만 현실은 그렇게 만만하지 않다.

053

점포매매는
어떻게 해야 할까?

장사를 하다 보면 언젠가는 점포를 매매하게 되는 시기가 온다. 장사가 잘 돼서 권리금을 많이 받고 매매하는 경우는 문제가 없겠으나, 장사가 안 돼서 매매할 때는 문제가 발생한다. 점포를 살 때는 금액이 많고 적음을 떠나, 사는 사람이 결정권을 갖고 있다.

하지만 장사가 안 돼 점포를 팔 때는 점포가 마음에 드는 사람이 나타날 때까지 기다려야 한다. 최소한의 손익분기점을 넘긴 점포라면 여유가 있겠지만, 월세도 못내는 점포라면 마음이 조급해진다.

점포매매의 방법은 점포 구하는 방법의 반대로 생각하면 된다. 동네부동산에 내놓거나 생활정보신문, 인터넷 등을 활용하여 내놓는 것이다. 직접 프랜차이즈 본사로 본인의 매장을 추천하는 것도 방법일 수 있다. 하지만 점포를 얻는 것은 본인의 마음이지만 내놓는 것은 언제 답이 나올지 모르는 기다림의 연속이다.

문제는 다급한 점포주인의 상황을 악용하는 사람들이 있다는 것이다. 일명 사기성 부동산 회사로 이들은 점포매매에는 관심이 없고 광고를 명목으로 수입을 챙기는 사람들이다.

대표적인 수법으로 점포매매가 급한 매물주에게 전화를 걸어 점포를 마음에 들어 하는 손님이 있다고 말한다. 그러고는 점포를 계약할 사람이 "권리금공시지가"를 떼고 싶어 한다고 말한다. 그 "권리금공시지가"라는 것을 떼면 바로 계약이 가능하다고 말한다.

'권리금공시지가'라는 것은 어디에도 없는 거짓말이다. 그럴듯한 말을 만들어 사용하는 것이다. 그러고는 10~20만 원을 '권리금 공시지가'를 발급받는 명목으로 송금 받는다. 매물주 입장에서는 큰돈도 아니고 빨리 매매를 하고 싶기 때문에 생각 없이 송금을 한다. 그러면 그 후로 여러 명목을 만들어 조금씩 몇 회에 걸쳐 300~500만 원가량의 비용을 받고 연락을 두절시킨다.

요즘은 좀 더 진화하여 인터넷광고, 동영상광고 등의 명목으로 수백만 원의 금액을 가로채는 경우도 있다. 그리고 이들은 점포에는 얼굴 한 번 안 비추고, 자기의 핸드폰 번호조차 안 가르쳐 준다. 다 쓰러져가는 점포를 가봤다며 점포 인테리어가 좋다느니 하는 말도 안 되는 소리를 하곤 한다. 하지만 장사가 안 되는 사장님들은 점포를 빨리 빼고 싶은 마음에 그들의 말에 넘어 가는 경우가 많이 있다.

점포매매에 있어서 계약이 성사되기 전에 금액을 요구하는 부동산은 사기일 가능성이 농후하다. 명심해야 할 것은 광고료, 권리금 시세확인 등 어떤 명목으로도 계약이 성사되기 전에 부동산 업체에 금액을 지불할 필요가 없다.

054

권리금 있는 점포와 없는 점포,
어떤 점포가 좋을까?

초보창업자들은 권리금이라면 지레 겁을 먹고 권리금 없는 신축점포만을 고집하곤 한다. 하지만 권리금은 정확한 판단만 한다면 얼마든지 주고 들어갈 수 있는 돈이다.

권리금이 없는 점포는 크게 두 가지로 볼 수 있다. 신축건물이라 권리금이 없는 경우와 기존 점포 중에 장사가 안 돼 망해서 나온 점포이다. 신축건물의 경우는 권리금이 없는 대신 주변 점포보다 임대료가 비싸다. 주변의 같은 평수의 점포가 보증금 3,000만 원에 월세 100만 원이라면, 신축건물은 대부분 50% 이상 비싼 보증금 5,000만 원에 월세 150만 원선에서 임대를 하게 된다.

그럼 입지와 평수가 동일하다면 아래의 점포 중에 어떤 점포가 더 좋은 점포일까?

	A점포	B점포
평수	30평	30평
보증금	3,000만 원	5,000만 원
월세	100만 원	150만 원
권리금	2,000만 원	없음
기존시설	호프집으로 운영 중	없음

▲ 권리금 있는 점포와 없는 점포

A점포는 현재 호프집으로 운영되고 있는 점포이고 보증금 3,000만 원, 월세 100만 원, 권리금 2,000만 원이다. B점포는 보증금 5,000만 원, 월세 150만 원이고 권리금은 없다.

그럼 당신은 어떤 점포를 선택할 것인가? A점포는 임대료가 저렴한 대신 권리금 2,000만 원이 있고 B점포는 권리금이 없는 대신 임대료가 비싸다. 이에 대한 답은 창업자의 입장에 따라 달라진다. 창업자의 입장을 개인 호프집을 하려는 베테랑 장사꾼과 프랜차이즈 옷가게를 창업하려는 초보창업자 입장에서 생각해보자.

1. 개인 호프집을 창업하려는 베테랑 장사꾼

A점포는 기존에 호프집으로 시설이 되어 있어 주방이나 테이블 등은 재활용이 가능하다. 그래서 인테리어와 집기비용을 줄일 수 있다. 권리금 2,000만 원은 50만 원 월세의 차이로 40개월을 장사하면 충당될 수 있다. 임대료가 높지 않아 차후 매매할 때 권리금 2,000만 원은 충분히 받아 나올 수 있을것 같다. 반면 B점포는 아무 시설이 없어 인테리어와 집기 등 모든 것을 신규로 해야 한다. 월세도 높아 운영하는 데 부담이 된다. 보증금과 월세도 높아 매장을 뺄 때 권리금을 제대로 받기 힘들 것 같다.

호프집을 하려는 베테랑 장사꾼에게는 A점포가 더 맞는 점포이다.

2. 프랜차이즈 옷가게를 창업하려는 초보창업자

프랜차이즈 옷가게이기 때문에 A점포의 기존시설은 아무 필요가 없다. 오히려 철거비용만 몇백만 원은 나올 것 같다. 아무 쓸 것 없는 매장에 권리금만 2,000만 원이 있다.

B점포는 권리금도 없고 보증금 5,000만 원은 나중에 분명히 받는 금액이라 안정적이다. 나는 권리금을 안 주고 들어 왔지만 나 올 때는 받고 나올 수 있을 것 같다. 월세 50만 원 비싼 것은 권리금을 안 줬기 때문에 40개월까지는 밑지는 장사가 아니다. 옷가게를 하는 초보창업자에게는 B점포를 선택하는 것이 현명하다.

"A점포와 B점포 결코 어떤 것이 좋다 나쁘다는 정답은 없다. 이왕이면 권리금이 없으면 좋지만 없는 만큼의 단점이 있다. 권리금이 있고 없고는 중요한 부분이 아니다. 어떤 점포가 나에게 유리한 점포인지를 판단해야 한다."

055

가게주인들은 사람에 따라
권리금을 다르게 말한다

점포를 보다 보면 참 어이없는 일을 당하게 된다. 앞에서 언급한 것처럼 부동산업소에서 권리금을 장난치는 경우도 아닌데 권리금이 다른 경우이다. 똑같은 점포인데 동네부동산에서는 3,000만 원, 부동산컨설팅에서는 2,500만 원, 생활정보신문에는 2,000만 원에 나와 있다. 그리고 창업자가 직접 물어 보니까 권리금이 3,000만 원이라고 한다.

왜 이런 현상이 일어나는 것일까? 가정을 해본다면 동네부동산에서는 3개월 전 점포주가 직접 찾아와 권리금 3,000만 원에 내놓은 금액으로 알고 있다. 그것을 부동산에서는 그대로 3,000만 원에 얘기를 한 것이다. 부동산컨설팅에서는 한 달 전 가게를 찾아가 3,000만 원 부르는 권리금을 500만 원 깎아 2,500만 원으로 갖고 있었다.

그 이후로 점포주인은 가게가 안 나가자 직접 생활정보신문에 권리금 2,000만 원에 가게를 내놓은 것이다. 그리고 초보창업자가 직접 물어보니 점포를 마음에 들어 하는 것 같고 어리숙해 보여 다시 3,000만 원을 말한 것이다.

똑같은 점포라고 해도 가게주인은 창업하려는 사람이나 부동산에 따라 다르게 말하는 경우가 있다. 같은 부동산이라고 해도 살만한 사람을 자주 데려와 계약을 하려고 노력하는 부동산이나 개인적으로 친분이 있는 부동산에는 금액을 낮게 내놓는다. 또 초보창업자인지 베테랑창업자인지에 따라 다르게 말할 수도 있다.

권리금은 살아 움직이는 돈이다. 한 번 5,000만 원이라고 했다고 언제까지나 5,000만 원인 것은 아니다. 대부분은 시간이 지남에 따라 권리금은 떨어진다. 처음 5,000만 원 하던 매장이 1년 동안 매매가 안 된다면 권리금이 3,000만 원으로 떨어질 수도 있다. 하지만 가게를 팔 생각이 별로 없어지는 경우, 오히려 1년 후 권리금을 더 달라고 하는 매물주도 있다.

같은 물건이라고 해도 부동산 업체에 따라 권리금은 얼마든지 다를 수 있다. 부동산업체의 장난일 수도 있고, 매물주와 부동산업자와의 친밀도에 따라 달라질 수도 있다. 매물주가 2군데의 동네 부동산에 권리금을 5,000만 원에 내놓았다고 하자. A부동산은 창업할 사람을 계속 소개하며 권리금을 1,000만 원 깎아 4,000만 원에 갖고 있고, B부동산은 전혀 신경을 안 써 권리금 5,000만 원에 갖고 있을 수도 있는 것이다.

마음에 드는 점포가 나타났다면 주변의 부동산을 3군데 이상 들러 보는 것이 좋다. 중개업자의 금액장난일 수도 있고 업자의 노력으로 주변보다 저렴한 권리금을 갖고 있을 수도 있다.

056

최고의 점포가 아닌
최선의 점포를 찾자

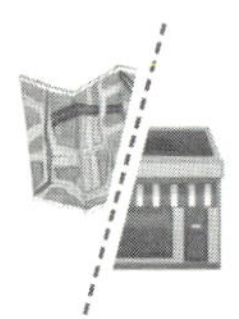

점포는 최고의 점포가 아닌 최선의 점포를 찾아야 한다. 한정된 자금으로 점포를 찾는데 무조건 최고의 점포만을 찾는다면 평생가도 찾지 못할 것이다.

초보창업자들도 점포를 보면 좋은 입지인지, 나쁜 입지인지 정도는 쉽게 알 수 있다. 문제는 그 점포가 과연 임대조건과 권리금이 얼마 정도가 적정한가를 모를 뿐이다. 중학생을 강남역에 데리고 가서 어느 자리가 제일 좋은지 물어보면 중학생도 어떤 점포가 좋은지는 판단할 수 있다. 대로변 쪽 전면이 넓고 코너에다가 매장 앞으로 유동인구가 많은 점포일 것이다. 좋은 점포는 중학생도 안다. 다만 그 점포의 적정 금액과 그 점포에 맞는 아이템이 어떤 것인지를 판단하지 못하는 것뿐이다.

중학생이라면 김태희가 이상형이어도 된다. 하지만 30대의 결혼을 앞둔 남자가 김태희가 이상형이라서 김태희같은 여자하고만 결혼하려 한다면 평생을 혼자 살아야 할 것이다. 점포도 마찬가지 이다. 좋은 점포는 누구나 아는 것이고, 과연 그 점포가 내 자금과 맞는 점포인지, 내가 선택한 창업아이템과 궁합이 맞는 점포인지를 판단할 줄 알아야 한다.

점포개발은 최고의 점포를 찾는 것이 아니다. 최선의 점포를 찾는 것이다. 무조건 좋은 점포는 없다. 나에게 맞는 최선의 점포가 있을 뿐이다.
내가 하고자 하는 아이템과 평수, 층수, 임대료, 권리금을 판단하여 최선의 점포를 찾는 것이다. 최선의 점포라고 판단된다면 점포를 결정하는 결단력도 필요하다.

"한정된 자금으로 점포를 찾는데 무조건 최고의 점포 만을 찾는다면 평생가도 찾지 못할 것이다."

상권분석의 법칙

상권은 한 달에 며칠 영업을 할 수 있는 곳이며, 하루에 몇 시간 영업이 가능한 곳인지를 파악해야 한다.

057

상권분석은
배우자의 집안을 보는 것이다

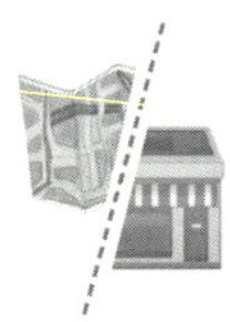

연애할 때는 상대방만 보고 만날 수 있다. 하지만 막상 결혼을 생각하면 상대방의 집안을 볼 수밖에 없다. 얼마 전 텔레비전에 경제계와 정치계의 혼맥을 방영한 적이 있다. 소위 잘나가는 경제계와 정치계는 각자의 격에 맞는 집안끼리 사돈을 맺고 있었다. 하지만 평범한 우리 서민들은 집안보다는 상대편의 됨됨이를 보고 결혼을 결심하게 된다.

창업할 때 상권은 결혼상대방의 집안을 보는 것과 비교할 수 있다. 상권도 페밀리레스토랑, 외국 커피브랜드, 고가의 제품을 파는 매장들은 그들과 어울리는 유명상권에 입점해야만 장사가 된다. 하지만 일반서민은 상대편의 집안보다 상대편 자체를 중요시 여기듯, 소자본 창업은 상권보다는 입지를 먼저 판단해야 한다.

상권의 사전적 의미는 ① 어떤 상업의 중심지, 또는 물자의 직접거래가 이루어지는 지역. ② 상업상의 세력권을 의미한다. 한마디로 상권에 고객들이 매장을 찾아오는 범위라고 생각하면 된다.

상권을 구분하는 용어는 주택가상권, 대학가상권, 오피스상권, 도심권, 부도심권, 1차 상권, 2차 상권, 역세권 등 머리가 아플 정도로 많다. 하지만 상권을 구분하는 무수한 용어들을 예비창업자가 전부 알 필요는 없다.

창업자가 상권에 대해서 알아야 할 것은 **첫째는 한 달에 며칠 영업을 할 수 있는 곳이며, 하루에 몇 시간 영업이 가능한 곳인가이다.** 평일에 장사가 잘 되는 곳인지, 주말에 장사가 잘 되는 곳인지, 점심수요가 많은지, 저녁수요가 많은지 등 장사가 되는 시간이 중요한 것이다.

상권을 판단하는 이유가 무엇인가? 장사가 잘 될 지역인지 아닌지를 판단하기 위해서이다. 그렇다면 대학가상권, 오피스상권을 따지기보다는 장사가 한 달에 며칠이나 가능한지, 하루에 몇 시간이나 가능한지를 아는 것이 중요하다.

한 달에 30일 전부를 장사가 가능한 상권인지 아니면 20일, 12일, 7일, 0일 등 장사가 잘 될 수 있는 일수를 파악하는 것이 중요하다. 또한 하루에 몇 시간을 장사할 수 있는지도 파악하여야 한다. 오전, 오후, 저녁, 새벽 등 상권에 따라 장사가 가능한 시간이 다르다.

둘째는 상권내의 소비층을 파악해야 한다. 소비층이 직장인인지, 학생인지, 부자인지, 가난한지 등을 파악하는 것이다. 아이템과 소비층의 궁합이 맞는지 분석해야 한다. 소비층 분석 후 같은 아이템이라도 소비층에 맞춰 가격과 질을 조정해야 한다. 상권을 파악하는 데 머리 아프게 무슨 무슨 상권을 떠나, 장사할 수 있는 시간과 고객의 소비패턴 정도만 알아도 상권분석의 절반은 성공한 것이다.

058

1시간 안에
상권 파악하기

영국 일간지 텔레그래프에 남자가 여자한테 반하는 시간이 8.2초란 기사가 났었다. 남성은 정말 짧은 시간 내에 여성을 판단한다. 물론 8.2초 내에 맘에 들었다고 해도 그녀와 결혼을 하지는 않을 것이다. 상권을 파악하는 데도 생각보다 많은 시간이 필요하지 않다. 10분이면 상권에 대한 1차 판단이 가능하다. 물론 점포를 계약하는 상황에서는 2차, 3차의 판단을 해야 한다.

대부분의 상권은 일정한 패턴을 보인다. 메인 대로변 상권에는 유명 프랜차이즈 중 커피, 분식집, 제과, 이동통신, 편의점, 의류점, 귀금속, 아이스크림 매장들이 입점한다. 이면도로에는 프랜차이즈 고깃집, 주점, 치킨집, 보쌈집 등 외식업이 입점하게 된다. 가지를 쳐서 입지가 떨어지는 곳에는 독립매장들이 입점한다. 어떤 상권도 A급라인, B급라인, C급라인으로 나눠진다. 각 라인이 구분되는 것은 사람들이 가장 많이 다니는 보행동선과 유동인구에 따라 결정된다.

여러 상권을 분석하다보면 어떤 프랜차이즈 가맹점이 입점해 있느냐에 따라 상권의 질이 결정된다. 롯데리아가 입점할 수 있는 상권과 입지가 있고, 편의점이 입점할 수 있는 입지가 정해져 있다. 현재 우리나라에는 3,000여 개의 프랜차이즈본부가 있다. 어떤 프랜차이즈 가맹점들이 입점했는가를 분석해보면 쉽게 상권과 입지를 판단할 수 있다.

대부분의 프랜차이즈본부들은 해당상권을 분석하고 입점하기 때문에 프랜차이즈 업체가 어느 정도의 상권과 입지에 입점하는지 알면 쉽게 상권을 파악할 수 있다. 또한 동일 가맹점은 동일한 가격과 인테리어로 장사를 하기 때문에 다른 데서 잘되는 가맹점이 해당상권에서는 매출이 저조하다면 해당상권은 피하는 것이 좋다.

고깃집을 하려고 창업을 준비한다면 해당 상권내의 프랜차이즈 고깃집, 개인고기집들에 얼마나 손님이 있느냐를 판단해야 된다.

상권내의 모든 고깃집에 손님이 많다면 해당상권은 고깃집으로 충분히 입점이 가능한 상권이다. 프랜차이즈 가맹점이 장사가 잘 되면 일정수준의 상권이 보장되는 것이지만, 주변 매장들은 전부 안 되는데 개인 맛집으로 소문난 한 매장만 잘 된다면 살아남기가 힘든 상권이다.

상권분석을 한다고 하루 종일 매장 앞에서 유동인구를 세고 배후인구를 알아보는 것도 좋지만, 해당 상권 내에서 내가 하려는 창업아이템과 같은 가게에 얼마나 손님이 있는지, 유사업종의 매장에 얼마나 손님이 있는지를 파악하는 것이 상권을 더욱 정확하고 빠르게 판단하는 방법이다.

059

며칠 장사할 수 있는
상권인가?

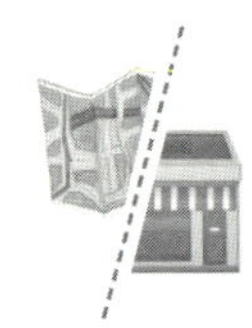

상권을 분석하는 데 가장 중요한 부분은 일주일에 며칠이나 장사가 가능한 곳인지를 판단하는 것이다. 상권에 따라 일주일 내내 장사가 가능한 상권이 있고, 5일, 2일, 0일 상권이 존재한다.

7일 상권은 종로, 신촌, 강남역 등 일주일 내내 사람이 모이는 중심 상권이다. 평일에는 주변의 직장인 및 학생들이 주요 고객층이 되고, 주말에는 멀리서 사람들이 모여 드는 상권이다. 이러한 상권은 누구나 장사를 하고 싶어 하는 상권이기도 하다. 그렇다고 중심상권 내에 있는 모든 점포가 일주일 내내 장사가 잘 된다는 것은 아니다. 잘 될 수 있는 점포가 많은 상권 구조를 갖고 있다는 것이지 입지가 떨어지는 점포는 일주일 내내 장사가 안 될 수도 있다.

5일 상권은 역삼역, 여의도 등 오피스 상권으로 월요일부터 금요일까지 평일에 장사가 잘 되는 상권을 말한다. 이 상권의 특징은 오피스가로 직장인들이 주 소비층이고, 회사가 쉬는 주말에는 매출이 급격히 줄어드는 특징이 있다. 평일과 주말의 매출차이가 몇 배까지 날 수도 있다.

2일 상권은 일주일에 금요일, 토요일 등 주말에만 상권이 활성화 되는 상권을 말한다. 이 상권의 특징은 평일에는 사람들이 외부로 빠져 나가고 주말에만 사람들이 모이는 상권이다. 평일에는 학교, 직장 등에서 소비가 이루어지고 휴일 전날과 휴일에만 사람들이 모이는 상권이다. 서울 근교의 위성도시로서 일명 시내 상권들이 대부분 이러한 형태를 띤다. 이러한 상권은 대부분 역, 관공서, 터미널, 시장을 중심으로 자연 발생적 상권이 형성된 곳이다.

0일 상권은 주택가 상권으로 일주일 내내 장사가 잘 될 수도 있고 일주일 내내 파리만 날리는 점포가 될 수도 있는 상권이다. 상권 내에서 입지가 뛰어나고 단골이 확보된 점포는 일주일 내내 장사가 될 수도 있지만, 입지가 떨어지고 단골까지 없는 점포는 일주일 내내 손님구경조차 못할 수 있는 상권이다.

상권을 판단할 때는 일주일에 며칠 장사가 될 수 있는지와 한 달에 며칠 될 수 있는 상권인지 판단해야한다. 또한 대학가 상권의 경우는 방학을 타는 상권인지 방학 때도 장사가 될 수 있는지를 1년을 기준으로 파악해야 한다. 초보자가 혼자서 해당상권을 정확히 판단하는 것이 어려울 때는 상권 내에서 오래된 약국, 편의점등의 매장에 들러 장사되는 기간과 시간을 물어 보는 것도 하나의 방법이다.

060

상권에 사람이 모이는가?
흩어지는가?

상권은 모이는 상권, 정체된 상권, 흩어지는 상권으로 나누어 볼 수 있다. 해당 상권 내에서 고객의 소비패턴에 따라 상권을 구분하는 것이다.

사람들의 일반적인 소비패턴을 1차로 고깃집에서 식사 겸 소주 한잔, 2차 호프집에서 입가심으로 맥주 한잔, 3차 노래방 가서 악쓰기, 4차 나이트클럽 가서 땀 빼기, 5차 숙박업소를 이용한다고 가정해 보자. 1차부터 5차까지 가능한 상권인지, 1차와 2차만 가능한 상권인지에 따라 모이는 상권, 정체된 상권, 흩어지는 상권으로 구분된다.

1. 모이는 상권

사람들이 멀리서도 약속장소로 정하는 상권들이다. 우리가 흔히 말하는 주요 상권이라고 하는 종로, 강남역, 신촌, 대학로 등 사람들이 모이고 약속장소로 자주 정하는 곳이다. 모이는 상권의 특징은 대부분 교통의 요충지라는 것이다. 대중교통의 접근성이 뛰어나 주변의 시군구에서 쉽게 찾아

올 수 있는 곳이다. 모이는 상권에는 어떤 창업아이템도 가능하다. 소규모 분식집부터 나이트클럽까지 어떤 아이템도 입점이 가능한 상권이다. 하지만 모이는 상권은 업종끼리 경쟁이 심하기 때문에 조금은 특별한 창업아이템으로 차별화시키는 것이 좋다.

2. 정체된 상권

일반적인 역세권 상권이다. 지역주민들이나 주변 직장인들을 대상으로 영업하는 상권이다. 특별한 일이 있을 때는 모이는 상권으로 사람들이 이동하게 된다. 정체된 상권은 1차 고깃집, 2차 호프집, 3차 노래방 정도까지가 가능한 상권이다. 이러한 상권은 특별한 아이템보다는 고깃집, 호프집처럼 대중적인 아이템이 적당하다.

3. 흩어지는 상권

흩어지는 상권은 주택가 상권이다. 고객들은 간단하게 맥주 한잔이나 소주 한잔하고 집으로 향한다. 밤늦게 까지 먹고 노는 상권이 아니다. 그래서 영업시간이 일찍 끝나는 것이 특징이다. 흩어지는 상권은 1차, 2차 위주의 고객 이용 빈도가 높은 대중적인 창업아이템을 선택해야 한다.

창업아이템이 평범한 치킨집이라면 굳이 모이는 상권을 선택하지 않고 흩어지는 상권 내에서도 입지만 좋다면 충분히 승산이 있다. 하지만 인도 음식점처럼 특별한 아이템이면 중심상권에 입점하는 것이 좋다.

061

같은 업종의 점포 있는 게 좋을까?
없는 게 좋을까?

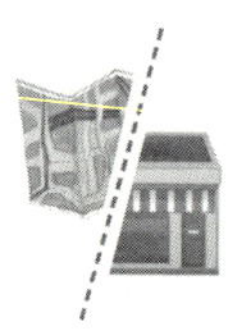

초보창업자들이 고민하는 것 중 하나가 먹자골목에서 치열한 경쟁을 하면서 오픈할 것인지, 아니면 동네에서 독점의 위치를 차지할 것인지 이다. 아이템에 따라 집적의 효과가 있는지, 분산의 효과가 있는지를 판단해야 한다.

같은 업종이 있는 것이 좋을까? 없는 것이 좋을까? 집적의 효과란 같은 업종이 집중 분포하여 시너지 효과를 내는 것이다. 의정부 부대찌개 골목, 신사동 간장게장 골목, 신당동 떡볶이 골목 등 같은 업종이 집중 분포되어 집적의 효과를 내고 있는 대표적인 곳들이다.

고깃집을 창업한다면 어떨까? 잘되는 고깃집 옆에 새로운 고기집이 오픈한다고 매출이 절반으로 떨어지는 경우는 거의 없다. 고기집이 늘어나면 늘어날수록 고깃집 골목으로 특화될 수 있다. 음식점은 같은 업종이 늘어날수록 상권의 힘이 세지는 경우가 많다.

하지만 상권의 크기를 살펴봐야 한다. 건대역 상권에 고깃집이 하나 늘고 줄고는 기존 매장들의 매출에 전혀 영향을 미치지 않는다. 오히려 상권의 크기가 조금 더 커지는 긍정적이 효과를 낸다. 하지만 고객이 한정된 아파트 단지와 같은 포켓상권의 경우는 같은 업종이 늘어나면 경쟁이 치열해진다.

만약 편의점을 창업한다고 가정하면, 편의점은 일부러 찾아가는 아이템이 아니라 눈에 띄는 곳을 방문하는 아이템이다. 편의점에서 파는 물건은 큰 차이가 없기 때문에 브랜드를 보고 매장을 찾지는 않는다. 담배를 사고 콜라를 사는데 편의점 브랜드가 어떤 것인지는 아무런 상관이 없다. 그래서 편의점은 분산의 효과가 있는 아이템이다. 기존 편의점을 피해서 입점해야 한다. 또한 경쟁점포가 없는 상태에서 입점해서 매출이 좋더라도 안심 할 수가 없다. 내가 오픈한 편의점 매출이 좋다면 주변으로 편의점이 추가로 입점할 가능성이 높다. 다른 편의점이 입점한다면 매출은 절반이하로 떨어질 수 있다. 편의점은 집적의 효과가 있어 편의점 골목이 생길 수는 있는 아이템이 아니다. 편의점은 경쟁업종이 멀리 있을수록 좋은 분산의 효과가 있는 아이템이다.

같은 업종이 없는 상권은 없다. 고깃집을 하더라도 어딘가에는 고깃집이 있고, 치킨집을 하더라도 치킨집은 또 생길 수 있다. 같은 업종이 있는 곳에 내가 들어간다면 과연 기존 매장보다 맛, 분위기, 입지가 뛰어난지를 파악해야 한다. 현재 동종업종이 없다고 해도 본인이 오픈한 매장이 매출이 높다면 언제든지 동종업종이 입점할 수 있다는 것을 생각해야 한다.

062
초보창업자여!
선수촌은 피해라

창업상담을 하다보면 가장 많이 질문 받는 것 중의 하나가 어디 상권이 좋은가하는 물음이다. 물론 상권마다 크기와 특성이 있다. 하지만 상권의 크기와 특성이 중요한 것이 아니라 해당상권 내의 어디 위치에 있는가가 더 중요하다.

초보창업자들이 실수하는 부분 중의 하나가 대형 상권을 노린다는 점이다. 소자본 창업아이템을 준비하면서도 상권은 중심 상권에 입점하고 싶어 한다. 신촌역 상권은 대한민국을 대표하는 중심상권이다. 유동인구도 많고 초보자가 보기에 모두 장사가 잘되는 것 같다. 하지만 중심상권은 극과 극의 매출을 나타내는 점포가 섞여 있는 곳이다. 어떤 점포는 일 매출 300만 원을 넘는 점포들도 있지만 상권의 끝자락 지하나 3층의 점포는 일 매출 10만 원도 못 올리는 점포들도 즐비하다.

중심상권들은 장사 선수들이 모여 있는 선수촌이다. 이런 선수촌에 초보창업자들이 뭣 모르고 상권만 보고 입지가 나쁜 자리에 입점하는 실수를 할 수 있다. 초보창업자가 무턱대고 선수촌에 입점한다면 몇 미터 떨어진 점포에는 사람들이 줄을 서서 기다리는데 내 점포에는 한 테이블도 없을 수 있다. 선수촌은 자신만의 특별한 경쟁력이 있거나 처음부터 좋은 입지에 입점해야만 살아남을 수 있는 상권이다. 초보창업자가 창업비용 1억 원도 안 되는 자금으로는 이런 선수촌에 입점해서는 살아남기 힘들다.

장사는 고객이라는 물고기를 잡는 것이다. 물고기를 잡는 곳은 물이 있는 바다, 강, 실개천이 있다. 그럼 어디서 고기를 잡는 것이 가장 많이 잡을까? 실개천보다는 강에서, 강보다는 바다에서 잡는 것이 더 많이 잡을 것이다. 하지만 바다에서 물고기를 잡으려면 최소한 배를 갖고 큰 그물이 있어야 한다. 바다에서 고기를 잡는 것은 어부가 할 수 있는 일이지 일반인이 반두나 손으로 물고기를 잡을수 있는 곳이 아니다. 일반인은 실개천에서 반두를 갖고 손으로 물고기를 잡는 것이 좀 더 많은 물고기를 잡을 수 있는 방법이다.

상권도 마찬가지다. 중심상권에 오픈하려면 어선과 그물에 해당하는 메인라인의 입지가 필요하다. 바다에서는 맨손으로 고기를 못 잡는 것처럼 중심상권에 입점한다고 무조건 장사가 잘되는 것은 아니다.
창업도 본인의 자금이 부족하고 특별한 기술이 없다면 실개천이나 강가에서 고기를 잡듯이 B급 상권에 입점하여 본인의 역량에 맞는 점포를 선택하는 것이 유리하다.

"용의 꼬리가 되느니 뱀의 머리가 되겠다."라는 말이 있다. 장사도 용의 꼬리보다는 뱀의 머리가 되어야 한다.

제3절

입지분석의 법칙

남녀도 궁합이 맞아야 하듯이 점포입지와 아이템도 궁합이 맞아야 한다.

063

상권은 집안,
입지는 애인이다

배우자를 고를 때 물론 집안이 빵빵하면 좋다. 하지만 집안이 아무리 좋아도 배우자에 문제가 있다면 행복한 결혼생활은 힘들다. 재벌 총수의 집안이라고 해도 배우자가 능력이 없고, 대화도 안 통하고, 바람까지 핀다면 제대로 된 결혼생활을 유지할 수 없다. 집안은 별 볼일 없어도 배우자가 능력 있고 성격까지 좋다면 얼마든지 화목한 가정을 꾸릴 수 있다.

창업할 때 상권을 집안으로 비유한다면, 입지는 배우자에 비유될 수 있다. 좋은 상권에는 입지가 좋은 점포가 많지만 무조건 상권이 좋다고 입지가 좋은 것만은 아니다.

가끔 초보창업자의 경우 강남역, 종로, 신촌은 상권이 좋고, 작은 지하철 역세권은 상권이 나빠 입점하지 못하겠다는 말을 하곤 한다. 상권이 작고 크고를 따지는 것은 백화점이나 할인마트 같은 대형 점포나 통하는 말이다. 10평짜리 분식집은 웬만한 상권에 입점해도 크게 문제되지 않는 아이템이다.

강남역 상권과 의정부 시내상권을 비교해 보자. 강남역은 평일 주말 할 것 없이 사람들로 북적거리는 상권이다. 그러나 의정부 시내상권은 주말에만 지역주민들이 모여드는 상권이다.

강남역 상권이 의정부 상권보다 좋은 상권인건 분명하다. 하지만 강남역 상권의 모든 점포가 의정부 시내의 모든 점포들 보다 장사가 더 잘될까? 그렇지는 않다. 같은 호프집이라면 강남역 C급지 점포와 의정부 시내 A급지 점포를 비교한다면 아마도 의정부의 점포가 매출면에서 월등하게 높을 것이다.

아이템에 따라 다르겠지만 30평 이하의 점포라면 상권의 크고 작음을 생각하지 말고, 상권 내에서 입지가 좋고 나쁨을 판단해야 한다.

대형 상권은 임대료와 권리금이 높게 형성되어 있기 때문에, 소자본 창업자의 경우 무리해서 대형 상권의 C급지에 입점하는 것보다는 중소형 상권의 A급지에 입점하는 것이 현명한 선택이다.

"창업할 때 상권을 집안으로 비유한다면, 입지는 배우자에 비유할 수 있다."

064

남녀뿐만 아니라 점포와 아이템도
궁합이 맞아야 한다

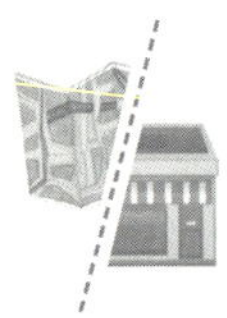

　미신이지만 커플들은 심심풀이로 한 번쯤은 궁합을 본다. 궁합을 재미로 보지만 나쁜 말이 나오면 찜찜한 마음이 드는 것은 어쩔 수 없다. 남녀의 궁합은 사주팔자 궁합도 있지만 서로의 성격, 학력, 재력, 집안끼리 맞고 안 맞고를 따지는 궁합도 있다. 유명 여자 연예인이 재벌가의 며느리로 가는 경우를 종종 볼 수 있다. 하지만 몇 년 지나지 않아 이혼소식을 접하게 될 때가 있다.

　이것은 서로의 성장배경이 맞지 않는 것이다. 재벌가의 남자는 여자연예인의 예쁜 외모를 우선하여 본 것이고, 여자연예인은 남자의 재력을 본 것이다. 서로 연애를 할 때는 궁합이 맞을 수 있지만, 막상 결혼을 하면 남자는 여자연예인의 외모가 식상해지고, 여자연예인은 얽매여 있는 생활을 만족하지 못한다. 그들은 서로 연애의 궁합은 맞을지 모르지만 부부의 궁합은 맞지 않는 것이다.

남녀도 서로 궁합이 맞아야 하듯이 점포의 입지와 아이템도 궁합이 맞아야 한다. 누구나 좋아할 만한 여자가 있는 것처럼 무엇을 해도 대박이 날만한 입지는 분명히 있다. 강남역 대로변 횡단보도 앞 코너 점포는 최고의 입지다. 하지만 그런 입지에 입점하는 점포는 많은 유동인구를 대상으로 빠르게 판매하는 판매점이 어울린다. 그런 비싼 임대료의 점포에 저가형 주점을 오픈한다면 손님은 꽉 차겠지만 테이블 회전율과 마진율을 계산하면 순수익이 형편 없는 매장이 된다. 누구나 인정하는 좋은 입지가 중요한 것이 아니라 중요한 것은 과연 내가 선택한 아이템과 궁합이 맞는 점포인가를 판단하는 것이다.

결혼상대로 재벌가의 남자는 여자들의 로망이다. 하지만 내가 그런 재벌가의 남자와 어울리고 잘 살 수 있느냐를 생각해야 한다. 점포도 최고의 입지에 입점하는 것이 중요한 것이 아니라 그 점포에 내가 선택한 아이템으로 매장을 지속적으로 운영 할 수 있는가를 생각해야 한다.

같은 입지의 점포라도 옷가게, 호프집, 핸드폰가게 등 아이템에 따라 궁합이 맞는 아이템이 있다. 똑같은 점포라고 해도 내가 할 아이템에 따라 좋은 입지가 될 수도 있고, 나쁜 입지가 될 수도 있다.

> "남녀도 궁합이 맞아야 하듯이 점포 입지와 아이템도 궁합이 맞아
> 야 한다."

<table>
<tr><td colspan="8" align="center">점포개발 서식</td></tr>
<tr><td>접 수 일</td><td></td><td>접 수 처</td><td></td><td>접 수 번 호</td><td></td></tr>
<tr><td>상 호</td><td></td><td>담 당 자</td><td></td><td>핸 드 폰</td><td></td></tr>
<tr><td>주 소</td><td colspan="5"></td></tr>
<tr><td>계 약 평</td><td>평</td><td>영 업 시 간</td><td></td><td>층 수</td><td></td></tr>
<tr><td>실 평</td><td>평</td><td>테 이 블</td><td></td><td>전 면</td><td></td></tr>
<tr><td>보 증 금</td><td>만 원</td><td>종 업 원</td><td></td><td>간 판</td><td></td></tr>
<tr><td>월 세</td><td>만 원</td><td>일 매 출</td><td>만 원</td><td>층 고</td><td></td></tr>
<tr><td>관 리 비</td><td>만 원</td><td>영 업 년 수</td><td>년 개월</td><td>주 차</td><td></td></tr>
<tr><td>부 가 세</td><td>별도, 포함</td><td>월 세 인 상</td><td></td><td>보증금인상</td><td></td></tr>
<tr><td>권 리 금</td><td>만 원</td><td>계 약 만 료</td><td></td><td>매 매 사 유</td><td></td></tr>
<tr><td>조 정 유 무</td><td></td><td>의 뢰 형 태</td><td></td><td>매 매 의 향</td><td></td></tr>
<tr><td>합 계</td><td>만 원</td><td>시 설 권 리</td><td></td><td>바 닥 권 리</td><td></td></tr>
<tr><td>건 물 주</td><td colspan="5"></td></tr>
<tr><td>참 고 사 항</td><td colspan="5"></td></tr>
<tr><td>구 분</td><td>관 련 부 서</td><td colspan="4" align="center">참 고 사 항</td></tr>
<tr><td>사 업 자 등 록</td><td>세 무 서</td><td colspan="4"></td></tr>
<tr><td>영 업 신 고 증</td><td>시 군 구 청</td><td colspan="4"></td></tr>
<tr><td rowspan="2">등 기 부 등 본</td><td rowspan="2">등 기 소</td><td>토 지</td><td colspan="3"></td></tr>
<tr><td>건 물</td><td colspan="3"></td></tr>
<tr><td rowspan="2">건 축 물 대 장</td><td rowspan="2">시 군 구 청</td><td>정 화 조</td><td colspan="3"></td></tr>
<tr><td>하 수 용 량</td><td colspan="3"></td></tr>
<tr><td>가 스</td><td colspan="5"></td></tr>
<tr><td>행 정 처 분 유 무</td><td>시 군 구 청</td><td colspan="4"></td></tr>
<tr><td>소 방 시 설 유 무</td><td colspan="5"></td></tr>
</table>

▲ 점포개발 서식

065

점포개발 서식
알아두면 편리하다

좌측의 표는 상권·입지분석 및 점포개발을 하는 데 있어서 기본적으로 알아야 하는 것을 정리한 것이다. 대부분의 창업자들은 수첩하나 들고 점포를 구하러 다니는데 위의 조사서식을 갖고 하나하나의 빈칸을 채운다는 생각으로 조사·분석하면 보다 체계적으로 점포를 판단할 수 있다.

그렇다고 처음부터 모든 칸을 채울 필요는 없으며 한 번에 모든 칸을 채울 수도 없다. 우선 꼭 파악하여야 하는 부분부터 하나씩 채우면 된다. 어떤 물건은 1단계 빈칸을 채우고 나면 더 이상 채울 가치가 없는 것이 있고, 창업자가 계약하고 싶은 물건이라면 거의 모든 빈칸을 채워야 한다.

빈칸을 채우는 순서를 간단하게 설명하면 아래와 같다.

첫째, 표의 상단부분인 접수일, 접수처, 접수번호, 상호, 담당자, 핸드폰, 주소, 전화번호를 채운다. 접수일이라 함은 물건을 소개받은 날짜이고, 접수처는 물건을 소개받은 곳을 의미한다. 접수처는 부동산, 생활정보신문, 인터넷, 프랜차이즈본부, 지인소개 등 물건을 소개받은 곳을 의미한다. 접수처에 따라 물건의 특성, 권리금 협상 등 많은 차이가 있기 때문에 접수처를 알고 있어야 한다.

접수번호는 소개받은 물건에 대하여 일련번호를 부여하는 것이고 상호는 ○○주점, ○○호프 등 물건의 뜻한다. 이때 물건을 소개 받았다면 소개한 사람의 연락처는 물론 점포의 전화번호와 점포주의 연락처까지 알고 있으면 좋다.

마지막으로 점포 주소는 등기부등본, 건축물대장 등의 각종 물건 분석서류를 볼 때 필요하므로 지번까지 정확하게 알고 있어야 한다.

둘째, 표의 중간 좌측부분에 계약평, 실평, 보증금, 월세, 관리비, 부가세, 권리금 등이 있다. 이 부분은 물건을 볼 때 가장 중요한 부분으로 정확하게 알고 있어야 하며 이에 대한 설명은 다음 글에서 자세하게 하겠다.

셋째, 표의 나머지 부분까지로 이는 물건의 세부사항으로서 점포가 마음에 들면 그때 가서 체크한다. 처음부터 하단부분까지 모두 알 필요는 없다.

실제 점포계약의 시점에서는 표를 전부 채워 정확하게 알고 있어야 잘못된 점포를 구하는 실수를 줄일 수 있다. 각 부분에 대하여는 다음 글에서 하나씩 소개를 하겠다.

066

계약평과 실평은
다르다

고깃집을 창업하려던 K씨는 분당의 유명상권에 속한 점포를 얻었다. 신축점포로 1층 20평, 보증금 1억, 월세 400만 원의 점포였다.

초보창업자 K씨가 볼 때는 주변보다 임대료가 비싸지만 권리금이 없는 것이 마음에 들었다. 신축매장을 소개한 부동산에서 평수가 20평이라고 했다. K씨는 고깃집을 창업하는 데 20평이면 테이블 10개 정도는 배치할 수 있다는 얘기를 들었었다. 하지만 막상 인테리어업체에서 실측을 하고 도면을 그렸는데 매장은 단 13평의 점포라고 했다.

분명 부동산에서는 20평이라고 했는데 인테리어 회사는 왜 13평이라고 했을까? 13평 매장에는 테이블이 6~7개 밖에 못 넣었다. 그럼 7평의 공간은 어디로 사라졌단 말인가? 초보창업자 K씨는 계약평과 실평에 대한 개념을 모르고 있었다.

부동산 물건을 소개 받을 때 가장 먼저 언급하는 부분이 바로 평수이다. 아이템에 따른 적정 평수가 있으며 평수에 따라 기본적인 점포의 임대료 및 권리금이 다르기 때문에 매장 평수는 매우 중요하다.

주의하여야 할 것은 계약평과 실평은 차이가 있다는 것이다. 부동산이나 매물주들은 실평을 말하기보다는 계약평을 말해서 점포를 크게 얘기한다. 하지만 점포를 운영하는 데 있어서는 계약평보다는 실제로 사용할 수 있는 공간인 실평이 중요하다.

실평은 계단, 엘리베이터, 복도, 화장실 등 공유면적을 제외한 면적으로서 신축건물은 계약평의 65% 내외, 노후된 건물은 80~90% 가량의 면적이 나온다. 신축건물의 경우 계약평이 30평이라고 해도 실평은 20평 밖에 나오지 않고, 오래된 건물은 계약평이 30평인데 실평 또한 30평인 경우도 있다.

점포의 면적이 넓다는 것은 매물의 가치를 상승시키는 것으로 점포매물주의 입장에서는 점포를 조금이라도 크게 말하려고 한다. 창업자는 평수를 물어 본 후 계약평수인지, 실평수인지를 구체적으로 물어 봐야 한다. 창업자들은 실평수를 측정하는 방법도 알아둘 필요가 있다.

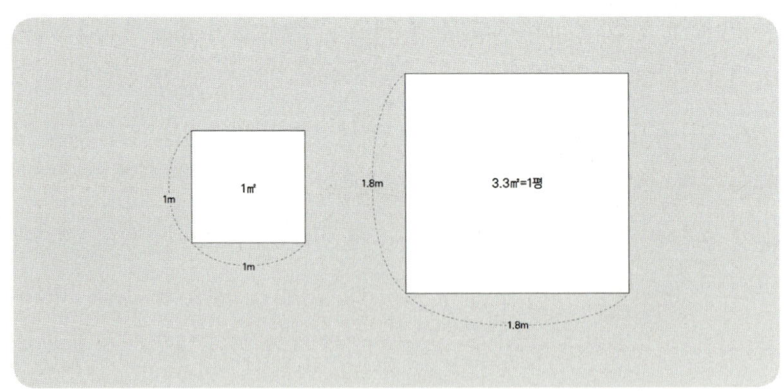

▲ 1㎡와 1평

우선 기본 단위를 설명하면 1m×1m=1㎡이고 1평이란 3.3058㎡이다.

통상 소수점 세 자리 이하를 제외한 3.3㎡을 1평이라 한다. 즉 약 1.8m×1.8m=3.3㎡가 1평이다.

간단하게 평수를 계산해보자. 가로 10m, 세로 6.6m의 직사각형 점포라고 가정하면 면적은 10m×6.6m=66㎡이 된다. 이를 3.3㎡로 나누면 66㎡÷3.3㎡로 실평은 20평이다.

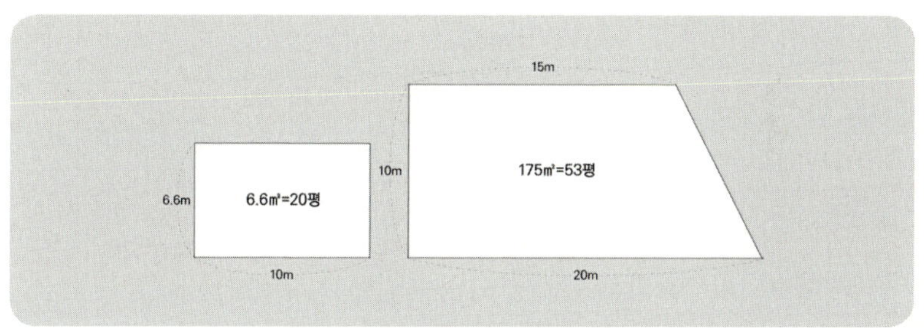

▲ 20평 사각형 점포크기, 점포 실측 예시

그럼 매장을 실측을 하는 방법을 설명하여 보겠다.

실평을 측정하는 것은 실제로 내가 점포를 사용할 수 있는 공간을 확인하는 것이다. 실제로 쓰는 공간이기 때문에 벽의 안쪽에서 측정한다.

위의 도면 평수를 계산해 보면 우선 직사각형의 공간은 10m×15m=150㎡이고 오른쪽 삼각형 부분은 10m×5m÷2=25㎡이 된다. 두 면적을 합치면 총 바닥 면적이 175㎡이다. 175㎡을 평수로 나누면 175㎡÷3.3㎡=약 53.0303평이 된다. 약 53평의 매장이다.

점포 매물을 처음 보았을 때 실측을 한다는 것은 현실적으로 무리가 따르지만 계약이 가까이 왔을 때는 매물주에게 양해를 구해 실측해 보는 것이 좋다. 아이템에 따라 필요한 평수가 있는데 매물주 말만 믿고 계약했다가 평수가 너무 작아 매장을 제대로 못 꾸밀 수도 있다.

067

아이템에 맞는
평수와 층수가 있다

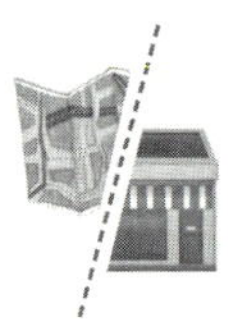

　신발사이즈가 270㎜인 사람이 250㎜ 신발을 샀다면 발이 안 들어가 신발을 구겨 신어야 한다. 그 사람이 290㎜ 신발을 신는다면 헐렁해서 뛰기는커녕 걷기도 힘들 것이다. 자신에 맞는 신발사이즈가 있듯 아이템도 적정한 평수와 층수가 있다. 아래의 표는 아이템별 적정 평수를 예시한 것이다.

아이템	적정평수	적정층수
분식집	10~20평	1층
호프집	20~40평	1층, 2층
고깃집	20~40평	1층
PC방	50~100평	지하, 2층 이상
노래방	50~80평	지하, 2층 이상
당구장	40~60평	지하, 2층 이상
핸드폰가게	10~20평	1층
금은방	10~20평	1층
약국	10~20평	1층

▲ 아이템별 적정 평수와 층수

　10평 이하의 소형점포는 배달, 테이크아웃, 판매업 등 매장 내에 고객이 체류하는 시간이 짧은 아이템이 적당하다. 10평 매장의 음식점도 주방 4~5평 내외의 공간이 필요하다. 주방공간을 제외하고 테이블을 넣는다면 테이블 수는 기껏해야 5~6개 정도이다.

　예를 들면 주점아이템은 주 매출이 매장 내에서만 이뤄진다. 포장이나 테이크아웃은 없고 거의 모든 매출이 매장에 방문한 고객들로 만들어지는 것이다. 주점의 경우 한 테이블에 머무는 시간은 평균 100분 정도 된다. 그리고 한 테이블에서 먹고 가는 테이블 단가는 3만 원 안팎이다. 테이블 5개의 매장은 100분 동안 매장테이블이 전부 찬다고 해도 15만 원의 매출을 올릴 뿐이다. 테이블 회전률이 2회전이 나온다면 30만 원, 3회전이 나온다면 45만 원의 매출이 나오는 것이다. 주점의 경우 3회전 이상의 테이블회전률이 나오면 굉장히 장사가 잘 되는 매장이다. 일반적으로 주점은 테이블 회전률이 1~2회 나오면 장사가 그런대로 된다고 하는 매장이다. 10평 호프집이라면 1~2회전이 나와야 일 매출 15~30만 원인데 식재료비와 운영비를 빼면 순수익이 형편없는 매장이다. 그래서 주점 아이템은 최소 20평 이상 오픈하여 테이블 10개 이상을 확보하는 것이 좋다.

　그럼 PC방은 왜 지하나 2층에 있을까? PC방은 시설대여사업이다. 기껏해야 시간당 1,000원에서 1,500원을 받을 수 있다. PC방은 한 평당 1대 정도의 PC를 놓을 수 있다. 10평짜리 PC방이 없는 것은 당연하다. 1층 매장에 PC 10대를 놓고 한 시간에 만 원을 벌어서 월세나 낼 수 있겠는가? 당연히 매장은 넓어야 하고 1인당 객 단가를 고려하면 매장은 최소한 50평 이상은 되어야 한다. 1층에 50평 매장을 창업하다면 장사는 잘 되겠지만 임대료가 높아 수익을 내기 어렵다.

PC방을 예로 들면 이해가 쉽다. 하지만 고기집이라면, 부대찌개 전문점이라면, 백반집이라면, 미용실이라면 복잡해진다. 같은 아이템이라도 아이템을 구체화할 필요가 있다. 일반 고깃집은 1층에 입점하는 것이 맞다. 하지만 같은 고깃집이라도 해도 가격파괴형 고깃집, 고기뷔페 등 박리다매식 아이템은 1층이 아닌 2층에도 경우에 따라서는 입점할 수 있다. 가격파괴 고깃집은 고객을 유인할 수 있지만 마진율이 적기 때문에 매장은 넓고 임대료는 저렴해야한다. 고깃집 아이템도 저가, 고가, 국내산, 수입산, 소고기, 돼지고기 등 매장 콘셉트에 따라 필요한 매장의 층수와 평수는 달라진다.

1층 매장과 지하나 2층 이상의 매장은 고객의 가시성, 접근성이 분명히 다르다. 임대료나 권리금도 차이가 난다. 본인이 생각한 아이템의 적정 층수와 평수에 대한 정확한 판단을 하고 점포를 선정해야 한다.

> "자신에 맞는 신발사이즈가 있듯 아이템도 적정한 평수와 층수가 있다."

068

매장 전면간판은
여자의 얼굴과 같다

영화 '미녀는 괴로워'에서 이런 대사가 나온다. 남자한테 여자는 딱 세 종류다. 예쁜 여자는 명품, 평범한 여자는 진품, 못생긴 여자는 반품이라고 했다. 그리고 극중 여주인공은 반품에서 전신성형수술을 통해 명품의 대열에 합류하게 된다. 그리고 가수로서 대성공을 거둔다. 결코 영화에서만 나오는 이야기만은 아닐 것이다.

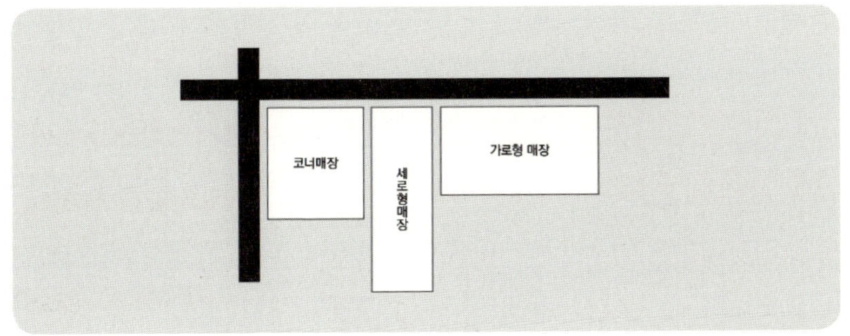

▲ 매장의 전면 구조

점포의 전면은 여자의 얼굴만큼 중요하다. 같은 입지, 같은 평수의 매장이라도 전면의 길이에 따라 매출은 차이가 난다. 일반 고객과 사람들은 매장을 유심히 보고 다니지 않는다. 지나가면서 흘겨보기 때문에 매장 전면이 넓은 매장은 쉽게 손님의 선택을 받는다. 반면에 매장 전면이 좁은 매장은 손님의 외면을 받는다. 매장 전면도 영화 대사처럼 명품, 진품, 반품으로 나눠볼 수 있다.

코너매장은 명품, 가로형 매장은 진품, 세로형 매장은 반품으로 볼 수 있다. 같은 평수의 매장이라고 해도 코너매장은 양쪽에서 매장을 볼 수 있고, 고객들이 쉽게 매장을 찾을 수 있어 명품에 해당된다. 가로형 매장은 매장 전면이 길어 한쪽 면에서만 보더라도 매장이 크게 보이고 가시성이 좋아 진품매장이다. 세로형 매장은 전면이 좁아 같은 평수의 매장이라도 좁게 보이며 가시성이 낮아 반품매장이다.

당연히 코너매장, 가로형 매장, 세로형 매장 순으로 점포를 구하는 것이 좋다. 못생긴 사람들이 많아야 예쁜 사람들이 눈에 띄듯이 점포도 세로형 매장이 대부분을 차지하고 코너매장과 가로형 매장은 상대적으로 적은 편이다. 1층 매장을 기준으로 대략적인 매장 평수 대비 전면의 길이는 아래와 같다.

	코너매장	세로형 매장	가로형 매장
10평	6m×5m	3m 이하	7m 이상
20평	8m×8m	5m 이하	9m 이상
30평	10m×10m	6m 이하	12m 이상

▲ 평수별 매장 전면 길이

▲ 코너평 30평 매장　　　▲ 세로형 30평 매장　　　▲ 가로형 30평 매장

　10평 매장의 경우는 코너매장은 6m×5m의 전면이 확보되어 총 11m가량의 전면 길이가 노출되고, 가로형 매장의 경우는 7m 이상의 전면, 세로형 매장의 경우는 3m 이하의 좁은 전면을 확보하고 있다. 이와 같은 매장 전면 길이의 차이는 매출차이로 바로 나타난다. 태어난 외모는 선택할 수 없지만 매장의 전면은 선택할 수 있다. 이왕이면 예쁜 여자와 같이 예쁜 전면의 매장을 선택하여 고객의 사랑을 쉽게 받도록 하자.

"코너매장은 명품, 가로형매장은 진품, 세로형매장은 반품으로 볼 수 있다."

069

화장에 따라 변하는 여자,
간판에 따라 변하는 점포

여자를 만날 때 4발을 조심하라고 한다. 사진발, 조명발, 포토샵발, 화장발을 가리키는 말이다. 여자의 사진발, 조명발, 포토샵발, 화장발 모두 본인을 좀 더 예뻐 보이게 하려는 노력이다. 결코 잘못됐다고만은 할 수 없다. 가끔 누군지 못 알아보는 경우가 있어서 문제지만 여자는 중요한 자리에 갈 때 화장을 하는 것이 예의이고 상대편에게 좀 더 좋은 인상을 갖게 한다. 격식을 갖춘 자리에 맨얼굴로 나온다면 상대편은 무시당한다고 느낄 수도 있다. 같은 여자도 화장을 어떻게 하느냐에 따라 그 사람의 분위기도, 얼굴생김새도 확연히 달라질 수 있다. 여자의 화장은 자신을 돋보이게 하는 중요한 수단 중의 하나이다.

여자의 화장에 해당하는 것이 바로 매장의 간판이다. 똑같이 간판을 설치해도 디자인과 재질에 따라 가시성은 천차만별이다. 물론 여자도 기본 얼굴 생김새가 예쁠수록 조금만 화장해도 예뻐 보이는 것처럼 매장 전면이 길면 길수록 간판이 폼이 난다.

▲ 전면간판

▲ 돌출간판

▲ 에어간판

▲ 엑스베너

간판은 크게 전면간판, 돌출간판, 입간판으로 나눠볼 수 있다. 전면간판은 매장의 정면에 설치하는 간판으로 매장을 표시하는 주된 간판이다. 대부분 매장은 전면 길이만큼 전면간판을 설치할 수 있다. 가끔 옆에 출입구나 주차장공간이 있어 전면 길이보다 길게 설치하는 경우도 있다.

돌출간판은 건물의 측면에 설치하는 간판으로 고객들이 걷는 방향에서 잘 보이는 간판이다. 돌출간판은 대부분 3m 내외로 설치하지만 경우에 따라서는 10m 이상의 긴 돌출간판을 설치할 수도 있다. 돌출간판은 지하나 2층 이상의 매장에서도 간판을 달기 때문에 위치를 놓고 매장끼리 실랑이가 일어나기도 한다. 대부분 기존 매장에 이미 설치되어 있는 곳을 그대로 사용하게 된다. 그렇기 때문에 점포를 계약하기 전 기존 매장의 돌출 간판이 있는 위치를 확인해야 한다.

입간판은 매장밖에 세워두는 간판으로 엑스베너와 에어간판으로 구분할 수 있다. 하지만 입간판은 불법이기 때문에 단속반이 걷어 가는 경우가 자주 발생한다. 불법이지만 지역 매장들이 이미 입간판을 설치한 경우 묵시적으로 같이 입간판을 설치할 수 있다. 만약 신규로 오픈할 때 주변가게는 입간판을 설치하지 않았는데 혼자서 내놓는다면 열에 아홉은 주변의 신고로 철거하게 된다.

간판은 여자의 화장만큼 중요한 부분이다. 매장을 계약하기 전 현재 매장의 간판 위치를 확인하고, 추가로 설치 가능한 장소를 체크해야 한다. 간판은 매장을 알리는 중요한 수단이다. 최적의 위치에 간판을 설치해야 하고, 고객의 눈에 띄는 재료와 디자인을 해야 한다.

> "간판은 크게 전면간판, 돌출간판, 입간판으로 나눌 수 있으며 여자의 화장에 해당하는 것이 바로 간판이다."

070

점포형태는
여자의 몸매다

아무리 예쁜 여자도 살찌고 몸매가 뚱뚱하다면 남자들에게 인기를 끌기 어렵다. 볼륨감 있는 글래머 몸매는 여성들의 로망이다. 여성들뿐만 아니라 요즘은 남성들도 몸짱으로 거듭나기 위해 많은 노력을 하고 있다.

사람의 몸매에 해당하는 것이 점포의 형태이다. 우리나라는 OECD국가 중 비만율이 가장 낮은 나라에 속한다. 우리나라 사람들은 대부분 정상의 몸매를 갖고 있다. 점포 또한 대부분의 형태가 직사각형의 형태를 띠며 몸짱에 해당하는 불규칙형매장, 마름모매장은 많지 않다.

대부분 매장들은 직사각형 매장으로 공간 활용도 면에서 죽는 공간이 없이 최적으로 활용이 가능하다. 'ㄴ'자형 매장은 전면이 좁고 내부가 넓은 매장으로 전면이 답답해 보이는 매장이다. 직사각형이 아닌 매장형태 중 유일하게 'ㄱ'자형은 장점이 많은 매장이다. 전면이 넓고 안으로 좁아지는 매장으로 전면의 가시성이 좋아 고객의 눈에 잘 띄는 매장이다.

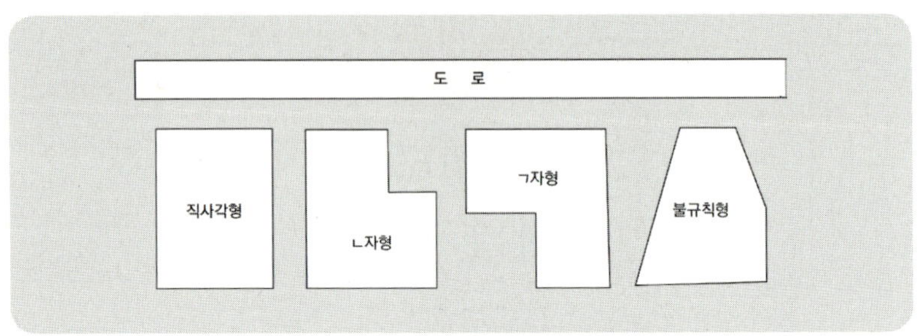

▲ 매장의 형태

불규칙형 매장은 매장 내에 죽는 공간이 발생하는 경우가 많다. 같은 20평의 매장이라면 직사각형의 형태는 10개의 테이블을 설치할 수 있지만 불규칙한 매장은 1~2개 정도의 테이블 수가 빠지게 된다.

같은 평수의 매장이라고 해도 매장의 형태에 따라 테이블 개수와 배치는 차이가 난다. 불규칙한 매장의 형태는 인테리어 도면을 작성할 때 공간 활용도가 낮은 단점이 있다. 하지만 경우에 따라서는 인테리어를 할 때 맹지를 응용한 디자인을 잘 잡는다면 차별화된 공간으로 만들 수도 있다. 그렇기 때문에 불규칙한 매장형태는 인테리어 도면을 작성할 때 세심한 주의가 필요하다.

같은 평수의 매장도 점포의 형태에 따라 활용도가 다르므로 매장을 계약하기 전 매장을 꼼꼼히 살펴봐야 한다.

> "같은 평수의 매장이라도 매장의 형태에 따라 테이블 개수와 배치는 차이가 난다."

071

인테리어는 성형수술이다

　요즘 쌍꺼풀 수술은 성형 축에도 못 낀다고 한다. 눈, 코, 가슴, V라인, 지방흡입, 양악수술, 이마성형, 안면윤곽 등 헤아릴 수 없을 정도로 많은 성형수술이 있다. 우리나라 성형수술의 발전과 더불어 성형미인도 넘쳐나고 있다. 특히 요즘 나오는 여자 연예인들을 보면 같은 성형외과 출신인지 너무 비슷하다.

　그럼 성형수술이 나쁜 것일까? 꼭 나쁘지만은 않다. 자신감 회복도 될 것이고 못생긴 채 사는 것 보다는 예쁜 얼굴로 사는 것이 세상을 살아가는 데 분명히 유리하다. 성형 중독이 되면 안 되겠지만 자신감 회복수준의 성형수술은 괜찮다고 생각한다.

　창업에서 성형수술은 인테리어에 해당한다. 차별화된 인테리어, 고급스러운 인테리어, 실용적인 인테리어 등 아이템에 따라 콘셉트를 잡게 된다. 기존 매장의 시설을 그대로 살려 매장을 운영할 수도 있지만, 대부분 장사가 안 되던 매장을 인수하여 재창업하는 것이기 때문에 조금이라도 인테리어를 하게 된다.

인테리어는 목공사, 조적공사, 전기공사, 도장공사 등 매장을 오픈하기 위하여 공사하는 전 부분을 통칭하여 말한다. 이 모든 공사를 할 수 있는 비용을 평수로 나눠 평당 인테리어 단가를 책정한다. 평당 100만 원, 평당 150만 원 등으로 계약하여 진행한다. 평당 얼마의 가격이 적정한가는 없다. 인테리어를 해야 하는 업종에 따라, 평수에 따라, 수준에 따라 천차만별이다. 자신이 창업하려는 아이템에 따라 인테리어의 수준을 결정해야 한다.

창업을 하는 데 있어서 인테리어는 결코 빠질 수 없는 중요한 요소이다. 하지만 인테리어는 장사를 좀 더 잘하기 위한 플러스 요인일 뿐이다. 상권과 입지는 C급이고 음식맛이 형편없는데 인테리어만 잘했다고 손님이 오는 것은 아니다.

좋은 인테리어란 창업아이템과 맞는 분위기와 실용성을 동시에 갖춰야 한다. 3,000원짜리 자장면집에 평당 300만 원의 고급스러운 인테리어를 하는 것은 사치이다. 저가 자장면집은 평당 인테리어비용을 최소화하면서 실용성에 중점을 둔 인테리어를 꾸미는 것이 좋다. 하지만 와인 바를 운영한다면 인테리어 비용을 무조건 싸게 한다고 좋은 것은 아니다. 와이 바를 찾는 고객들이 원하는 일정수준 이상의 격을 맞춰야 한다.

다음의 공정표는 주방공사부터 홀공사까지 전체 공사일정을 정리한 것으로 매장의 상황에 따라 공정이 빠지거나 늘어날 수도 있다.

공정	세부공정 및 공사일정
철거(기존시설물 제거)	1~2일차: 기존시설물 철거
목공(목재 관련공사)	3~8일차: 내부 목공사
	7~8일차: 외부 목공사
전기(전기, 조명 관련공사)	3~8일차: 배선공사, 배관공사
	18~19일차: 조명/콘센트공사
공조 설비(닥트 관련공사)	3~5일차: 후드 및 배급기 배관공사
	19~20일차: 후드 및 취부공사
금속(철재 관련공사)	5~6일차: 내·외부 금속공사
도장(페인트칠 관련공사)	9~13일차: 내·외부 도장공사
설비(배관, 수도 관련공사)	14~16일차: 배관, 방수, 양생공사
	15~16일차: 수전공사, 온수기설치
유리(유리 제품 공사)	9~10일차: 유리공사
타일(주방 등 타일공사)	17-18일차: 타일, 메시 공사
홀바닥(홀 바닥을 꾸미는 공사)	21-22일차: 홀 바닥공사
가스(주방가스 관련공사)	19일차: 가스공사
	26일차: 가스허가
냉난방(냉난방기 관련공사)	4-5일차: 냉난방기공사
	22일차: 냉난방기 설치
간판(간판의 설치 및 허가)	23일차: 간판공사
가구(의자, 탁자 관련공사)	24일차: 의자, 탁자 입고
음향/영상(TV, 오디오 공사)	4-5일차: 음향/영상배선
	24일차: 오디오, TV 설치
주방(주방집기 입고)	25일차: 주방기구 설치
D/P(디스플레이 공사)	26일차: D/P, 실내장식물 설치
전기증설	9일차: 전기증설 신청
	16일차: 전기증설 시설
	23일차: 전기증설 검사
정리/점검(공사 마무리)	27일차: 준공청소
	28일차: 최종점검
매장 오픈(인테리어 완료)	29일차: 매장오픈

▲ 인테리어 공사일정

제4절

점포개발의 법칙

점포는 너무 급하게 찾아서도 안 되지만, 너무 많은 조건을 따져서는 영원
히 못 찾을수도 있다.

072

점포 몇 개나 봐야 할까?

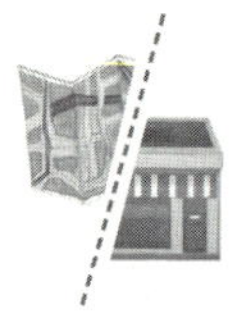

막상 창업을 결심하고 점포를 구하려면 어떻게, 누구한테 구해야 하는지 책에 나와 있지도 않다. 지인에게 물어 봐도 속 시원하게 대답해주는 사람은 없다. 그래도 용기를 내서 부동산을 찾아가면 마음에 드는 점포는 상상을 초월하는 금액을 달라 하고, 금액에 맞는 점포는 장사가 전혀 될 것 같지도 않다. 그래서 많은 창업자들이 점포구입단계에서 창업을 포기하는 하는 경우가 많다.

점포를 구하는 것은 창업 준비 단계 중 가장 힘든 부분이다. 하지만 많은 창업자들은 앉은 자리에서 천사가 나타나 좋은 점포를 저렴하게 얻어주길 바란다. 좋은 점포는 앉아서는 얻을 수 없다. 현장을 발이 부르트도록 돌아다녀야만 나에게 맞는 점포를 얻을 수 있는 것이다.

필자가 만난 어떤 분은 점포를 구하기 위해 1년 동안 무려 1,000개의 매물을 보고 다닌 사람도 있다. 그렇게까지 무리하진 않더라도 좋은 점포를 얻기 위해선 발품을 팔아야 한다.

　점포를 구하는 기간은 우선 1~3개월 정도가 적당하다. 기간이 더 길어지면 창업을 포기하거나 마음이 조급해지고 힘들어서 아무 점포나 선택하는 경우도 있다. 1~3개월 동안 희망하는 5~10개 상권을 선정하여 각 상권마다 10개의 점포는 봐야 한다. 그렇게 현장을 다니다 보면 상권과 입지를 보는 눈이 생기게 된다. 그리고 2~3개월째가 되면 점포의 장·단점을 알 수 있고 나에게 맞는 점포가 눈에 들어오게 된다. 1~3개월 동안 5~10개의 상권에 50~100개의 점포를 본다는 생각으로 점포를 찾는다면 꼭 성공하는 점포는 아니더라도 최소한 망하는 점포를 선택하지는 않을 것이다. 물론 무조건 50~100개의 점포를 보라는 것은 아니다. 점포를 찾기 시작하자마자 놓치기 아까운 점포를 찾을 수도 있다.

　점포를 선정하는 것은 결혼 상대를 만나는 것과도 같다. 어렸을 때는 사람만 좋으면 결혼하고 싶지만, 나이가 들수록 조건을 따지게 된다.
　점포를 선정하는 것도 처음에는 가격이 싸거나, 유동인구가 많거나 하는 단순한 것에 끌리지만 시간이 지날수록 이것저것 원하는 조건이 많아지게 된다.

　세상살이가 그렇듯 적당한 것이 좋은 것 같다. 20대 초반의 어린 나이에 아무것도 모르고 결혼해서 고생하는 것도, 마흔이 다되도록 눈만 높아 결혼을 못하는 것도 좋게 보이지 않는다. 적당한 나이에 자신과 맞는 상대자를 찾아야 한다. 점포는 너무 급하게 찾아서도 안 되지만 너무 많은 조건을 따져서는 영원히 못 찾을 수도 있다.

073

점포를 얻으려면
얼마가 있어야 할까?

초보창업자들의 경우 점포구입비용이 얼마나 들어가는지 모르는 사람들이 가끔 있다. 간단하게 설명하면 점포구입비용은 보증금 더하기 권리금이다. 만약 보증금 2,000만 원, 월세 100만 원, 권리금 3,000만 원의 점포가 있다면 그 점포를 얻는 데 총 5,000만 원의 비용이 든다. 월세는 점포를 유지하는 비용이지 구입하는 비용은 아니다. 생활정보 신문을 보면 보증금 2,000만 원, 월세 100만 원, 합 5,000만 원이란 광고가 있다. 이런 경우 권리금은 합 금액인 5,000만 원에서 보증금 2,000만 원을 뺀 3,000만 원 이란 뜻이다.

점포구입비용 = 보증금 + 권리금

▲ 점포구입비용

점포를 찾다보면 물건마다 보증금, 월세, 권리금이 다르기 때문에 어떤 점포가 과연 더 저렴한 점포인지 판단하기 어렵다.

① 보증금 2,000만 원, 월세 100만 원, 권리금 3,000만 원

② 보증금 4,000만 원, 월세 120만 원, 권리금 2,000만 원

③ 보증금 1,000만 원, 월세 140만 원, 권리금 3,000만 원

④ 보증금 5,000만 원, 월세 150만 원, 권리금 1,000만 원

▲ 보증금과 월세의 전환

①부터 ④까지 점포마다 점포를 얻는 합계 금액은 5,000~6,000만 원이다. 만약 똑같은 입지라면 당신은 어떤 점포를 선택하겠는가? 정답이 없지만 그동안의 경험을 바탕으로 문제를 풀어 본다면 보증금과 월세는 1:100으로 전환된다.

1:100으로 전환된다는 것은 보증금 1,000만 원과 월세 10만 원이 같은 금액으로 환산된다는 것이다. 보증금 2,000만 원, 월세 110만 원의 점포와 보증금 3,000만 원, 월세 100만 원의 점포가 같은 임대조건이다.

하지만 창업자에 따라 자금이 여유로운 사람이라면 보증금이 많아도 월세가 저렴한 매장을 선호하고, 자금이 없는 사람이라면 월세가 높더라도 보증금이 저렴한 점포를 선호한다.

권리금은 워낙 복잡한 금액이라 딱 잘라 말할 수는 없지만, 권리금과 보증금은 1:1.5~2 정도의 금액으로 비교할 수 있다.

권리금 1,000만 원이 보증금 1,500만 원~2,000만 원과 비슷하게 계산해 볼 수 있다. 가중치 없이 실제 점포를 얻는 비용은 아래와 같다.

① 보증금 2,000만 원, 권리금 3,000만 원, 합계금액 5,000만 원
② 보증금 4,000만 원, 권리금 2,000만 원, 합계금액 6,000만 원
③ 보증금 1,000만 원, 권리금 4,000만 원, 합계금액 5,000만 원
④ 보증금 5,000만 원, 권리금 1,000만 원, 합계금액 6,000만 원

▲ 다양한 임대조건 예

1. 실제 점포구입비용

① 5000만 = ③ 5,000만 원 > ② 6,000만 원 = ④ 6,000만 원

실제 점포구입비용은 ①번과 ③번이 5,000만 원이고, ②번과 ④번이 6,000만 원이다.

그럼 가중치를 적용하면 어떨까? 사람에 따라 가중치가 다르기 때문에 꼭 맞는다고는 할 수 없지만 위에서 제시한 권리금과 보증금을 1:1.5의 비율과 1:2의 가중치를 적용해서 계산하면 아래와 같다.

2. 가중치(1.5)를 적용한 금액

① 보증금 2,000만 원, 권리금 3,000만 원, 실제점포구입금액=5,000만 원 ➡ 보증금2,000만 원+(권리금3,000만 원×1.5)=6,500만 원
② 보증금 4,000만 원, 권리금 2,000만 원, 실제점포구입금액=6,000만 원 ➡ 보증금 4,000만 원+(권리금 2,000만 원×1.5)=7,000만 원
③ 보증금 1,000만 원, 권리금 4,000만 원, 실제점포 구입금액=5,000만 원 ➡ 보증금 1,000만 원+ (권리금 4,000×1.5)=7,000만 원
④ 보증금 5,000만 원, 권리금 1,000만 원, 실제점포 구입비용=6,000만 원 ➡ 보증금 5,000만 원+(권리금 1,000만 원×1.5)=6,500만 원

권리금에 1.5를 가중치로 넣어 계산해보면 아래와 같다.

① 6,500만 원, ④ 6,500만 원 > ② 7,000만 원, ③ 7,000만 원

3. 가중치(2)를 적용한 금액

① 보증금 2,000만 원, 권리금 3,000만 원, 실제점포구입금액=5,000만 원
➡ 보증금2,000만 원+(권리금3,000만 원×2)=8,000만 원

② 보증금 4,000만 원, 권리금 2,000만 원, 실제점포구입금액=6,000만 원
➡ 보증금 4,000만 원+(권리금 2,000만 원×2)=8,000만 원

③ 보증금 1,000만 원, 권리금 4,000만 원, 실제점포 구입금액=5,000만 원
➡ 보증금 1,000만 원+(권리금 4,000×2)=9,000만 원

④ 보증금 5,000만 원, 권리금 1,000만 원, 실제점포 구입비용=6,000만 원
➡ 보증금 5,000만 원+(권리금 1,000만 원×2)=7,000만 원

권리금에 2를 가중치로 넣어 계산해보면 아래와 같다.

④ 7,0000만 원 > ① 8,000만 원 = ② 8,000만 원 > ③ 9,000만 원

실제 점포구입비용
① 5000만 원 = ③ 5,000만 원 > ② 6,000만 원 = ④ 6,000만 원

권리금에 1.5를 가중치를 곱한 점포구입비용
① 6,500만 원, ④ 6,500만 원 > ② 7,000만 원, ③ 7,000만 원

권리금에 2를 가중치를 곱한 점포구입비용
④ 7,000만 원 〉 ① 8,000만 원 = ② 8,000만 원 〉 ③ 9,000만 원

▲ 실제 점포구입비용과 가중치별 점포구입비용

월세와 권리금의 가중치는 사람에 따라 다르게 계산할 수 있다. 위 표에서는 월세의 가중치를 적용하지 않았는데 월세의 가중치를 적용하면 더욱 복잡해진다. 본인의 자금여력과 생각에 따라 가중치를 다르게 접목시켜 점포의 금액을 책정할 수가 있다.

074

보증금과 월세전환
이렇게 한다

남녀가 만나다보면 결혼에 골인하는 경우도 있지만, 대부분은 결혼까지 못가고 중간에 헤어지게 된다. 그럼 연애 중에 서로에게 사준 물건은 돌려받을 수 있을까? 제비나 꽃뱀처럼 상대방의 재물을 뺏으려 하지 않았던 이상 사실상 돌려받기는 어렵다. 그럼 망한 가게에서는 자금을 얼마나 회수할 수 있을까? 만약 보증금 3,000만 원, 월세 120만 원, 권리금 2,000만 원, 시설비 3,000만 원을 투자해서 창업했을 경우 확실하게 회수할 수 있는 금액은 얼마일까?

건물주에게 맡겨놓은 보증금 3,000만 원이 유일한 금액이다. 보증금은 임대인이 임차인에게 담보로서 받아놓는 금액으로 기간이 도래하여 매장을 나올 때 다시 받을 수 있다. **창업자금 중 원금을 회수할 확률이 가장 높은 금액이 보증금이다.** 하지만 보증금은 많은 창업비용 중 가장 활용도가 낮은 금액이다. 보증금은 큰 위험 부담 없이 돌려받을 수 있지만 이자가 붙는 금액 또한 아니다. 10년이 지나도 똑같은 돈밖에 못 받는다. 보증금의 적당한 금액이 창업자금의 몇 %라고 단정 짓는 것은 어려우나 대략적으로 투자금액의 20~30% 내외가 대부분이다.

보증금과 월세는 전환될 수도 있다. 같은 임대조건이라면 보증금이 많을수록 월세가 저렴해지고 보증금이 낮을수록 월세가 높아진다. 보증금과 월세의 전환은 1부, 1.5부, 2부 등의 환산치를 적용한다. 1부는 보증금 1,000만 원을 월세로 전환하면 10만 원이 되고 1.5부로 전환하면 15만 원, 2부로 계산하면 20만 원이 된다.

예를 들어 보증금 5,000만 원에 100만 원의 임대조건을 보증금은 3,000만 원으로 줄인다면 1부로 전환 시 보증금 2,000만 원 상당의 금액에 1%를 곱한 금액 20만 원의 월세가 오른다. 즉 보증금 3,000만 원에 월세 120만 원의 금액이 되는 것이다. 1.5부로 계산하면 보증금 3,000만 원에 월세 130만 원, 2부 계산은 3,000만 원에 140만 원이 된다.

반대로 보증금 3,000만 원에 월세 120만 원의 점포를 보증금을 5,000만 원으로 올릴 때는 1부로 계산하면 보증금 2,000만 원에 1%를 곱한 20만 원이 월세로 전환되어 보증금 5,000만 원에 월세 100만 원이 된다. 1.5부로 계산하면 보증금 5,000만 원에 월세 90만 원이 되고 같은 계산으로 2부를 계산하면 보증금 5000만 원에 월세 80만 원이 된다.

1부 계산 보증금 1,000만 원×1/100= 월세 10만 원

1.5부 계산 보증금 1,000만 원×1.5/100= 월세 15만 원

2부 계산 보증금 1,000만 원×2/100= 월세 20만 원

▲ 보증금과 월세의 전환

재미있는 것은 건물주들은 그들만의 계산 방식이 있다는 것이다. 건물주들의 계산방식이란 보증금을 줄여 월세를 인상할 때는 2부로 계산을 해서 보증금 5,000만 원에 월세 100만 원의 점포의 보증금을 2,000만 원 줄인다면 보증금 3,000만 원에 월세 140만 원으로 계산한다.

반대로 보증금을 늘리고 월세를 줄일 때는 1부로 계산을 한다. 보증금 2,000만 원에 상당하는 금액에 1/100를 곱한 20만 원을 줄여준다. 그렇게 해서 보증금 7,000만 원에 월세 80만 원의 점포를 만드는 것이다.

같은 2,000만 원의 금액을 건물주는 보증금을 월세로 전환할 때는 2부로 계산해서 40만 원을 인상하지만 월세를 줄일 때는 1부로 계산해서 20만 원의 금액만을 내려 준다.

대부분의 건물주들은 위와 같은 건물주만의 계산법을 즐겨 사용한다. 창업자의 입장에서는 반대의 계산법을 적용하고 싶지만 건물주는 창업자에게는 절대적 강자이기 때문에 그들 건물주의 계산법으로 끌려가는 것이 현실이다. 보증금과 월세의 비율로 건물주의 자금사정을 예측할 수 있다. 자금 사정이 넉넉한 건물주는 보증금보다는 월세를 더 많이 받으려 하고, 자금 사정이 안 좋은 건물주는 월세보다는 보증금을 더 받으려는 경향이 있다.

또한 보증금은 권리금을 받는 데도 영향을 미친다. 똑같은 조건의 점포라고 해도 보증금 3,000의 점포와 보증금 1억의 점포는 권리금을 받을 수 있는 금액이 다르다. 창업자의 투자금액이 한정된 상태에서 똑같이 권리금이 5,000만 원이라면 보증금 3,000만 원의 점포는 총 8,000만 원의 투자금액이 필요하지만 보증금 1억의 점포는 총 1억 5,000만 원의 투자금액이 들어간다. 그만큼 보증금에 따라 외부조건이 같다면 받을 수 있는 권리금은 상당한 차이가 난다.

075

월세 100만 원에 계약했는데
실제는 130만 원을 낸다

초보창업자들은 무심코 월세 100만 원에 계약을 했는데 실제로 내는 월세는 130만 원인 황당한 경우도 있다. 왜 이런 일이 일어날까? 이유는 점포마다 관리비와 부가세가 있기 때문이다.

관리비란 건물청소비, 건물공용 전기료 등을 말한다. 건물에 따라 다르지만 5층 이상 엘리베이터가 설치된 건물은 대부분 관리비가 책정되어 있고, 5층 이하의 엘리베이터가 설치되지 않은 건물은 관리비가 없는 편이다. 관리비는 계약평수로 계산하며 평당 얼마씩 건물주가 책정한다. 예를 들어 계약평이 20평인 매장을 임차했고, 관리비가 평당 10,000원이 책정되었다면 임차인은 매달 관리비로 20만 원을 내야한다. 관리비가 따로 없는 매장이라면 월세 100만 원만 내도 되지만 관리비가 책정되어 있다면 120만 원을 내야하는 것이다. 예비창업자들은 점포를 계약하기 전 꼭 관리비가 포함된 금액인지 별도인지를 확인해야 한다.

그리고 관리비가 책정되어 있다면 정확한 관리비의 사용처를 알아야 한다. 대부분은 단순히 건물청소비와 공용전기사용료, 관리인 인건비 명목으로 책정된다. 하지만 매장에 따라 수도요금, 전기요금, 가스요금, 보안업체요금 등이 포함된 경우도 있다. 단순히 청소비용으로 관리비를 받는다면 그냥 월세라고 보는 것이 맞다.

또한 부가가치세가 포함된 월세인지 별도로 책정된 월세인지를 알아야 한다. 월세가 100만 원이라면 부가가치세가 별도인 점포는 월세를 낼 때 월세의 10%인 10만 원을 더 내야 하고 부가세가 포함된 점포는 100만 원만 내면 된다. 물론 일반과세자라면 부가세는 다시 돌려받는 금액이지만 당장 창업자의 호주머니에서 나가는 돈이기 때문에 부담스러운 금액이다.

아래처럼 A점포와 B점포 모두 부동산업체에서 월세가 100만 원이라고 소개받았다. 하지만 실제 내는 월세는 다를 수 있다.

A점포 20평	B점포 20평
월세: 100만 원 관리비: 없음 부가세: 월세 포함 실제 월세: 100만 원	월세: 100만 원 관리비: 평당 만 원(20만 원) 부가세: 별도(10만 원) 실제 월세: 130만 원

▲ 관리비와 부가세에 따른 월세의 차이

위처럼 A점포와 B점포는 똑같이 부동산에서 월세가 100만 원이라고 소개받았지만 실제로 내는 금액은 30만 원이란 차이가 발생한다.

076
적당한 승용차와 같이
적당한 월세도 있다

남자들은 누구나 성능 좋고 비싼 고급 수입차를 타길 원한다. 하지만 누구나 고급 수입차를 탈 수는 없다. 실제로 공짜로 고급 수입차를 타고 다니라고 줘도 못 타는 사람도 많다. 고급 수입차는 보험료, 기름값, 수리비 등 한 달 월급과 맞먹는 차량 유지비 때문에 아무나 끌고 다닐 수 없다.

월세도 마찬가지다. 창업아이템과 매출에 따라 월세를 감당할 수 있는 수준이 있다. 권리금이 없다고 월세가 비정상적으로 비싼 점포를 얻어서는 남는 것이 없다. 장사해서 건물주에게 갖다 주는 꼴이 되기 쉽다. 그렇다고 무조건 월세가 싼 점포만을 고집해서도 안 되고 적당한 월세의 수준을 알아야 한다.

순수익은 매출에서 재료비와 유지비를 뺀 금액으로 볼 수 있다.

▲ 월 순수익의 계산

외식업은 일반적으로 '식재료비:유지비:순이익'이 '1:1:1'의 비율로 나타난다. 식재료비는 음식재료, 야채, 주류 등 음식을 만드는 데 소요되는 금액이다. 유지비는 임대료, 인건비, 전기세, 수도세 등 점포를 유지하는 비용이다. 순이익은 매출에서 식재료비와 유지비를 빼고 사장이 갖는 실제 수익이다.

일 매출 100만 원 가정 했을 때 월 매출은 3,000만 원이다. 대부분 음식점은 식재료비가 30~35%사이를 차지해서 월 1,000만 원 가량 지출된다. 식재료비는 매출에 비례하여 증가하고 줄어든다. 장사가 잘 되면 식재료비가 비율대로 늘어나고, 안 된다면 비율대로 줄어든다.

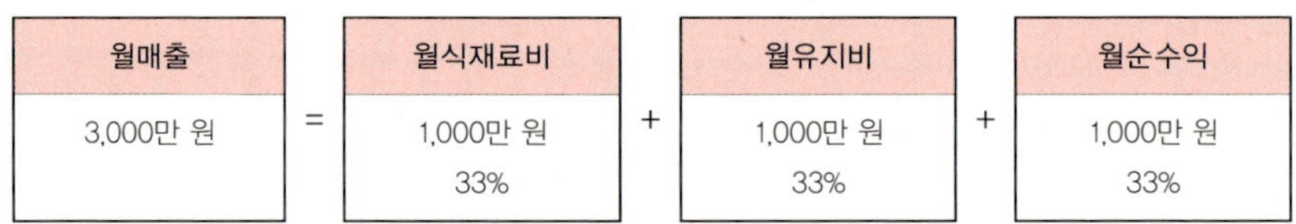

▲ 월매출과 식재료비, 유지비, 순수익

위의 비율대로 계산한다면 유지비는 1,000만 원이 된다. 일 매출 100만 원의 요식업소는 주방 2명은 250만 원, 홀 3명은 250만 원 정도 인건비가 든다. 그리고 전기세, 수도세 등 유지비용은 100~150만 원 내외이다. 그래서 월세에 해당되는 부분이 300~350만 원이 책정된다.

위 비율대로 계산하면 외식업은 월세가 3~4일치 매출과 같아야 한다. 그러니까 월세 300~400만 원이라면 일 매출이 100만 원이 나와야 적당한 금액이다. 월세 150~200만 원의 점포라면 일 매출이 50만 원은 올라줘야 한다. 식재료비나 인건비는 매출에 따라 유동적으로 조정할 수 있다. 하지만 월세는 장사가 잘 된다고 더 주는 것도 아니고 안 된다고 덜 낼 수 있는 것도 아니다. 그렇기 때문에 처음부터 월세가 적당한 수준인지 판단을 해야 한다.

점포를 계약하기 전 월세가 300만 원이라면 일 매출이 100만 원이 될 수 있는 점포인지를 계산해야 한다. 월세 300만 원의 점포에서 일 매출 50만 원이 나온다면 돈 벌기 힘든 매장이다. 하지만 월세 300만 원의 점포에서 일 매출 200만 원이 나온다면 대박 매장이 되는 것이다.

> "일반적인 외식업은 3~4일치 매출로 월세를 낼 수 있어야 한다."

077

여자는 남자를 속이고,
가게주인은 매출을 속인다

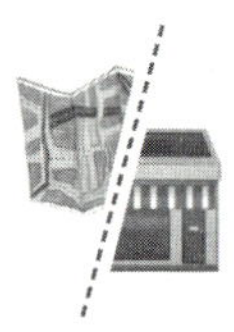

여자들이 자주하는 내숭으로는 '어머, 바퀴벌레!', '다리 아파서 못 걷겠어', '여자도 담배를 피워요?', '번데기 냄새, 너무 역겨워', '이렇게 쓴 소주를 어떻게 마셔' 등이 있다고 한다. 하지만 여자의 내숭은 무죄라고 한다. 남자 또한 여자의 내숭을 알면서도 모른 척 속아 넘어가 주기도 한다.

가게주인들도 여자들처럼 내숭을 떤다. 하지만 가게주인들의 내숭은 속아줄 수가 없다. 그들의 첫 번째 내숭은 매출을 속이는 것이다. 대부분 한 달 중에 가장 많이 나온 날의 매출을 평균매출인양 예비창업자에게 말한다. 가끔 초보창업자들의 경우 곧이곧대로 믿고 점포를 계약해서 낭패를 보기도 한다.

프랜차이즈가맹점을 창업하려는 사람들은 아이템이 바뀌기 때문에 기존 매장의 매출은 중요하지 않다. 하지만 기존시설과 업종을 그대로 인수해서 오픈하려는 사람들은 문제가 될 수 있다.

단순히 매물주의 말만 믿고 매출을 확신해서는 안 된다. 가끔 매출 장부까지 속여 보여주는 사람들도 있다. 장사를 해본 경험자들은 매장의 매출을 대략적으로는 파악할 수 있다. 그러나 초보창업자들은 테이블단가, 회전율을 생각해서 매출을 판단하기는 어렵다. 그냥 단순히 테이블에 사람만 있으면 장사가 잘 된다고 판단한다. 초보자들이 생각하는 것보다 대부분의 매장들은 매출이 저조한 편이다.

두 번째 내숭은 점포매매사유를 속이는 것이다. 점포매물 중 열에 여덟은 장사가 안 돼 내놓은 것이다. 하지만 대부분의 매물주는 몸이 아파서라고 말한다. 그 말을 믿는다면 우리나라 자영업자들은 반 이상이 몸이 아픈 사람들이다. 그 다음으로 이민, 이사 등을 말한다. 매매사유에 따라 협상방법은 달리 할 수 있다. 정말 사정이 있어 급매로 나온 물건이라면 쉽게 권리금을 깎을 수 있는 기회가 될 수 있다.

세 번째, 건물주에 대한 평가이다. 대부분의 매물주는 건물주가 까다롭고 문제가 있어서도 사람 너무 좋다고 얘기한다. 실제로 까다롭고 문제가 있는 건물주라고 해도 세입자는 물건을 내놓을 때는 문제가 있다는 것을 숨기려한다. 건물주의 성향을 정확히 알려면 물건을 내놓은 점포주 말고 같은 건물 내에 있는 상인들에게 물어보는 것이 정확하다.

기존 가게 주인의 말은 50%만 믿으면 된다. 점포를 내놓은 가게 주인은 자신의 가게를 좋게 얘기하는 것이 당연하다. 그 말을 가려서 들어야 하는 것은 창업자의 몫이다.

078

특이한 여자가 있듯
특이한 임대조건도 있다

　세상을 살다 보면 별난 사람들을 만나게 된다. 특히 TV프로그램 '순간 포착 세상에 이런 일이'란 프로그램을 보면 정말 다양한 사람들이 함께 살고 있음을 느낀다. 특이한 식성, 특이한 외모, 특이한 행동 등 결코 평범하지 않은 재미있고 신기한 사람들이 많이 있다. 세상살이에도 특이한 사람들이 있듯 임대상황도 특이한 경우가 있다. 평범한 임대조건은 일정한 면적을 빌리고 그 대가로 보증금과 월세를 건물주에게 지불하는 형식이다. 흔히 말하는 보증금 3,000만 원에 월세 100만 원으로 대표되는 형태이다. 특이한 임대상황이란 이런 조건이 아닌 다른 조건으로 임대조건이 결정되는 매장들이다.

　첫째, 수수료 매장이 있다. 수수료 매장이란 점포를 임대하는 대가로 판매 금액의 일정 비율을 건물주에게 주는 형태이다. 흔히 백화점이나 쇼핑몰처럼 대형 상가의 일정부분을 임대하는 경우가 해당된다. 장점으로는 임대료를 판매금액에 대비하여 지불하기 때문에 초기 부담이 덜하다는 것이다. 하지만 단점으로는 판매금액 대비 수수료율이 대부분 높게 설정되어 있어 매장운영에 많은 부담을 준다는 점이다.

　둘째, 흔히 전 전세나 전대 매장이라고 말하는 매장이 있다. 기존 점포운영주가 다시 재임대를 놓는 매장이다. 전대를 하는 방법도 매장 전체를 얻는 경우와 매장 일부분만을 얻는 경우가 있다.

　매장전체를 재임대를 받는 경우는 기존시설을 그대로 사용하여 장사를 대신하는 것이다. 일정면적을 전대 받는 경우는 기존 매장은 그대로 운영하면서 일정공간을 다른 업종으로 세를 받는 것이다.

　전대의 장점은 적은 금액으로 점포를 운영할 수 있는 것이고, 단점으로는 전체 전대는 대부분 매출이 부진한 점포가 많고 부분 전대의 경우는 기존 매장에서 전대를 잘 안 준다. 주의해야 할 것은 전대는 건물주의 승낙을 받아야 하는데 건물주 승낙 없이 점포주 임의대로 전대를 하는 경우가 있다. 그럴 경우 건물주와 분쟁의 소지가 있으며, 점포소유권 또한 기존 점포주가 갖고 있고 전대소유주는 권한이 없다.

　셋째, 깔 세 매장이라는 단기 임대매장이 있다. 깔 세 매장은 보증금 없이 몇 달치의 월세를 한 번에 지불하고 월세만큼의 기간 동안 장사를 하는 것이다. 흔히 보는 '공장부도 바지 5,000원' 등을 판매하는 땡 처리 물건을 파는 곳이다.

　특이한 사람이 나쁜 사람이 아니듯, 특이한 임대조건도 나쁜 매장은 아니다. 단지 자신의 상황에 맞는 임대 형태인지 따져 보고 선택하면 된다.

079

장사 잘하는 가게주인과
못하는 가게주인

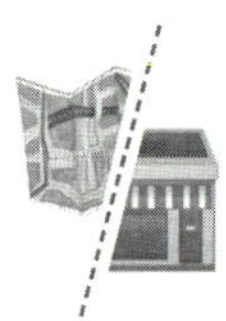

'갑' 점포는 A급지에 30평 식당을 운영하고 있으며 일 매출 50만 원을 올리고 있고 '을' 점포는 B급지의 30평에서 일 매출 100만 원을 올리고 있다고 생각해보자.

'갑' 점포
A급지, 30평
일매출 50만 원

'을' 점포
B급지, 30평
일매출 100만 원

▲ 갑과 을 점포 비교

두 점포는 30평 식당이라는 것이 동일하고 '갑'의 점포는 A급지에 위치하여 일 매출이 50만 원, '을'의 점포는 B급지에 위치하여 일 매출이 100만 원이다. 두 점포가 같은 임대조건과 권리금으로 매물로 나왔다면 어떤 점포가 좋은 점포일까?

‘갑’의 점포가 좋은 점포일 확률이 높다. B급지에서 일 매출 100만 원을 올리는 ‘을’ 점포는 점포주의 능력이 뛰어난 곳이다. 하지만 ‘을’ 점포를 새로 인수한다면 기존의 고객들은 떠나갈 가능성이 높다. 하지만 ‘갑’ 점포는 현재 일 매출 50만 원이라도 A급지에 있기 때문에 새로 인수해서 매출을 높일 가능성이 높다. 기존 점포주의 능력은 천차만별이다. 똑같은 입지라도 점포주의 능력에 따라 매출은 차이가 난다.

같은 점포라면 대부분 매출이 높으면 권리금을 높게 부르고, 매출이 낮으면 권리금을 낮게 부른다. 장사는 새로 들어오는 사람이 하는 것이다. 입지는 좋은데 장사수완이 없어 매출이 부진한 점포가 더 좋은 점포이다. 매물을 볼 때 점포주가 장사수완이 있는지 없는지를 판단해야 한다.

점포 입지는 좋은데 점포주가 장사를 못해서 권리금이 저렴하게 나온다면 좋은 기회가 될 수 있다. 특히 프랜차이즈 형태의 가맹점을 오픈할 때는 기존의 시설과 고객들을 승계하는 것이 아니므로 더욱 ‘갑’의 점포를 선택해야 한다.

하지만, 인수창업을 하는 경우는 고민할 필요가 있다. 기존시설과 메뉴를 그대로 운영할 경우 고객과 매출을 승계 받을 수 있기 때문에 ‘을’의 점포가 좋을 수도 있다. 하지만 점포 주인이 바뀌면 기존 단골 고객들이 떨어져 나갈 수 있기 때문에 철저한 판단이 필요하다.

기존 매장이 맛이 좋아서 손님이 많은 곳이라면, 기존 매장의 맛을 전수받을 수 있는지를 알아봐야 한다. 그리고 기존 매장 주인의 인맥이 넓거나 단골과의 유대 관계가 좋아서 오는 곳이라면 주인이 바뀌면 매출이 급락할 가능성이 높은 매장이다.

080

애인의 친구를 만나듯 주변 가게주인을 만나라

애인을 사귀게 되면 애인 친구들을 만나게 된다. 그들을 만나면 애인이 어떤 사람인지 좀 더 잘 알 수 있다. 끼리끼리 만난다고, 친구들이 모범생이면 애인도 모범생일 가능성이 높고, 노는 것을 좋아한다면 애인도 노는 것을 좋아할 가능성이 높다.

점포를 계약하기 전 애인의 친구를 만나듯 점포주변의 가게주인들을 만나 보는 것이 좋다. 그들은 해당 상권에 대해서는 창업컨설턴트, 프랜차이즈 본부직원, 부동산보다도 더 전문가이다.

점포를 계약하기 전 옆 점포가 식당이라면 점포가 한가한 시간에 들러 식사를 하면서 사장님에게 정중하게 인사를 한다. 주변상권이 어떤지, 해당 점포가 장사가 잘 되는지, 운영기간이 어떤지, 건물주가 어떤지, 주인이 자주 바뀌는 점포는 아닌지 세세하게 물어 봐야 한다. 물론 해당 점포주와 친분이나 이해관계에 따라 잘못된 정보를 제공하는 경우도 있다. 하지만 앞으로 이웃으로 함께 장사할지 모르는 사람에게 터무니없는 이야기는 하지 않는다. 주변 가게 주인들은 보다 객관적인 정보를 입수할 수 있는 중요한 경로이다.

주변의 같은 업종, 다른 업종 할 것 없이 5군데 이상 주변가게 주인들을 만나본다면 정확한 정보를 얻을 수 있다.

가끔 부동산을 통해 점포를 소개 받으면 점포주와의 이야기를 못하게 하는 경우가 있다. 점포주가 종업원이나 주변에 소문나는 것이 싫어한다는 이유로 이야기를 못하게 한다. 하지만 소개하는 사람 말만 믿지 말고 점포주와 직접 만나서 직접 매매사유, 매출 등 궁금한 것을 물어보고 확인하여야 한다. 점포주와 대화를 통해 점포의 문제점, 해결책을 찾아 볼 수도 있다.

대부분 부동산업체에서 점포주와 직접 못 만나게 하는 것은 부동산업체를 제외하고 계약서를 쓰거나 권리금을 높여 부른 것이 탄로 날까봐서이다. 하지만 창업자의 입장에서는 점포주와 만나서 알아볼 것은 알아봐야 한다. 금액적인 부분보다는 영업이나 운영에 관하여 물어 보는 것이 좋고, 점포주의 성향을 파악하는 것이다. 점포주를 만날 때 점포가 마음에 들더라도 너무 마음에 드는 모습은 되도록 비추지 않는 것이 좋다. 창업자가 점포를 너무 마음에 들어 하는 것 같으면 권리금을 깎아 주기는커녕 오히려 더 올리는 경우도 있다.

가끔 부동산에서 권리금을 높게 부른 것 같고 부동산 수수료를 주기 싫어서 직접 협상하는 경우가 있다. 그 예로 B씨가 있었다. 커피숍을 인수하려는 의심 많은 초보창업자 B씨는 부동산에서 권리금 5,000만 원에 소개

받은 점포를 부동산을 제외하고 협상을 해서 권리금 7,000만 원에 계약했다. B씨가 가게주인을 직접 찾아가 권리금 협상을 시도했는데 점포주인은 권리금이 5,000만 원이 아니고 8,000만 원이라고 했다. B씨는 부동산에서 5,000만 원으로 들었다고 했으나 점포주인은 그 가격에 내놓은 적이 없다고 했다. 8,000만 원이면 하고 아니면 말라고까지 말했다. 점포가 너무 마음에 들었던 B씨는 점포 주인에게 사정해서 7,000만 원에 권리계약을 했다.

기존의 점포주들은 모두 선수다. 초보창업자의 머리 위에 있는 베테랑 장사꾼이란 말이다. 초보창업자가 점포를 마음에 들어 적극적으로 협상에 임한다면 초보창업자의 머리 위에서 권리금을 더 높게 협상하려 한다.

점포를 너무 마음에 들어 하면 오히려 매물주가 권리금을 올리는 경우도 있다. 점포주를 만날 때는 매장이 마음에 들더라도 너무 적극적으로 행동해서는 안 된다.

> "점포를 해약하기 전 애인의 친구를 만나듯 점포주변의 가게 주인을 만나는 것이 좋다."

081
건물주는
하나님과 동기동창이다

　요즘은 많이 달라졌지만 예전에는 군대 고참을 하나님과 동기동창이고 석가모니의 절친한 친구라고 했다. 군대에서는 군대 먼저 들어 왔다는 단 한 가지 이유로 학력, 재력, 집안 상관없이 고참 말이 맞고 고참이 뭐든 시키는 대로 해야만 했다. 고참한테 한 번 잘못 찍히면 그 고참이 제대할 때까지 피곤했다.

　임차인인 창업자들은 군대 졸병과 같고 건물주는 군대 고참 같은 관계이다. 매장을 운영하는 동안은 조금 아니꼽더라도 건물주와 좋은 관계를 유지해야 한다. 대부분의 점포형 창업자들은 매장을 얻을 때 권리금과 시설비를 투자하게 된다. 그런데 **건물주와 사이가 나쁘면 계약종료 후 권리금과 시설비를 하나도 챙기지 못하고** 나올 수도 있다.

　첫번째 사례로 강동구에서 제과점을 운영하던 J씨의 경우를 들어 보겠다. J씨는 제과점을 인수하여 2년간 매장을 운영하고 있었다. 처음 들어

올 때 권리금 5,000만 원을 주고 인수하여 그럭저럭 수익을 얻으며 운영했다. 하지만 처음 창업할 때 생각했던 것처럼 많은 돈을 벌지도 못했고 주변에 프랜차이즈 제과점들이 입점하면서 매출이 점점 떨어지고 있었다.

손해 보는 상황은 아니기 때문에 자신이 들어온 권리금보다 높은 권리금 8,000만 원에 점포를 내놓았는데 편의점을 생각하는 창업자가 권리금 8,000만 원에 매장을 인수하기로 했다. 권리계약을 작성하고 건물주와 임대차계약만 쓰면 J씨는 자신이 주고 들어온 권리금보다 많은 돈을 받고 나올 수 있는 기회였다. 하지만 문제는 건물주한테 일어났다. 2년 동안 운영하면서 건물주와 사이가 안 좋았던 것이 문제였다. 2년 동안 J씨와 건물주는 사소한 말다툼으로 인해 서로 인사도 안하는 사이였다.

건물주는 건물 내의 다른 매장들은 권리금을 받던 안 받던 문제 삼지 않았지만 유독 J씨에게는 계약기간이 끝나서 나갈 거면 기존시설을 다 철거하고 그냥 나가라고 했다.

새로운 임차인은 자신이 알아서 구할 것이니 그냥 나가라고 했다. 건물주는 J씨가 권리금을 받은 계약자에게 임대차계약을 안 써준다고 했다. 아무리 사정을 해봤지만 2년 동안의 감정으로 인해 건물주는 완강했다. 결국 J씨는 받은 권리금 8,000만 원을 되돌려주고 해약할수 밖에 없었다. 건물주와의 관계만 나쁘지 않았다면 충분한 권리금을 받고 나올 수 있었는데 권리금을 하나도 못 받고 나올 상황까지 온 것이다.

두 번째 사례로 서초구에서 커피전문점을 운영하던 P씨는 5년째 커피전문점을 성공리에 운영 중이었다. 매출도 안정되고 건물주 또한 사람이 괜찮아 평생할 줄 알았다. 하지만 문제는 5년 전 계약할 때 대학생이었던 건물주의 아들이 창업을 해야겠다는 것에서부터 시작됐다. 건물주 아들은 아버지의 건물 중에서 P씨의 매장에 오픈하길 원했다. 물론 P씨는 5년 동안 영업하면서 돈을 벌었다. 하지만 P씨의 매장은 권리금만 2억 가까이 받을 수 있는 매장이었다. 안타깝게도 P씨는 계약기간이 끝나 권리금을 전혀 못 받고 점포를 비워줄 수밖에 없었다.

권리금이 있고 시설비를 투자한 매장의 경우는 건물주와의 관계가 무척 중요하다. 건물주가 새로운 임차인에게 임대차계약을 안 해준다면 권리계약을 했어도 아무런 효력이 없다. 그만큼 건물주의 힘은 막강하다.

매장을 계약하기 전 건물주의 성품, 자녀관계, 건물매도 의향 등을 파악할 수 있으면 좋다. 물론 탐정도 아니고 건물주에 대해 모든 것을 알 수는 없다. 하지만 최소한 인수하려는 매물주 말고 주변의 부동산, 같은 건물 내의 임차인들에게 건물주의 성향을 알아보고 입점하는 것이 좋다. 그리고 건물주와는 항상 좋은 관계를 유지해야 한다. 건물주와의 관계가 나빠서는 좋을 것이 하나도 없다.

"건물주와 사이가 나쁘면 계약종료 후 권리금과 시설비를 하나로 챙기지 못하고 나올수도 있다."

082

여자의 마음처럼
복잡한 권리금

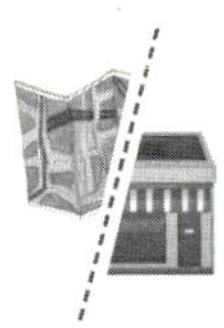

　권리금(權利金)의 사전적 의미는 일반적으로 용익권(用益權)·임차권(賃借權) 등의 권리를 양도하는 대가로 주고받는 금전이다. 건물의 임대차(賃貸借)에서 임대료나 보증금 외에 별도로 주고받는 금전을 말한다. 갑(甲)으로부터 점포를 임차하고 있는 을(乙)이, 그 임차권을 병(丙)에게 양도함에 있어서 그 양도의 대가로서 병이 을에게 지급하는 금전이 권리금이다.

　권리금을 간단하게 요약하면 기존의 점포 운영자가 새로운 점포 운영자에게 점포를 비워 주면서 받는 금액이다. 기존의 점포 운영자는 권리금을 받는 대가로 새로운 운영자가 점포를 넘겨받을 수 있도록 건물주와의 임대차계약을 도와주고, 기존의 시설 및 고객들을 다음 점포 운영자에게 승계함을 도와주는 것이다.

　권리금은 상인들 간에 묵시적으로 인정하는 금액으로 정해진 가격도 없고 법적으로 보장되는 금액도 아니다. 실체도 없는 금액이지만 점포를 구하다 보면 상권이 좋고, 입지가 뛰어난 점포에는 어김없이 붙어 있는 것이 권리금이다.

권리금을 판단하는 데 흔히들 1년간 영업하여 얻을 수 있는 순익으로 책정한다. 이는 상가임대차보호법이 적용되기 전 대부분의 임대차계약 기간을 1년으로 했기 때문에 최소한 계약기간동안 권리금을 회수해야 한다는 의미였다. 1년간 영업순익 정도의 권리금이란 참고사항이지 절대적인 금액은 아니다.

권리금을 책정하는 데 있어서 무수히 많은 부분을 참고해야 하며 정확한 답이 있는 것은 아니다. 대략적으로 권리금은 바닥 권리금, 영업 권리금, 시설 권리금, 기타 권리금의 합으로 생각할 수 있고 권리금에 영향을 미치는 요소로 임대료를 포함시킬 수 있다.

"권리금은 기존 점포 운영자가 새로운 점포 운영자에게 점포를 비워주는 대가로 받는 돈이다."

083
얼굴 값하는 남자,
자리 값하는 바닥 권리금

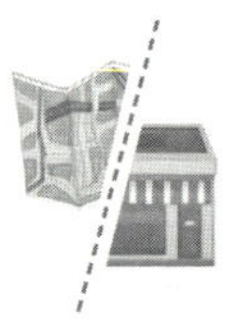

꼴값이란 말과 얼굴값이란 말이 있다. 꼴이란 대개 볼품없는 형상을 가리키는 말이다. 꼴값한다는 말은 그 꼴이라면 그 정도로 할 필요까진 없는데 자기 값을 넘어서 행동하는 것을 비꼬는 말이다. 얼굴값이란 잘난 것이 그 잘난 값을 채우느라 유난을 떨어 주변사람을 피곤하게 만든다는 말이다. 장난스럽게 말한다면 잘 생긴 남자가 바람나면 얼굴값을 해서 바람을 핀다고 하고, 못생긴 사람이 바람나면 꼴값 하네 라고 말한다.

바닥 권리금은 자리값을 뜻하는 것이다. 얼굴값은 눈이 크고, 코가 오똑하며 입술이 앵두 같다는 것의 값이고 자리값은 상권이 좋고, 유동인구가 많으며, 접근성이 좋고, 가시성이 좋은 것에 대한 값이다.

바닥 권리금은 상권과 입지에 따라 평균적으로 형성되어 있는 금액이다. 중심상권, 역세권, 주택가상권 등 상권에 따른 바닥 권리금은 시세가 존재한다. 바닥 권리금의 시세는 주변 점포들의 매매금액을 비교해서 형성된다. 입지가 비슷한 매장이 권리금 5,000만 원에 계약됐다면 내 점포도 비슷하게 권리금을 책정한다. 바닥 권리금 시세는 주변 매장들의 권리금과 비교하여 형성되는 것이 특징이다.

하지만 바닥 권리금이란 것이 부르는 게 값이라 매장마다 분명한 차이가 존재한다. 점포주의 상황에 따라 높거나 낮게 요구할 수 있다. 바닥 권리금은 호가의 가격과 실거래 가격이 많이 차이나는 편이다.

바닥 권리금은 점포를 넘겨주는 대가로 기존의 점포주에게 주는 금액으로 예비 창업자의 입장에서는 상당히 부담스러운 금액이다. 단순히 매장을 비워주는 대가로 돈을 줘야 한다는 것이 억울할 수도 있다. 하지만 거꾸로 생각하면 좋은 입지에 내가 점포를 운영하고 있다면 권리금 없이 내 매장을 줄 수 있을까? 바닥 권리금은 권리금을 구성하는 요소 중 가장 중요하며 금액으로도 가장 큰 부분을 차지한다. 바닥 권리금은 대부분 창업자들이 인정하기 때문에 점포를 매각할 때 다시 받을 가능성이 가장 높은 금액이다. 대부분 바닥 권리금은 주고 온 만큼은 받고 나갈 수 있다.

하지만 사랑이 변하는 것처럼 바닥 권리금도 변한다. 상권이 흥하느냐 망하느냐에 따라 변하는 것이다. 상권이 흥한다면 그 상권 내에서 장사하려는 사람들이 많기 때문에 바닥 권리금이 높아지고, 상권이 죽으면 그 상권 내에서 장사를 하려는 사람들이 적기 때문에 바닥 권리금은 낮아질 수밖에 없다.

084

사짜 직업의 남자,
장사 잘 되어 형성된 영업 권리금

사짜 직업의 남자는 결혼 1순위로 꼽힌다. 판사, 검사, 변호사, 회계사, 노무사, 의사, 한의사, 수의사 등 전문 자격증을 갖춘 남자들은 일반 남자들보다 여자들이 결혼 대상자로 선호한다.

여자들이 사짜 직업의 남자들을 선호하는 것은 기본적으로 똑똑하고 일정 이상의 사회적 지위와 수입을 갖고 있다고 판단하기 때문이다. 사짜 직업의 남자들은 자격사항을 갖춤으로써 보다 좋은 조건의 여자를 골라가면서 만날 수 있다. 영업 권리금이란 것이 사짜 직업의 자격증 같은 것이다. 기존 점포의 매출이 좋으면 창업자들이 점포를 탐내기 때문에 권리금을 더 받을 수 있다.

영업 권리금이란 기존 점포의 매출상황에 따라 매겨지는 금액이다. 같은 입지의 호프집이라도 일 매출 100만 원의 점포와 10만 원의 점포는 영업 권리금이 다르게 책정되어진다. 물론 매출이 높고 순익이 많이 나는 점포일

수록 더 높은 영업 권리금이 형성된다. 하지만 점포의 정확한 매출 산정이 어렵고 대부분의 기존 점포주들은 자기 점포의 매출을 일 년 평균매출보다는 가장 높게 나온 매출을 평균 매출인양 얘기하기 때문에 100% 믿어서는 안 된다.

영업 권리금은 프랜차이즈 가맹점 보다는 기존 점포의 업종을 그대로 인수하여 창업하는 인수 창업자에게 더 중요하다. 프랜차이즈 체인점으로 오픈하면 아이템 자체가 대부분 바뀌기 때문에 기존 매장의 영업이 잘 되든 안 되든 크게 상관없다. 하지만 기존 업종을 그대로 인수하여 창업하는 인수창업은 기존 매장의 매출이 중요하다. 장사 안 되던 매장을 인수하여 똑같은 업종으로 매출을 올린다는 것은 거의 불가능하다. 이미 기존 매장주인이 장사 안 되는 매장을 운영하면서 얼마나 많은 노력을 했겠는가? 오히려 점포주가 바뀌면서 기존의 단골고객이 오지 않아 매출이 더 떨어질 수도 있다.

동종업종으로 점포를 인수하였을 경우는 영업 권리금을 책정하는 것이 타당하나, 의류점에서 호프집으로 전환하는 것처럼 업종의 유사성이 떨어질 때는 기존 점포의 매출상황은 상관없기 때문에 영업 권리금은 책정할 필요가 없다. 영업 권리금은 동종업종이라든가 유사한 업종으로 전환할 때 책정하는 것이 바람직하다. 업종이 바뀌는 경우 오히려 영업이 안 되는 매장이 더 좋은 점포일 수 있다. 영업이 안 되는 점포는 영업 권리금을 주장하지 못하기 때문에 좀 더 저렴하게 권리금을 주고 얻을 수 있다.

085

겉만 번지르르한 남자,
쓸데없는 시설 권리금

패션 감각도 좋고 스타일도 멋스러운 남자들은 여자들에게 인기가 좋다. 남자도 자신의 겉모습에 투자하는 것이 좋다. 다만 자신의 겉모습에 투자하는 만큼 자기개발에도 투자하고 능력 또한 갖춰야 한다. 능력도 없고 자기개발에는 아무 신경도 안 쓰면서 겉모습만 번지르르한 남자들은 연애상대로는 좋을 수 있으나 결혼상대로는 빵점이다.

시설권리금을 겉만 번지르르한 남자와 비교할 수 있다. 시설 권리금은 기존 점포의 시설투자금에 대해 요구하는 금액이다. 인테리어, 집기, 테이블, 에어컨 등 시설을 승계 받음으로써 지불하는 금액이다. 자신이 호프집을 오픈하려고 하는데 기존의 점포가 호프집이라면 주방시설부터 테이블까지 그대로 사용하여 창업비용을 절감할 수 있다. 하지만 시설권리금은 겉만 번지르르한 경우가 많다. 인테리어와 시설은 번지르르한데 장사가 안 돼서 매출이 저조하다면 기존시설은 매력이 없어진다. 능력은 없는데 겉만 번지르르한 남자하고 별다를 것이 없는 매장이다.

대부분 기존 점포주는 자신이 투자한 시설 금액을 모두 시설 권리금으로 받고 싶어 한다. 시설 권리금은 그 시설을 그대로 인수하여 사용할 사람에게만 받을 수 있는 금액이다. 기존의 호프집을 인수하여 의류점을 오픈하려는 사람에게는 인테리어를 몇억 원 주고 한 것은 아무 상관없다. 의류점을 하려는 사람에게 호프집 시설은 오히려 철거하는 비용이 들어가 아무 시설도 없는 신축 점포만 못하다.

가끔 초보창업자들은 시설 권리금이 없는 점포를 찾아 자신이 원하는 스타일로 시설을 하고 싶어 한다. 언젠가 점포를 매매할 때는 자신이 투자한 시설금액을 권리금으로 받을 수 있다고 생각한다. 하지만 입지가 떨어지는 점포에 많은 시설비용을 투자하여 창업하는 것은 위험천만한 일이다. 바닥 권리금은 대부분 주고 들어온 만큼은 받을 수 있다. 하지만 시설권리금은 장사가 안 된다면 포기해야 하는 금액이다. 시설투자를 아무리 많이 했더라도 매출이 저조한 매장에 그만큼의 시설 권리금을 주고 들어 올 사람은 없다.

점포를 매매하는 사람들은 자신이 투자한 시설금액을 시설 권리금으로 보상받고 싶어 하지만 현실은 그렇게 만만하지 않다. 장사가 안 되는데도 시설권리금을 책정한다면, 우리나라에 있는 거의 모든 점포들은 몇억 원 이상의 시설권리금이 책정되어 있을 것이다. 장사가 안 된다면 시설 권리금은 포기해야 되는 금액임을 명심해야 한다.

086
기타 권리금의 종류

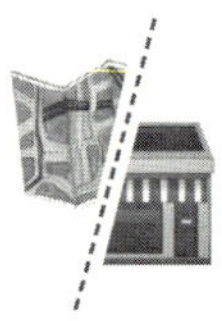

위에서 말한 바닥 권리금, 영업 권리금, 시설 권리금이 권리금을 구성하는 3대 요소이다. 하지만 이외에 권리금으로 책정될 수 있는 기타의 권리금이 있다.

기타 권리금으로는 담배판권, 로또판권처럼 점포주가 특별한 인·허가사항을 취득한 경우 그에 대한 권리금을 인정해 주는 것이다. 특히 담배판권의 경우 몇천만 원에 상당하는 금액을 받고 매매되는 경우도 있다. 기타 권리금은 업종에 따라 필요한 경우만 권리금으로 인정하며 불필요한 경우는 인정할 필요가 없는 금액이다.

또 기타 권리금으로 책정할 수 있는 것은 판매업의 경우가 많다. 의류점, 슈퍼, 철물점 등 판매점은 기존 재고 물량이 많은 업종이다. 판매점의 경우는 기존 재고물량을 인수하는 조건으로 점포를 내놓을 때가 많다. 슈퍼나 문구점은 할인 행사를 통해 물건을 처분할 수 있지만, 철물점 같은 경우는 할인 행사를 해서 물건을 전부 처분할 수 있는 업종이 아니다. 철물점 같은 매장은 그래서 같은 업종으로만 매매를 하려한다.

창업을 결심하고 점포를 구하러 다니다 보면 가장 결정하기 어려운 것이 권리금이다. 권리금은 수학문제처럼 정확한 답이 없다. 앞서 말한 권리금을 구성하는 요소인 바닥 권리금, 영업 권리금, 시설 권리금, 기타 권리금도 말이 쉽지 직접 판단하는 것은 쉽지 않다. 적정 권리금의 점포를 찾기 위해서는 창업자가 발이 부르트도록 다니는 수밖에 없다. 그 정도의 수고도 없이 좋은 점포는 그냥 나오지 않는다. 많은 점포물건을 보고 그 물건들을 비교하여 종합적으로 판단해야 한다.

"기타 권리금으로는 담배판권, 로또판권처럼 점포주가 특별한 인·허가 사항을 취득한것 처럼 특별한 것에 대해 권리금을 책정하는 것이다."

087

권리금에는
정가가 없다

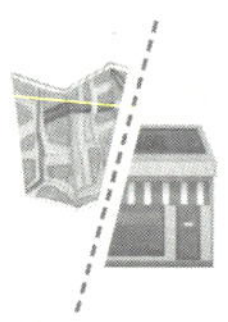

요즘은 정찰제가 많이 시행되고 있지만, 그래도 재래시장에 가면 물건값 깎는 재미를 빼놓을 수 없다. 말만 잘하면 얼마든지 값을 깎을 수도 있고 덤도 얻을 수 있다. 왠지 달라는 대로 다주면 손해 보는 느낌이 든다. 시장에서 몇천 원짜리 물건을 사는 데도 가격을 깎는데 몇천만 원, 몇억 원씩 하는 권리금은 당연히 깎고 싶은 금액이다. 하다못해 양말은 품질과 브랜드에 따라 매장마다 가격이 어느 정도 정해져 있다. 하지만 권리금은 부르는 것이 값이라 천차만별이다.

권리금은 기존 점포주의 상황에 따라 본인이 받고 싶은 금액을 부른다. 하지만 호가와 실거래가는 분명한 차이가 있다. 대부분 권리금은 처음 부르는 금액보다는 실제 계약할 땐 조금이라도 조정이 된다.

점포의 권리금은 임대조건과 다르게 금액을 얼마든지 조정 가능하다. 권리금은 금액조정을 할 수 있을 만큼 조정하는 것이 능력이다.

물론 너무 무리한 금액을 조정하려 하면 계약이 성사되지 않는 경우도 있다. 하지만 마음의 여유를 갖고 협상한다면 좋은 조건으로 계약이 가능하다. 특히 부동산을 통하여 계약을 하면 가끔 권리금의 조정 없이 무조건 계약서에 도장을 찍으려 하는 중개업자들이 있다. 그런 경우는 단호히 조정 의사를 밝히는 것이 현명하다.

권리금 협상을 할 때는 아무리 좋은 점포라도 꼭 계약을 해야 된다는 마음을 비우는 것이 중요하다. 마음을 비우고 본인이 생각하는 금액으로 권리금이 조정되면 계약을 하고 안 되면 안하는 것이다. 점포가 너무 마음에 들어 꼭 계약을 하겠다고 생각하면 권리금을 조정하기는커녕 오히려 권리금이 높아지는 경우도 있다.

권리금 협상에서 마음을 비우기 위해서는 대안 점포를 확보하고 있어야 한다. 지금 권리계약을 하는 점포가 안 될 때를 대비해서 2순위 점포, 3순위 점포를 확보해 두는 것이 좋다. 후순위 점포가 없다면 지금의 점포가 꼭 계약을 해야되고 그렇게 되면 권리금 조정이 힘들어진다.

권리금은 계약상황 때 한 번에 깎는 것이다. 계약상황이란 계약금을 갖고 가서 매물주와 직접 협상을 하는 단계를 말한다. 점포 계약상황도 아니면서 전화상으로 얼마를 깎고, 계약할 때 또 깎 아 달라고 하면 매물주는 이미 조정해 줬기 때문에 더는 안 된다고 한다.

말로만 조정하는 것보다 계약금을 갖고 가서 금액이 조정되면 계약할 테니 많이 조정해 달라고 말하는 것이 좋다. 대부분의 매물주는 계약금을 갖고 가면 마음이 흔들린다. 권리금 5,000만 원 이하는 절대 안 된다는 매물주도 조금만 조정해주면 매장을 매매할 수 있기 때문에 권리금을

4,000만 원으로 깍아주는 경우도 많다.

  권리금 계약은 시간이 오래 걸린다. 서로의 기 싸움으로 한두 시간이 걸리는 것은 예삿일이다. 필자가 가장 오래 걸린 권리계약시간은 5시간이 넘게 걸린 적도 있다. 5시간 동안 서로가 서로를 설득하며 권리금 협상을 한 것이다.

  하지만 권리금을 협상할 때도 최소한의 예의는 갖춰야 한다. 서로 마음이 상해서 몇억 원짜리 권리계약이 단돈 100만 원 차이 때문에 못하게 될 수도 있다.

  점포를 인수하는 사람은 조금이라도 적게 권리금을 주고 싶어 하고, 점포를 팔려는 사람은 조금이라도 더 받고 싶은 건 어쩔 수 없는 것이다. 그래도 서로 합의점을 찾아가는 단계에서는 점포를 얻는 사람이 조금은 더 결정권을 갖고 있다. 그렇기 때문에 권리금이 조정될 수 있는 것이다.

"대부분 권리금은 처음 부르는 금액보다는 실제 계약할 때 조금이라도 조정된다."

088

쪽박 점포개발
사례

　점포개발 실패사례로 유명 역세권에 입점해 분식집을 인수하여 오픈한 H씨가 있다. 그는 당시 상권과 입지 모두 최상급인 점포를 임대료와 권리금 모두 주변시세보다 저렴하게 얻었다. 주변 권리금보다 절반 이상 저렴한 5,000만 원에 권리계약을 마쳤다.

　권리계약을 마치고 건물주와 임대차 계약서를 작성하며 작은 문제가 발생했다. 건물주는 전 점포주와의 계약기간이 6개월 정도 남았으니 우선 보증금과 월세를 인상하지 않고 6개월만 계약을 승계해서 계약서를 작성하자고 제안했다. 6개월 후 재임대차 계약 시 임대조건을 소폭 인상하겠다고 구두로 제시했다. 전 점포주인 또한 건물주가 착하고 훌륭한 사람이라 재임대차시도 임대료의 인상은 많지 않을 것이고 문제가 없을 거라 부추겼다.

　소개해준 부동산 업소에서도 크게 문제될 것이 없다며 계약을 하는 것이 좋겠다고 말했다. 창업자 자신이 생각해도 권리금도 주변시세보다 저렴하고 목이 좋아 놓치고 싶지 않은 점포였다.

임대차계약서를 작성하고 점포를 오픈하는 데 총비용이 보증금 3,000만 원, 권리금 5,000만 원, 인테리어 및 집기비로 6,000만 원, 총 1억 4,000만 원이 들었다. 오픈 후 일 매출이 80만 원으로 인건비를 빼고도 한 달 순익이 800만 원 나왔다. 이렇게만 장사가 잘 되면 몇 년만 있으면 남부럽지 않게 살 수 있을 것이라는 희망으로 가득 찼다.

그런데 결론적으로 말하면 이 점포는 9개월 만에 망하고 말았다. 장사도 잘 되고 전혀 문제가 없어 보이던 점포가 건물주의 문제로 어이 없이 망해버렸다.

문제는 기존 임대차 계약기간을 승계하여 작성한 것에서 발생했다. 건물주가 계약 당시의 철석같은 약속을 저버리고 6개월의 계약기간이 끝났으니 점포를 비워 달라고 했다. 창업자는 건물주에게 사정사정을 했지만 건물주는 눈 하나 깜짝 안했다. 화가 치민 H씨는 자신이 권리금 5,000만 원과 인테리어비 등 시설비를 6,000만 원이나 들였기 때문에 못나간다고 따졌다. 하지만 건물주는 권리금을 자신이 받았냐고 하면서 준 사람한테 따지라 하고 인테리어와 집기는 다 갖고 나가라고 했다.

부동산에 전화를 걸어 자초지종을 얘기했지만 부동산에서도 당황할 뿐 창업자가 선택한 것이니 특별히 해줄 수 없다는 말만 했다. 점포를 매매한 매물주에게 전화하여 따져 보았지만 매물주는 이미 잔금이 끝난 것이 언제인데 자신은 모르는 일이라고 발뺌을 했다. 여기저기 수소문을 해보고 소비자보호원이나 시민단체에 연락을 해봤지만 뾰족한 수가 없었다. 악덕 건물주를 규탄하는 시위도 해봤다. 건물주는 얼굴도 안 비추고 점포를 비워달라는 내용증명만 날아왔다.

창업자는 사정도 해보고 욕도 해보고 여기저기 도움을 요청해봤지만 결국은 3개월도 못 버티고 쫓겨나고 말았다.

창업자 H씨는 총 1억 4,000만 원을 투자했다. 그러나 다시 받은 금액은 보증금 3,000만 원과 집기와 시설을 매매하여 받은 500만 원 그리고 6개월간 장사하여 얻은 수익 4,800만 원 등 총 8,300만 원을 회수했다. 손해는 5,700만 원이라는 막대한 돈과 9개월이 넘는 시간과 마음 고생만하고 창업은 실패로 돌아갔다.

H씨의 점포개발 실패사례
총 투자금액: 1억4,000만 원
보증금 3,000만 원, 권리금 5,000만 원, 시설비 6,000만 원
총 회수금액: 8,300만 원
보증금 3,000만 원, 영업이익 4,800만 원, 시설 처분비 500만 원
투자수익= − 5,700만 원(회수금액−투자금액), 9개월의 시간

▲ 점포개발 실패사례

089

대박 점포개발
사례

　해장국집을 오픈해 장사는 망했지만 점포개발을 잘해서 돈을 번 K씨의 사례를 들어보겠다. K씨는 평소 알고 지내던 지인의 신축건물 1층 매장을 임대했다. 주변시세보다 저렴한 보증금 3,000만 원, 월세 150만 원을 주고 임대차 계약을 작성했다. 30평의 매장에 인테리어와 집기 등 시설비용으로 4,000만 원을 투자하여 총 7000만 원으로 해장국집을 오픈했다.

　K씨는 처음 장사하는 것이지만 나름대로 주변 상권분석과 입지분석을 하고 해장국이라는 아이템으로 창업했다. 하지만 생각만큼 장사는 신통치 않았다. 주변 지인들은 해장국 하나만 팔아서야 무슨 장사가 되겠냐고 메뉴를 늘려야 한다는 조언을 했다. 자신이 생각해도 해장국만 일주일 내내 먹는 사람이 몇 명이나 있을까란 생각이 들었다. 그래서 지인들의 조언을 받아들여 갈비탕을 추가했다. 하지만 갈비탕만으로는 모자라는지 매출은 그대로였다. 그렇게 삼겹살, 부대찌개, 김치찌개, 아귀찜, 돼

지갈비 등 늘어난 메뉴가 30가지가 넘어 버렸다. 하지만 메뉴가 늘면 늘수록 장사가 더 잘 되기는커녕 더욱 매출은 더 떨어지고 많은 식재료들은 냉장고 속에서 꽁꽁 얼어있었다. 가끔 시키는 메뉴는 이미 냉장고에서 꽁꽁 언 식재료를 녹여 사용했기 때문에 맛은 더욱 형편없어지고 매출은 바닥을 치고 있었다. 1년 가까이 운영했지만 돈을 벌기는커녕 본인 인건비도 나오지 않았다.

그러나 1년 동안 주변 상권은 변하고 있었다. 점포 앞으로 횡단보도가 생기더니 유동인구는 늘어나고 주변 곳곳의 상가들이 바뀌고 있었다. 그래도 이미 장사가 안 되던 K씨의 점포는 매출이 늘어나지는 않았다. 그러던 어느 날 부동산에서 명함을 주며 가게를 매매할 생각이 없느냐고 접근을 해왔다. 그래도 장사에 대한 미련이 남고 얼마를 받아야 하는지 생각이 나지 않아 명함만 받고 그냥 돌려보냈다. 그런데 그 사람이 며칠 있다가 또 찾아와서 점포를 급히 찾는 사람이 있다고 하면서 권리금을 많이 받아줄 테니 점포를 매매해 보라고 했다. 귀찮기도 하고 혹시 하는 마음이 생겨 권리금 1억 5,000만 원을 주면 판다고 그냥 한 번 얘기해봤다. 그 후로 며칠 동안 부동산에서 다시 찾아와 권리금을 조금만 깍아주면 바로 계약이 가능하다고 했다. 2,000만 원을 깎아 주었더니 며칠 있다가 부동산에서 계약서를 쓰자고 전화가 왔다. 반신반의한 마음에 도장을 갖고 부동산 사무실로 갔다. 계약서를 작성하며 권리금 1,000만 원을 더 깎아주고 1억 2,000만 원에 권리계약서를 작성했다.

K씨의 경우 보증금 3,000만 원에 시설 투자금 4,000만 원 총 투자금 7,000만 원을 투자했다. 그리고 1년 동안 영업을 하면서는 수익은 없었지만 점포를 매매할 때 보증금 3,000만 원은 그대로 돌려받았으며, 권리금

은 1억 2,000만 원을 받았다. 시설 투자금액 4,000만 원을 뺀다고 해도 권리금만으로 1년 사이에 8,000만 원을 벌었다. 장사해서 번 돈은 없지만 권리금만으로 한 달에 700만 원 가까운 수익을 얻은 것이다.

K씨의 점포개발 대박사례

총 투자금액: 7,000만 원
보증금 3,000만 원, 시설비 4,000만 원
총 회수금액: 1억 5,000만 원
보증금 3,000만 원, 권리금 1억 2,000만 원
투자수익＝8,000만 원(회수금액－투자금액)

▲ 점포개발 대박사례

K씨의 경우는 단적인 사례지만 점포개발부분에서 성공하여 장사를 해서 번 돈보다 점포를 매매하면서 얻은 돈이 더 많은 창업자가 있는 것이 현실이다.

계약체결의 법칙

권리계약을 할 때는 항상 여유로운 마음을 가져야 한다. 꼭 계약을 성사시
켜야 한다는 조급한 마음을 가지면 권리금 조정에 실패하게 된다.

090

상가임대차보호법,
중요사항만이라도 알아둬라

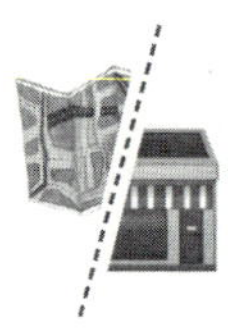

상가임대차보호법은 2002년 11월 1일 시행된 법률로 상가건물을 빌려 영업하는 상인들을 보호하는 법이다. 대부분의 점포형 창업자들은 상가임대차보호법의 적용을 받게 된다. 그 전문을 모두 알 필요는 없지만 중요사항만이라도 알고 있는 것이 좋다.

첫째, 상가임대차보호법이 적용되는 상가인지를 파악해야 한다. 상가임대차보호법이 적용되기 위해서는 지역별로 환산보증금이 정해져 있다.

지역	환산보증금
서울특별시	4억 이하
과밀억제권역	3억 이하
광역시 외	2억 4,000만원 이하
기타 지역	1억 8,000만원 이하

① 광역시 외: 광역시(과밀억제권역에 포함된 지역과 군 지역은 제외), 안산시, 용인시,

김포시, 광주시

② 과밀억제권역: 서울특별시, 인천광역시(강화군, 옹진군, 대곡동, 불로동, 마전동, 금곡동, 오류동, 왕길동, 당하도, 원당동, 인천경제자유구역 및 남동국가산업단지는 제외한다), 의정부시, 구리시, 남양주시(호평동, 평내동, 금독동, 일패동, 이패동, 삼패동, 가운동, 수석동, 지금동 및 도농동만 해당한다), 하남시, 고양시, 수원시, 성남시, 안양시, 부천시, 광명시, 과천시, 의왕시, 군포시, 시흥시(반월특수지역은 제외한다).

환산보증금=보증금+(월세×100)
① 보증금 5,000만 원 월세 150만 원의 점포
➡ 환산보증금은 5,000만 원+(150만 원×100)=2억
② 보증금 2,000만 원, 월세 300만 원의 점포
➡ 2,000만 원+(300만 원×100)=3억 2천만 원

▲ 환산보증금 예

공식에 따르면 보증금을 떠나 월세가 300만 원이 넘는 점포는 상가임대차보호법 범위를 벗어나 적용 대상이 아니다. 상가임대차 보호법은 소상공인들을 대상으로 하기 때문에 환산보증금 3억 이하의 점포에만 해당된다. 상가임대차보호법에 적용되는 점포는 대부분 B급 상권의 점포들이다. 흔히 말하는 A급 상권에는 적용대상을 벗어나는 점포들이 많다. 하지만 예비창업자는 되도록 상가임대차보호법이 적용되는 점포를 찾는 것이 창업자에게 유리하다.

둘째, 만약 건물이 경매에 넘어간다거나 하는 최악의 경우 보증금의 변제범위다. 상가건물 임대 보증금 범위는 아래와 같다.

지역	최우선변제보증금	최우선변제금액
서울특별시	6,500만 원 이하	2,200만 원 한도
과밀억제권역	5,500만 원 이하	1,900만 원 한도
광역시 외	3,800만 원 이하	1,300만 원 한도
기타 지역	3,000만 원 이하	1,000만 원 한도

▲ 보증금 변제변위

위 표와 같이 최우선 변제 보증금 범위 내에서 임차를 한 경우 최소한 30% 범위 내에서 최우선 변제되며, 확정일자 없이도 30%는 보호 받을 수 있다.

상가임대차보호법의 주요 내용은 6가지를 들 수 있다.

주요내용 ① 기본적으로 영업용 점포만 해당된다. 그렇기 때문에 비영리단체인 동창회사무실 등은 적용되지 않는다. 또한 환산보증금을 상회하는 점포에 대해서는 적용이 제외된다.

주요내용② 상가임대차보호법의 적용은 관할 세무서에 사업자등록 신고를 할 때 확정일자를 받으면 건물주 동의 없이 자동으로 적용된다.

주요내용 ③ 상가임대차보호법이 적용되면 계약을 1년으로 하더라도 5년 동안 영업권이 보장된다. 또한 임대료의 인상도 년 9% 이상 올릴 수 없도록 되어 있다.

주요내용 ④ 보증금을 월세로 전환할 때 전환률이 15% 이내로 전환된다. 예를 들면 보증금 5,000만 원 중 2,000만 원을 월세로 전환한다면, 2,000만 원을 연 15%로 계산하면 연 300만 원이 된다. 300만 원을 12개월로 나눈 월 25만 원이 월세 전환의 상한선이다.

주요내용 ⑤ 상가임대차보호법이 적용되어 5년간의 영업권을 보장받기 위해서는 임차인은 세 번 이상 임차료를 연체하지 않아야 하고, 임대인의 허락 없이 임차한 건물을 남에게 재임대를 해서는 안 된다. 또한 임차 점포를 고의 또는 중대한 과실로 파손한 경우 임대인은 재계약을 거부할 수 있다.

주요내용 ⑥ 가끔 상가임대차보호법이 적용되면 권리금도 보호 받을 수 있는지 질문을 한다. 안타깝게도 권리금은 임차인끼리 주고받는 것으로 보호대상이 아니다.

091

각종 인·허가 절차

사업자등록증을 교부받고 정상적인 사업을 하기 위해서는 각종 인·허가를 받아야 한다. 인·허가도 절차가 있다.

처음부터 사업자등록증이 바로 발급되는 것이 아니다. 일반적인 음식점 인허가 절차는 아래와 같다.

① 보건증과 위생교육필증을 먼저 발급 받아야 한다. 보건증을 발급 받는 것과 위생교육은 순서에 상관없다.

② 보건증과 위생교육필증은 영업 신고증을 내기 위한 필수 서류이다.

③ 영업신고증은 사업자등록증을 내기 위한 필수 서류이다.

④ 카드체크기를 신청하려면 사업자등록증이 필수 서류이다.

위 순서는 꼭 지켜야 한다. 영업신고증을 발급 받으려는 데 보건증과 위생교육필증이 없으면 서류 미비로 발급이 안 된다.

기간	내용	비고
1~5일	① 보건증	보건소에서 발급, 검진 후 5일 후 발급됨.
당일	① 위생교육필증	각 지역별 지정장소와 요일이 정해져 있음. 당일 발급됨
1~3일	② 영업신고증	보건증과 위생교육필증은 영업신고증을 발급받기 위해 꼭 필요한 서류임. 매장에 따라 소방필증, 가스필증이 필요함.
1~3일	③ 사업자등록증	음식점의 경우 영업신고증이 첨부되어야 사업자등록증을 발급받을 수 있음.
3~10일	④ 카드체크기	카드체크기를 설치하기 위해서는 카드사의 승인을 받아야함. 카드사 승인을 위해서는 사업자등록증이 필수 서류임.

▲ 각종 인·허가 절차

각종 인·허가 절차

보건증, 위생교육필증 → 영업신고증 → 사업자 등록증 → 카드체크기

092

사업자등록증 어떻게 낼까?

사람이 태어나면 출생신고를 하듯, 사업을 하기 위해서는 사업자등록증을 발급받아야 한다. 사업자란 일정한 목적과 계획을 가지고 지속적인 경제활동을 하는 사람을 말한다.

사업자등록증은 관할 세무서에서 업종에 따라 허가 또는 신고를 해야 한다. 예비 창업들이 사업자등록을 내는 것을 어려워하는데 막상 세무서에 직접 찾아가 물어보면 쉽게 낼 수 있다.

사업자등록을 할 때 가끔 법인과 개인을 놓고 고민하게 된다. 개인사업자와 법인사업자는 과세근거, 과세기간, 과세소득, 과세범위, 이중과세 여부, 세율구조, 주민세, 기장 의무 등 많은 차이가 있다. 하지만 대부분의 예비 창업자들은 그냥 개인사업자로 생각하면 된다. 혹시 사업이 잘 되면 차후에 법인으로 전환하면 된다. 법인 전환할 때는 그때 가서 공부하거나 법무사를 통해서 법인등록을 하면 된다. 머리 아프게 벌써부터 법인이고 개인이고 고민하지 말고 개인으로 등록하면 된다.

사업자등록을 위한 준비서류는 사업자등록신청서(세무서에 비치되어 있음), 임대차 계약서, 신분증, 도장이 있으면 된다. 업종에 따라 추가 서류가 필요한 경우가 있다. 대표적으로 일반음식점의 경우 사업자등록을 하는 데 있어 영업신고증을 첨부해야 한다. 영업신고증이 있어야 사업자등록신청을 받아 준다.

사업자등록증 신청서류

- 장소: 관할 세무서
- 시간: 주 5일 근무(오전 9시~오후 6시), 토요일과 일요일 및 법정 공휴일은 모두 휴무
- 구비서류: 사업자등록신청서(세무서에 비치되어 있음), 임대차 계약서, 신분증, 도장, 일반음식점의 경우 영업신고증 첨부

▲ 사업자등록증 신청서류

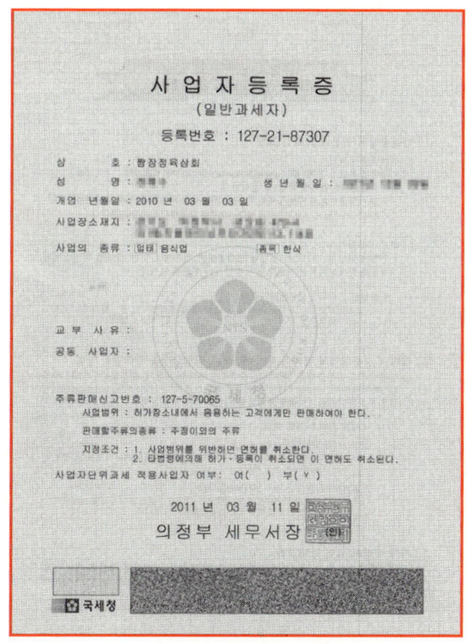

▲ 사업자등록증 샘플

사업자등록증에 업태와 업종란이 있다. 업태는 기업의 영업형태를 말하는 것으로 도매, 소매, 서비스로 나눠지며, 업종은 영업이나 사업의 종류를 뜻하는 한식, 카센터, 이동통신 등 세부적인 사항을 구분하는 것이다. 준비서류만 잘 준비하면 세무서 담당직원이 자세하게 설명해줘서 쉽게 신청할 수 있다.

사업자등록증은 사업이 시작되기 10일 전에는 미리 발급받는 것이 좋다. 사업자등록증이 있어야 카드체크기를 신청할 수 있다. 카드체크기 신청은 카드종류에 따라 3~10일까지의 시간이 걸린다. 가끔 신규 오픈집을 가면 카드가 안 되는 경우가 있다. 이런 경우는 카드체크기가 승인되는 기간을 고려하지 않고, 사업자등록증은 신청하여 오픈 날까지 카드 승인을 받지 못한 경우이다.

대부분 사업자등록은 기존에 장사하던 사람의 사업자등록을 말소시키고 신규로 등록한다. 점포를 계약하기 전 기존 점포주의 사업자를 꼭 말소해야 한다.

강서구에서 호프집을 오픈한 A씨의 경우 사업자등록을 발급받는 데 애를 먹은 경우이다.

초보창업자 A씨는 많은 발품을 팔아 강서구 역세권의 2층 무권리 점포를 얻을 수 있었다. 기존에 사주카페를 운영하던 매장이었는데 장사가 안 돼 무권리로 나온 점포였다. 입지도 적당하고 특히 권리금이 없어 매력적이었다. 구청에 물어 보니 영업신고증을 내는 데 크게 문제가 없다고 했다. 다른 서류도 체크해봤는데 별 문제가 없었다. 바로 건물주와 만나 임대차

계약을 쓰고 인테리어를 손보고 오픈준비를 했다. 사업자등록을 내려고 세무서에 갔는데 세무서에서 사업자등록증이 발급되지 않는다고 했다. 그 이유가 기존 사주카페 주인이 사업자등록을 말소하지 않아 현재도 사주카페 사업자등록증이 살아 있다고 했다. 세무담당 직원은 기존 점포 주인이 사업자를 말소해야 신규로 사업자를 내줄 수 있다고 했다. 급히 기존 점포주의 연락처를 얻어 전화를 했지만 없는 전화번호로 나왔다.

　방법은 하나 건물주가 세무서에 나와 사실 확인을 하고 강제말소 하는 방법밖에 없었다. 하지만 건물주는 며칠 전 해외여행을 떠나 국내에 없고, 결국 건물주가 해외여행을 마치고 돌아와서 강제로 기존사업자를 말소했다. 생각했던 기간보다 2주나 늦게 매장을 오픈할수 밖에 없었다.

093

재개발의 위험, 토지이용계획 확인원을 검토해라

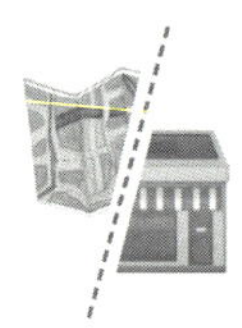

토지이용계획 확인원에는 지번, 용도지역, 용도지구, 도시계획시설(도로저촉여부 등), 도시계획사업(구획정리, 조성사업, 재개발), 도시계획구역(개발제한구역, 기타제한사항)들을 확인할 수 있다. 인터넷 토지이용규제정보서비스(http://luris.moct.go.kr)나 시군구청에서 열람 가능하다.

창업을 하기 전에 토지이용계획 확인원을 열람하는 가장 큰 이유는 도시계획사업 중 재개발사업확정지구인지를 확인하기 위해서이다. 창업할 점포가 재개발지구로 예정되어 있다면 몇 년 지나지 않아 점포를 비워주는 경우가 발생할 수 있기 때문이다.

재개발이나 재건축지구로 계획되어 있다면 조합이 설립되어 있는지 등 구체적인 진행상황을 알아봐야 한다. 서울 시내에는 재개발지구로 지정되어 있는 곳이 많다. 재개발지구나 재건축 지구로 계획되어 있다고 무조건 입점이 불가능한 것은 아니다. 재개발 지구로 잡혀있으면서 30년 동안 시행이 안 되는 지역도 많다. 언제 될지 모르는 재개발지구로 계획되어 있다고 입점을 포기할 필요는 없다. 재개발지구로만 지정되어 있는 곳이 실제 조합이 형성되어 사업이 구체화되고 있는 곳인지 진행상황을 파악해야 한다. 초보창업자들은 토지이용계획확인원을 보고 정확히 알 수는 없다. 재개발지구로 잡혀 있다면 해당 관할 부서에 문의하여 구체적인 내용을 알아봐야 한다.

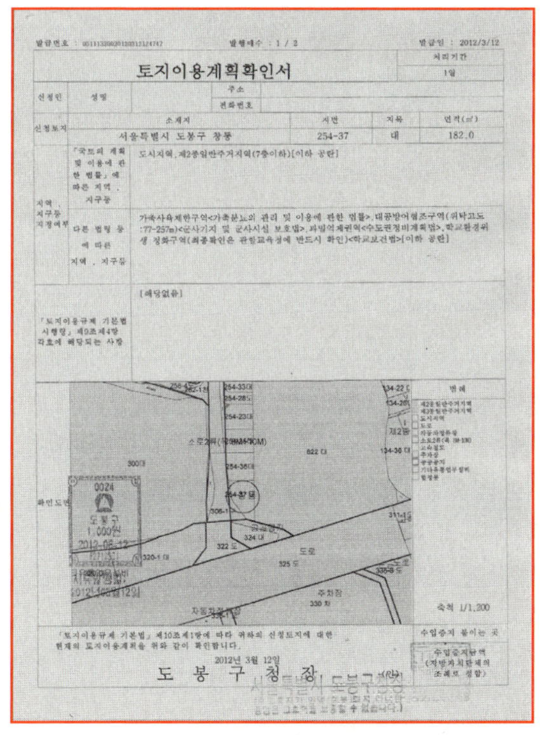

▲ 토지이용계획 확인원

094

음식장사를 하기 위해선
영업신고증이 있어야 한다

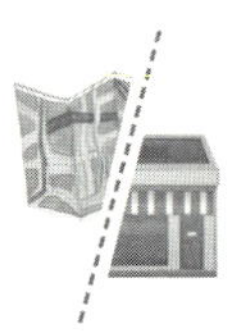

영업신고증은 음식점 영업을 하기 위해서 관할 시군구청에서 꼭 발급받아야 하는 서류이다. 영업신고증이 없다면 사업자등록을 낼 수 없기 때문에 사업자등록이전에 영업신고증을 발급받아야 한다. 음식점 영업의 형태는 다음와 같다.

종류	참고
휴게음식점	음주행위 금지, 커피숍이나 분식집 등이 해당
일반음식점	음식과 함께 부수적인 음주행위 허용, 대부분의 음식점
단란주점	음주가능하고 손님노래 허용
유흥주점	유흥접객원, 유흥시설 설치 허용
위탁급식	음주행위 금지

▲ 음식점의 영업형태

휴게 음식점과 일반음식점은 신고만 하면 가능하고, 다른 업종은 허가를 받아야 한다.

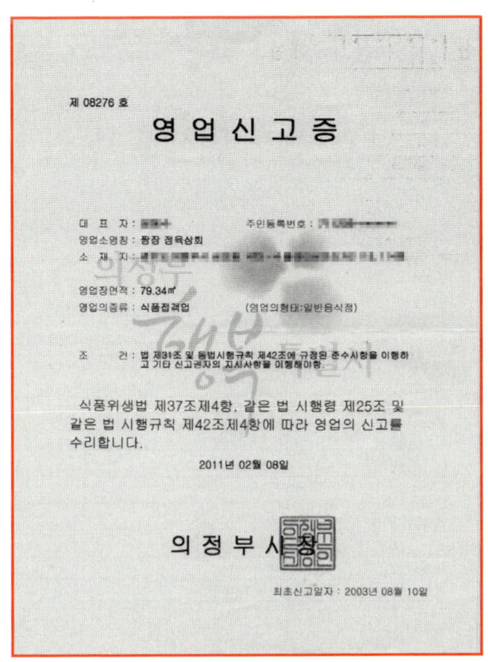

▲ 영업신고증 샘플

영업신고증을 발급받는 방법은 다음과 같다.

영업신고증 발급 준비 서류
– 장소: 각 시, 군, 구청 – 시간: 주 5일 근무(오전 9시~오후 6시), 토요일과 일요일 및 법정 공휴일은 모두 휴무
– 신규 등록: 신고서 (일반음식점 신규 신청서, 구청소정양식) 1부, 위생교육 수료증 1부, 임대차계약서 사본 1부, 보건증, 소방안전점검증(지하나 2층 이상의 매장인 경우), 신분증, 도장, 건축물관리대장 1부, 가스필증, 전기확인서(매장에 따라 다름), 건축물관리대장
– 승계 등록: 임대차계약서 사본 1부, 전 영업신고증 원본 1부, 양도양수서1부(구청 소정양식 비치. 단, 양도자 서명란에 양도자 인감이 날인되어야 한다), 전 명의자 인감증명서 1통, 양수인 위생교육수료증 1부, 보건증, 신분증, 도장
– 주의사항: 각 지역마다 차이가 있을 수 있으니 확인 요망.

095

보건증과 위생교육

영업신고증을 발급받기 전 창업자가 미리 준비해야 할 사항으로 보건증과 위생교육필증이 있다.

보건증 발급절차
– 장소: 각 시, 군, 구 보건소에서 발급 가능 – 시간: 주 5일 근무(오전 9시~오후 6시), 토요일과 일요일 및 법정 공휴일은 모두 휴무 – 준비사항: 신분증, 수수료 1500원
– 주의사항: 건강진단서 신청에서 발급까지는 최소 3일에서 1주일 가량이 필요하다.

보건증은 휴게음식점, 일반 음식점, 단란주점, 유흥주점을 포함한 모든 음식을 다루는 업종의 종사자들을 대상으로 한다. 사업주는 영업신고증을 발급받기 전 꼭 받아야 하는 필수 서류이고, 매장 직원들은 인·허가를 받는 부분에는 상관없으나 보건증을 발급 받지 않고 일하면 벌금이 나올 수 있다.

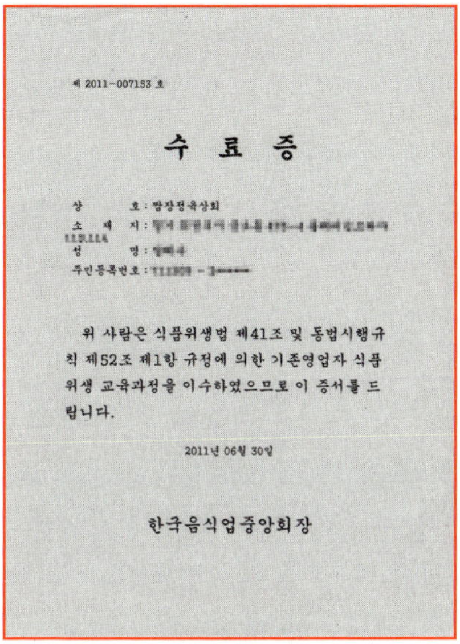

제 2011-007153 호

수 료 증

상   호 : 짬짱정육상회
소 재 지 :
성   명 :
주민등록번호 :

위 사람은 식품위생법 제41조 및 동법시행규
칙 제52조 제1항 규정에 의한 기존영업자 식품
위생 교육과정을 이수하였으므로 이 증서를 드
립니다.

2011년 06월 30일

한국음식업중앙회장

▲ 위생교육수료증

<table>
<tr><td colspan="1">위생교육 준비사항</td></tr>
</table>

- 장소: 각 지역별 교육장에서 교육 후 발급 가능
- 시간: 교육장 별로 시간과 요일이 차이가 있을 수 있음
- 준비사항: 교육등록서(교육 당일 교육장내에 비치), 신분증, 증명 또는 반명함판 사진 1매, 교육비
  (20,000원)

- 주의사항: 접수는 당일하며 지역별로 차이가 있으니 확인 후 사업자 본인이 직접 수료해야 가능
  하다.

위생교육은 식품위생법에 의거하여 음식점 영업신고를 위해 필히 해야 하는 법정교육이다. 위생교육은 사업주 본인만 받으면 되고 종업원은 받지 않아도 된다. 위생교육 준비사항은 위와 같다.

096

건물하자는
등기부등본으로 확인한다

점포를 계약하기에 앞서 건물과 토지의 소유주, 하자유무, 설정 등을 확인하는 서류가 토지등기부등본과 건물등기부등본이다.

등기소나 등기부등본이 발급되는 자판기가 설치되어 있는 등기소, 시청, 구청 등의 관공서에서 발급이 가능하다. 관할 주소지에 상관없이 발급이 가능하며, 대법원 홈페이지(http://www.scourt.go.kr)를 통하여도 열람이 가능하다. 점포계약에 앞서 꼭 검토해야 할 서류이고 등기부등본은 표제부, 갑구, 을구로 구성되어 있다.

가끔 토지소유주와 건물 소유주가 다른 경우가 있으니 토지등기부등본과 건물등기부등본 둘 다 확인해야 한다.

1. 표제부

표제부는 건물 및 토지의 표시에 관한 사항이다.

토지등기부등본은 소재, 지번, 지목, 면적 등이 나타나 있고 건물등기

등본은 소재, 지번, 종류, 구조, 면적 등이 나타나 있다.

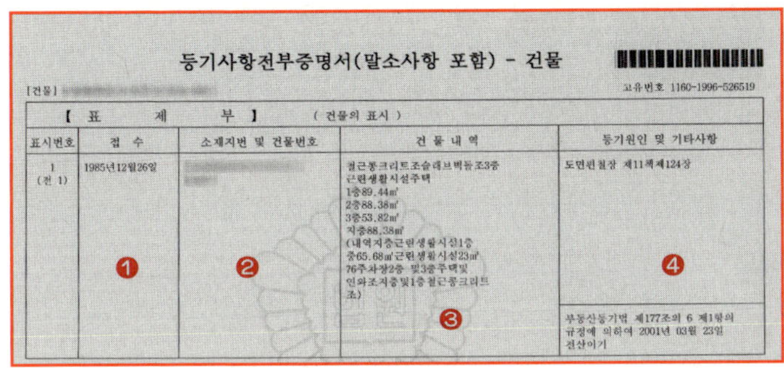

▲ 등기부등본 표제부 샘플

① 접수: 등기부등본 접수일

② 소재지번 및 건물번호: 토지 및 건물의 정확한 주소

③ 건물내역: 건축물의 구조, 면적 등

④ 등기원인 및 기타사항: 등기를 하게 된 이유

2. 갑구

갑구는 소유권에 관한 사항이 나타나 있다.

소유권의 변화를 알 수 있으며 마지막 부분에 나와 있는 부동산 소유주가 현재의 소유주이다. 갑구에 압류, 가압류, 예고등기, 가처분, 가등기 등이 있다면 소유권에 대한 분쟁의 소지가 있는 것이다. 이런 내용이 있다면 꼭 부동산 업소에 들러 내용을 구체적으로 확인해야 한다.

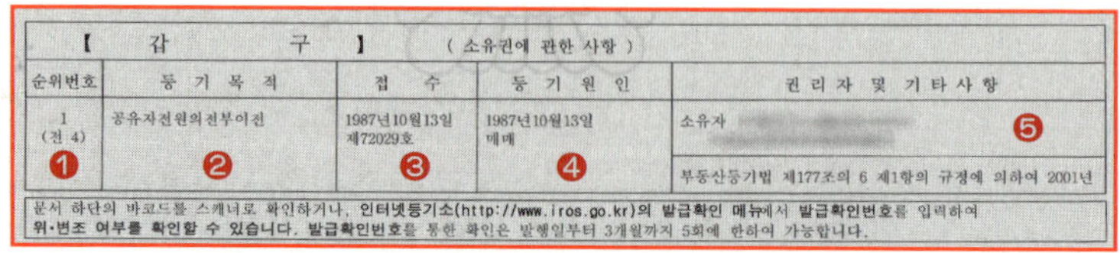

▲ 등기부등본 갑구 샘플

① 순위번호: 등기의 순서를 매긴 번호로 갑구의 권리들끼리 다툼이 있는 경우 순위번호의 순위대로 권리가 인정된다.

② 등기목적: 신축, 소유권 보존 등 등기를 한 목적이 기록된다.

③ 접수: 등기를 접수한 날짜를 기록하는 곳으로 갑구에 있는 권리와 을구에 있는 권리가 다툼이 있는 경우 접수일을 기준으로 순위를 정한다.

④ 등기원인: 등기한 이유가 등록된다.

⑤ 권리자 및 기타 사항: 현 소유주가 나타나 있는 부분이다. 또한 압류, 가압류, 예고등기, 가처분, 가등기 등이 있다면 꼭 확인하고 넘어가야 한다.

3. 을구

을구는 소유권 이외의 권리가 나와 있다.

특별한 권리가 없는 경우는 을구 자체가 없을 수도 있다. 을구에는 전세권, 저당권, 지역권, 지상권 등의 권리가 표시된다.

예전에 설정되었던 부분도 모두 나와 있다. 가운데 줄이 그어져 있다면 설정이 풀린 상태이다. 설정이 풀린 상태는 신경 쓰지 않아도 된다. 설정도 순위번호대로 권리를 갖게 된다. 대부분 건물주가 대출을 받은 근저당권이 많이 설정되어 있다. 대출부분은 건물가격의 50%까지는 크게 문제될 것이 없다.

하지만 70%가 넘는다면 그만큼 빚이 많다는 것으로 조심할 필요가 있다.

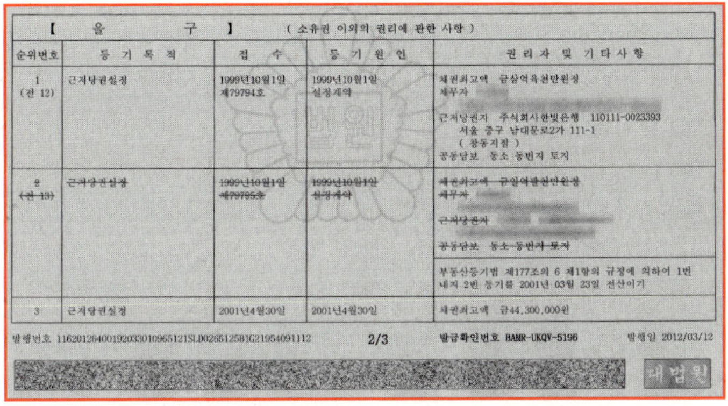

▲ 등기부등본 을구 샘플

점포를 계약하기 전 부동산 업소에서 내용을 설명해 주기 때문에 예비 창업자가 등기부등본을 완벽하게 보는 것을 배울 필요는 없다. 하지만 대략적인 내용은 알고 있는 것이 좋다.

097

불법건축물은
건축물대장을 확인해야 한다

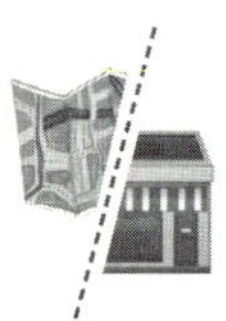

사람이 태어나면 출생신고를 하듯, 건축물을 지으면 건축물관리대장이라는 서류에 등록한다. 하지만 간혹 건물은 분명히 있는데 건축물관리대장이 없는 경우가 있다.

만약 건축물관리대장이 없다면 2가지 경우가 있다.

건물이 오래되어 당시에 건축물관리대장 없이 등기가 가능한 시기에 건축된 건물일 수 있다. 건축물 관리대장은 광복 이후 토지대장으로 관리되어 오다가 1992년 6월 30일자로 건축물관리대장으로 명칭이 변경되어 사용되고 있다. 또 한 가지는 건물주가 건축물을 불법으로 확장하여 만들고 허가를 받지 않은 경우이다.

건축물관리대장에는 연면적, 대지면적, 건축연도, 주소 등 일반적인 내용이 나와 있다.

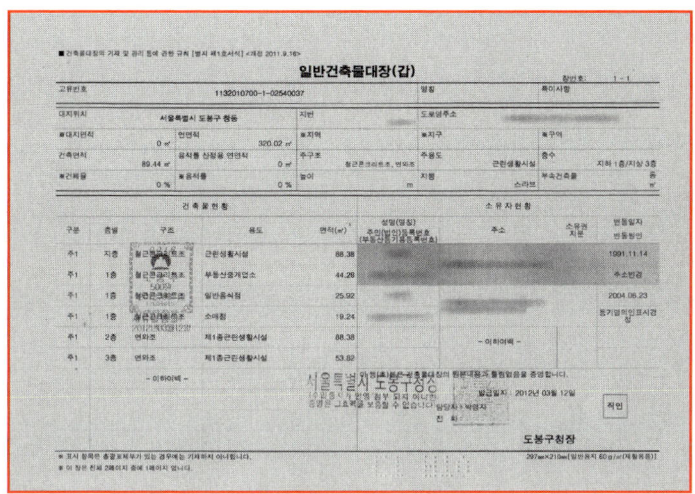

▲ 건축물 관리대장 샘플

　창업하는 사람들이 중점적으로 봐야 하는 것은 건축물의 용도이다. 용도시설군은 크게 9가지로 구분된다.

　자동차관련 시설군, 산업 등 시설군, 전기통신 시설군, 문화집회 시설군, 영업 시설군, 교육 및 복지 시설군, 근린생활 시설군, 주거업무 시설군, 그 밖의 시설군으로 구분된다. 각 시설군 밑에 용도군이 구분되고, 용도군 아래 용도지역, 건축물의 세부용도가 지정된다.

　예를 들어 근린생활시설군은 제1종 근린생활시설과 제2종 근린생활시설로 구분된다. 그중 제2종 근린 생활시설은 건축물의 세부용도가 일반음식점, 부동산중개업소, 종교집회장, 단란주점, 안마시술소 등으로 세부적으로 구분된다.

　초보창업자가 정확히 구분하기 어렵다. 대략적인 내용을 알고 있어야 하지만 잘 모르겠다면 부동산에 물어보고, 더 정확히 알고 싶으면 시군구청

민원실에 찾아가서 직접 물어보는 것이 좋다.

그런데 왜 이런 이야기를 하느냐 하면 가끔 창업자들이 낭패를 보는 경우가 있기 때문이다. 기존 핸드폰 판매점을 인수하여 음식점을 하려는데 건물의 용도변경을 해야 허가가 나오는 경우가 있다. 핸드폰 판매점에서 일반 음식점으로 바꾸는 정도는 건물주가 직접 용도변경을 하면 되지만, 핸드폰 판매점을 단란주점으로 바꾸는 것은 허가 자체가 안 오는 경우도 있다.

하지만 너무 겁을 먹을 필요는 없다. 기존에 하던 업종하고 같은 업종이라고 하면 대부분 무리 없이 영업이 가능하다. 특별히 단란주점이나 룸살롱 정도가 아니면 일반적으로 신고만으로도 가능하다. 하지만 최종 점포를 계약하기 전 구청에 직접 찾아가서 물어보는 것이 좋다.

가장 큰 문제가 발생할 수 있는 것은 건축물이 불법인 경우이다. 건물자체가 불법인 경우는 거의 없다. 하지만 매장주인이나 건물주가 불법으로 증축한 경우가 많다. 가장 흔한 경우가 20평 매장을 공사하는 데 매장이 좁다고 느껴서 주방을 바깥쪽으로 빼는 경우이다.

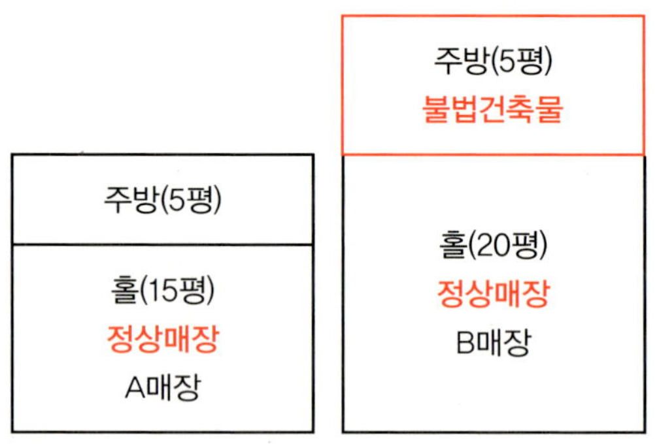

▲ 정상매장과 불법증축 매장

위의 그림을 보자, A매장과 B매장이 있다. 본 건물은 40평의 건물이다.

A매장이 20평을 사용하고 B매장이 20평을 사용한다. A매장은 건축물관리대장상에 있는 허가면적만 공사하여 매장을 운영 중이다.

하지만 B매장은 허가 받은 매장 이외에 뒤편 공터에 주방공간을 5평 확장했다. 불법 증축하여 A매장 보다 5평 넓은 매장을 사용하고 있었다. A매장을 인수할 때는 아무런 법적 문제가 없다. 하지만 B매장의 경우 주방 5평을 불법으로 확장한 매장이다. 매장 내에 불법건축물이 포함되어 있는 매장인 것이다. 일부러 시군구청에서 단속을 나오지는 않지만 주변에서 누가 신고한다면 당연히 불법건축물 단속대상이 되는 매장이다.

또한 1·2층을 같이 쓰는 매장에서도 1층, 2층이 따로 건물관리대장이 있어 합법적으로 복층을 쓰는 매장이 있고, 단순히 층고가 높아 중간에 한 층을 만든 곳도 있다. 1층만 허가되어 있는 매장을 임의대로 층을 구분한다면 당연히 불법으로 1.5층을 만든 매장은 단속 대상이 될 수 있다.

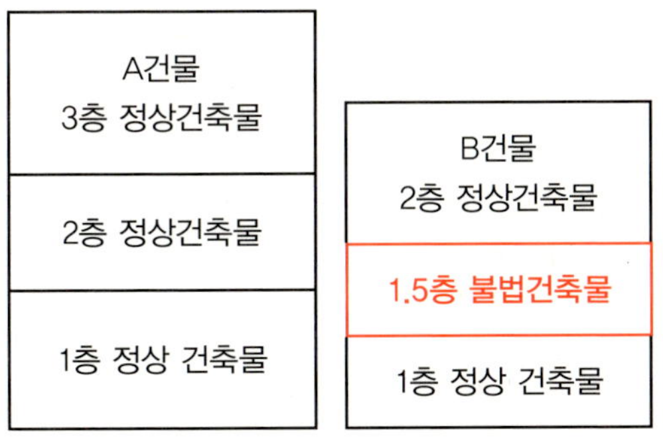

▲ 복층 정상 건축물 매장과 불법 건축물 매장

A건물의 1층과 2층을 터서 복층매장으로 사용하는 것은 문제될 것이 없다. B매장도 정상적으로 복층을 사용하려면 1층과 2층을 함께 쓰면 되

지만, 1층이 층고가 높아 중간을 막아 1.5층을 만들어 사용한다면 불법 건축물이 된다.

　작은 매장을 불법건축을 만들어 확장하는 것이 무조건 나쁜 것은 아니다. 오히려 매장 영업만으로 볼 때는 유리한 점이 더 많다. 하지만 그 시설물이 불법인지, 합법인지 알고 점포를 얻어야 한다. 복층을 쓰는 매장이라 점포를 계약했는데 그것이 불법이라면 말이 되겠는가? 불법건축물은 단속이 된다면 벌금이 나오거나 강제 철거를 당할 수도 있다. 매장 내에 불법건축물이 있는지 없는지는 알고 있어야 한다. 불법건축물이 있는 줄 알면서도 장점이 있기 때문에 계약하는 것과 아무것도 모르고 계약하는 것은 차원이 다른 문제이다.

"건축물 관리대장을 통해 불법건축물 유무를 확인해야 한다."

098

소방기본법 때문에
오픈을 못하는 경우도 있다

몇 년 전 3층에 100평 PC방을 오픈한 P씨가 있었다. P씨는 빈 상가를 권리금 없이 점포를 인수해서 최신 유행하는 인테리어로 공사하고 PC도 전부 설치했다. 하지만 그는 매장을 오픈하기도 전에 심각한 문제가 발생했다. 개인 PC방을 준비하던 P씨는 위치 좋은 매장을 권리금 없이 얻었고 잘 아는 인테리어 업자를 통해 그가 생각하는 콘셉트로 인테리어를 마쳤다. 하지만 사업자등록증이 나오지 않았다.

1층 매장을 제외한 지하나 2층 이상의 매장에는 사업자등록증을 받기 위해 소방완비필증을 함께 제출해야 하는데 그 증명서가 나오지 않은 것이다. 그는 창업비용을 줄이려고 잘 아는 인테리어경험이 있는 사람과 함께 날일하는 인부들을 써가며 직접 인테리어를 했다. 매장은 그가 생각한 것처럼 분위기가 나왔으나 소방기본법에 대해서 아무런 지식이 없는 것이 문제였다.

　　그가 오픈한 PC방은 다중이용업소로서 소방시설 설치 의무 업소였다. 다중이용업소는 허가를 받기 위해 소방완비필증이 꼭 필요하다. 소방완비필증을 받기 위해서는 소방시설(소화기, 스프링클러, 휴대용비상조명, 통로유도등, 피난유도등, 2개 이상 출입구확보)등 허가기준에 맞게 설치해야 한다. 또한 다중이용시설은 방염처리 부분이 엄격하다. P씨는 내추럴한 분위기를 좋아해서 목재를 많이 사용한 인테리어를 만들었다. 소방기준에 비해 목재 사용량이 너무 많고 출입구가 1개 밖에 없는 등 허가기준에 맞지 않는 부분이 많았다. 어쩔 수 없이 기존시설을 거의 다 철거하고 다시 인테리어를 할 수밖에 없었다. 그가 처음 생각했던 비용보다 몇천만 원 이상의 비용이 더 들어가고 나서야 오픈할 수 있었다.

　　1층을 제외한 곳에 매장을 오픈한다면 꼭 소방기본법에 적용되는 매장인지, 어떻게 공사해야 하는지 확인해야 한다. 그냥 무작정 공사를 진행한다면 P씨의 실수를 그대로 따라할 수도 있다. 아래 대략적인 사항을 참조하고 꼭 소방서, 민간 소방업체를 통해 소방기본법에 적용되는 매장인지 확인해야 한다. 다중이용업의 소방시설 등 설치기준은 다음과 같다.

범 위	■소방시설 설치유지 및 안전관리에 관한 법률 시행령 제13조(다중이용업의 범위) ① 휴게 또는 일반음식점 영업장: 바닥면적의 합계가 100㎡ 이상(지하층은 66㎡ 이상) 　(예외) 영업장이 1층 또는 지상과 직접 면하는 층에 설치된 것으로서 출입구가 건축물 외부로 직접 연결된 경우 ② 단란주점영업 또는 유흥주점영업, 비디오감상실, 게임제공업, 노래연습장업 ③ 학원의 설립 운영 및 과외교섭에 관한법률 제2조 제1호의 학원(수용인원 100인 이상) ④ 공중위생관리법 제2조 제1항 제3호의 목욕장 중 수용인원 100인 이상 ⑤ 영화상영관 ⑥ 찜질방업, 산후조리원, 고시원업, 전화방업, 멀티미디어 문화컨텐츠 설비업, 수면방업, 콜라텍업
신 청	소방시설 등 설치신청서(소방시설 설계업자가 작성한 설계도서: 내장재, 소방시설, 비상구 등이 표시된 설계도서 첨부, 소방서에 신청
절 차	설치신고(위의 서류 첨부) → 적정시 수리 → 완공신고 → 공무원 현지 확인 → 완비증명발급

구 분	적용설비명	설치대상	비고
소 방 시 설	소화기	구획된 실마다 비치	대기실, 내실 포함
	자동확산 소화용구	가스주방 및 보일러실	가스시설사용 주방 및 보일러실에 설치
	가스누설경보기	가스시설 사용 주방 및 난방시설 된 장소	
	간이 스프링쿨러	지하층 영업장 150㎡이상	건축물관리대장(공부상 면적 적용)
	비상벨 설비, 비상 방송설비	구획된 실마다 설치	탈의실, 내실도 포함 –세트로 설치(경종, 표시등, 발신기)
	휴대용 비상조명등	숙박시설 및 다중이용업소	카운터 및 구획된 실마다 설치(2003. 3. 29.까지)
	통로 유도등	경사로참, 계단참마다	보행거리 20m마다 높이 1m 이하에 설치
	피난구 유도등	출입구 및 비상구	중형(지하층, 무창층), 대형(위락시설) 높이 1.5m 이상의 곳설치
기 타 시 설	영상음향	노래방 기기 설치장소	자동 또는 수동으로 음향 차단되게 설치 (표지판 설치)
	차단장치		
	누전 차단기	모든 대상	분전함(카운터 부근 위치)
방 화 시 설	방화문	1. 설치대상: 주출입구 및 비상구, 영업장과 보일러실 사이의 출입문(개구부가 있는 경우 자동방화댐퍼설치) 2. 방화문 규격:갑·을종 방화문으로 유효 너비는 75cm×150cm 이상. 단, 내화구조 아닌 경우와 출입구의 문이 지표면과 면한 경우 불연재료로 설치가능(도어체크 설치, 피난방향으로 열리는 구조)	
방 염	■ 비상구를 설치할 수 없는 구조인 4층 이하의 다중이용업소에 설치하는 발코니와 부속실의 설치기준(피난상 유효한 발코니 또는 부속실을 설치하고, 그 장소에 피난기구를 설치할 것) – 발코니의 구조 및 크기(너비는 50cm 이상, 길이는 1m이상, 발코니의 재질은 강철판 또는 콘크리트구조, 피난자의 추락방지를 위하여 높이 1m 이상의 난간 설치) – 부속실의 구조 및 크기(크기는 가로 1m 이상, 세로 1m이상, 구조는 준불연재료 이상, 벽은 바닥에서 천정까지 완전히 구획)		
	■ 방염처리대상:소방시설 설치유지 및 안전관리에 관한 법률시행령 제19조 ① 아파트를 제외한 건축물로서 층수가 11층 이상인 것 ② 안마시술소, 헬스클럽장, 특수목욕장, 관람집회 및 운동시설(건물 옥내에 한하되, 수영장 제외) 숙박시설, 통신촬영시설 중 방송국, 촬영소 ③ 법 제8조의 제1항의 규정에 의한 다중이용업의 영업장 ④ 제1호 내지 제3호에 해당하지 아니하는 것으로서 층수가 11층 이상인 것(아파트 제외)		
	■방염처리물품:커텐, 카페트, 실내장식물 및 벽지류, 칸막이용 합판, 목재 등 – 모든 내장재 마감은 불연, 준불연재료로 시공하되 부득이한 경우 천장과 벽을 합한 면적(내화구조의 면적, 유리창면적 제외)의 30% 미만까지 방염후 처리가능함(스프링쿨러 설치된 장소는 면적의 50%까지 가능) 단, 실내장식물중 합판·목재인 경우에만 방염후 처리시공이 가능함 – 방염 선처리된 방염필름 및 방염벽지를 합판이나 목재에 사용한 경우 방염후 처리방법에 의한 방염성능시험을 받아 합격하여야 인정함(두께는4㎜이하)–방염후 처리허용범위내		

▲ 다중이용업의 소방시설 등 설치기준

099

확인 못 하면
돈 나가는 사항들

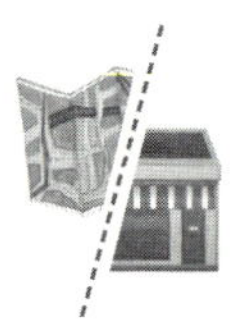

1. 정화조

3년 전 주꾸미 집을 차린 A씨는 생각지도 않은 창업비용이 천만 원 가까이 더 들었다. 비어 있는 매장을 인수하여 주꾸미 집으로 공사를 끝냈는데 구청에서 건물 내 정화조 용량이 모자라 정화조를 추가로 공사해야 영업신고증을 받을 수 있다고 했다. 알아보니 그 설치비만 천만 원 가까이 들어갔다.

건물주에게 정화조 용량을 늘려 달라고 했지만 건물주는 본인은 모른다고 A씨한테 알아서 하라고 한다. 아니면 매장을 원상복구 하고 나가라고 했다. 이미 인테리어 공사를 마쳐 놓은 상태에서 A씨는 본인 자금으로 정화조를 추가로 설치할 수밖에 없었다.

A씨처럼 정화조 용량 때문에 생각지도 않았던 창업비용이 추가로 들어갈 수 있다. 정화조 관련법은 오수·분료 및 처리에 관한 법률에 규정되어

있다. 음식점, PC방, 숙박업소, 단란주점 등 불특정 다수가 이용하는 다중이용시설의 경우 그 업종마다 정화조 용량이 책정되어 있다.

정화조 용량(인조)=영업장 면적(㎡)×해당건축물 용도산정단위

▲ 정화조 용량 산정

정화조 용량이란 건물 내에 묻혀 있는 정화조 총용량을 말하는 것이다. 영업장 면적은 오픈하려는 매장의 면적이고, 해당 건축물의 용도 산정단위란 업종에 따른 산정단위를 곱하는 것이다.

가산단위는 분식, 호프 등 일반음식점은 0.3이고 카페, 일식, 휴게음식점은 0.2, 일반 사무실은 0.08 등으로 업종별로 조금씩 다르게 책정되어 있다.

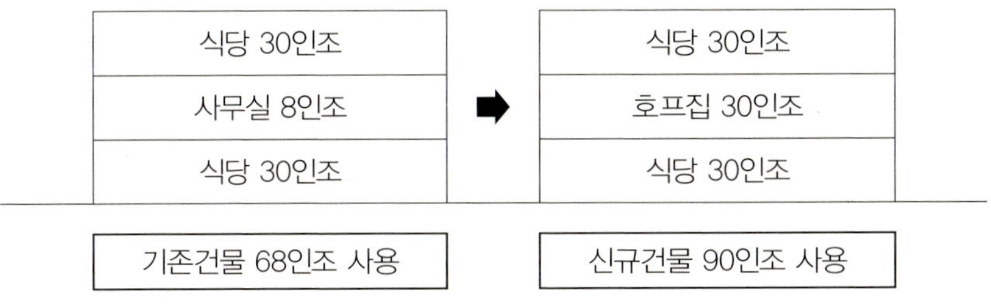

▲ 정화조 용량 변화

위의 그림은 기존 건물에 70인조의 정화조가 설치되어 있다. 기존 매장들이 사용하고 있는 용량은 68인조이다. 2인조의 여유가 있는 매장이다. 하지만 내가 기존 100㎡인 사무실을 호프집으로 변경하려 한다. 건물 내에는 2인조가 여유가 있지만 사무실을 호프집으로 변경한다면 계산을 다시 해야 한다.

68인조에서 기존 사무실이 사용하고 있는 정화조 용량(100㎡×0.08=8인조)을 빼면 60인조가 된다. 내가 오픈 하려는 호프집의 용량은 (100㎡×0.3=30인조) 30인조이다. 내가 호프집을 인수하여 오픈한다면 기존 60인조에 30인조를 더한 90인조가 된다. 그림 20인조를 초과하게 되는 것이다.

 10인조를 넘는 경우는 정화조 용량을 늘려야 한다. 하지만 구청마다 유동성은 있다. 위의 설명의 대략적인 것이고 정확한 것은 시군구청 청소과에 문의 하는 것이 정확하다.

2. 전기증설

매장을 운영하면 계약전력을 선택하게 된다. 계약전력이란 매장 내에 사용하는 기본전력량을 정해 놓는 것이다.

계약전력 1kW는 1,000W를 하루 15시간으로 계산하여 30일 동안 사용한다는 의미이다. 계약 전력이 20kW일 때 한 달 동안 사용할 수 있는 전력량은 20kW×15(시간)×30(일)=9,000kWh이다. 9,000kWh까지는 계약전력의 요금으로 계산하여 전기요금이 청구된다.

만약 계약전력을 20kW를 설정하여 놓고 매일 30kW를 쓴다면 4,500kWh를 더 사용하게 된다. 4,500Kwh 추가 사용량에 대해서는 약 1.5배~2.5배 정도의 누진세를 부과 받는다.

누진세를 내지 않기 위해서는 계약전력을 적정하게 선택해야 한다. 사용하는 전기제품을 감안하여 최대사용량의 60~70%선으로 선택하면 된다. 일반적으로 20평 음식점의 경우 15kW~20kW를 사용한다. 물론 냉·난방기가 전기제품이냐 석유제품이냐에 따라 다를 수 있다. 20평 옷가게의 경우는 10kW면 가능하다. 음식점에 비하여 전기제품의 사용이 많지 않기 때문이다. 계산이 어렵다고 계약전력을 너무 낮게 설정해서 누진세를 내는 것도 문제이고, 사용량이 낮은데 무리하게 계약전력을 높게 신청하여 쓸데 없는 비용을 내는 것도 낭비다.

대략적으로 설명하면 20평 내외 전자제품이 많지 않은 업종은 5kW~10kW이면 가능(예 부동산, 옷가게, 핸드폰가게 등)하고 20평 내외 전자제품이 많은 업종은 15kW~20kW이 필요(예 식당, 호프집, 고깃집 등)하다.

대략적인 매장내의 필요 전기용량과 요금을 인터넷 한전사이버지점 (http://cyber.kepco.co.kr/cyber/)을 통해서 유추해 볼 수 있다. 전기 요금이 주택용, 일반용, 산업용, 교육용 등 복잡하고, 일반용도 갑과 을, 고압과 저압으로 나눠지고 계절에 따라 요금이 달라진다. 매장에 사용할 전기제품의 모든 용량을 계산하고 복잡한 전기요금 체계를 계산해서 본인의 적정 용량을 찾는 것은 아무나 할 수 있는 것이 아니다.

매장을 공사하는 인테리어업체나 전기업체에 문의하여 그들이 추천하는 전기 용량으로 시작하고, 2~3달 운영 후 전기요금을 살펴보고 한전에 문의하여 적 정용량으로 조정하면 된다.

점포를 계약하기 전 매장의 기본 전기용량을 확인해야 한다. 전기 영수 증을 보면 계약전력이 표시되어 있다. 기존 매장의 계약전력이 얼마인지 확인하고 본인이 매장을 오픈할 때 전기를 증설해야 하는지 아닌지를 생 각하고 점포를 계약해야 한다.

전기를 증설하는 데 증설비용이 1kW당 한전불입금 7~8만 원, 시공비

7~10만 원 가량이 들어간다. 대략 1kW 증설하는 데 15~20만 원의 비용이 들어간다. 10kW만 증설한다고 해도 150~200만 원의 비용이 추가로 들어가게 되는 것이다.

3. LNG(도시가스)와 LPG

음식점을 창업할 때 도시가스를 설치할 것인가 LPG를 사용할 것인가를 고민하게 된다. 도시가스는 LNG(Liquified Natural Gas)로 액화천연가스를 말한다. LPG(Liquified Petroleum Gas)는 액화석유가스로 흔히 가스용기통에 의하여 공급받는 가스이다.

LNG(도시가스)	LPG
설치비용 높음 사용요금 낮음 화력 약함	설치비용 낮음 사용요금 높음 화력 강함

▲ LNG와 LPG의 차이

도시가스와 LPG는 매장상황에 따라 창업자가 선택해야 한다. 도시가스와 LPG는 각기 장·단점이 있다.

도시가스는 계량기 등급에 따라 100~200만 원 안팎의 설치비용이 들어간다. 하지만 LPG에 비하여 사용 요금이 절반수준이다.

LPG는 LPG 배달업체에서 무료로 설치해 주거나 10~20만 원 안팎의 비용으로 설치가 가능하다. 하지만 도시가스에 비하여 사용요금이 두 배 가량 높게 나타난다. 초도 설치비용과 유지비를 생각하여 창업자가 선택해야 되는 부분이다. 가끔은 중국집 같이 화력이 센 불로 조리를 해야하는 매장은 비용을 떠나 도시가스보다는 LPG를 선호한다. 도시가스에 비하여 LPG가 화력이 우수하기 때문이다.

가끔 LPG를 사용하다 가스가 떨어지면 가스 배달 올 때까지 장사를 못하는 게 아닌지 걱정하는 사람들이 있다. 하지만 LPG도 가스가 떨어지는 경우는 없다. 가스통을 하나 설치하고 떨어지면 다시 시키는 것이 아니라 가스통 여러 개를 놓고 계량기를 설치한다. LPG업체에서 알아서 떨어지기 전에 충전하고 계량기에 맞게 요금을 청구한다.

"정화조, 전기증설, 가스는 미리 확인해야 추가 비용을 줄일 수 있다."

100
행정처분은
주인이 바뀌어도 승계된다

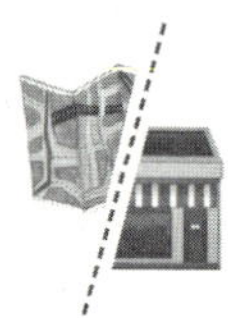

호프집을 인수 창업한 J씨는 점포를 계약하고 점포를 포기할까 고민했다. 그가 인수한 호프집은 꾸준히 장사도 잘되고 단골도 많이 확보되어 있는 매장이었다. 모든 계약이 끝나고 영업신고증을 승계 받으러 갔는데 위생과 직원이 J씨가 인수한 호프집이 미성년자를 받아 한 달 뒤에 영업정지를 받을 것이라고 했다.

기존 가게주인이 미성년자를 받은 사실을 J씨에게 속인 것이다. 처음 창업하는 J씨는 그것도 모르고 그냥 점포를 덥석 계약한 이후였다. A씨는 기존호프집을 인수하면서 간판도 바꾸고 인테리어도 새롭게 단장했는데 억울했다. 분명 J씨가 아닌 전 주인이 미성년자를 받은 것을 J씨가 책임져야 하는 것이 납득되지 않았다.

하지만 행정처분은 승계된다. 특히 미성년자에게 주류를 제공한 경우는 주인이 바뀌어도 그대로 승계된다. 미성년자를 받았다고 내일부터 영업이 정지

되는 것도 아니다. 최소한 몇 달의 시간이 걸린다. 그것을 제대로 확인하지 않은 A씨의 미숙함과 전 주인의 속임이 문제인 것이다.

행정관청은 어쩔 수 없는 사항이다. 그렇지 않다면 내가 미성년자에게 주류를 판매하고 영업정지 전에 가족이나 지인의 명으로 사업자를 바꾼다면 얼마든지 영업정지를 피해 갈수 있다. 명의만 바꾸면 행정처분이 없어진다면 행정처분이 아무런 효력이 없다.

점포계약 전 시군구청 위생과에 직접 찾아가거나 최소한 전화로라도 행정처분 유무를 확인해야 한다.

특히 전화로 물어 볼 때는 전화 받는 직원의 이름을 꼭 물어보고 적어 놓아야 한다. 가끔 문제없다고 대답해 놓고, 실제 영업신고증을 내러 갔을 때 말을 바꾸는 경우도 있다. 그럴 때를 대비해서 꼭 이름을 적어 놓는 것이 좋다. 되도록이면 직접 위생과를 찾아가 확인하는 것이 좋다.

"미성년자에게 주류를 제공한 경우 주인이 바뀌어도 행정처분은 승계된다."

101

바지사장이 나오는
경우도 있다

계약을 하기에 앞서 기존 점포주 신분증, 임대차계약서, 사업자등록증(또는 영업신고증)을 통하여 본인인지 확인해야 한다. 너무도 당연한 얘기라고 생각할 것이다. 하지만 실제 계약에서 유야무야 넘어가는 경우가 많다. 특히 부동산을 통하지 않는 직거래의 경우 신분증을 보여 달라기 미안해서 그냥 넘어가는 경우가 있다. 또한 가끔 소유주의 가족이 대신 나오는 경우도 있다. 이럴 때는 꼭 본인이 오도록 요구해야 한다. 아니면 위임장을 첨부하여 계약을 해야 한다.

하지만 말이 쉽지 남편이 일이 있어 못나오는데 아내한테 남편을 꼭 데려오든지, 위임장을 받아 오라고 말하기 쉽지 않다. 소유주는 남편으로 되어 있는데 부인이 나와 계약을 하는 경우 남편과 부인이 의견이 같다면 문제 없지만, 부인이 남편 몰래 계약을 했다면 큰 문제가 발생할 수 있다.

부동산을 통한 계약이라면 부동산에서 책임을 지겠다는 경우, 부동산 확인서를 받고 계약해도 된다. 하지만 당자자간의 쌍방 계약이라면 번거롭더라도 확실히 본인을 확인하는 것이 좋다.

　5년 전, 권리계약을 하는데 일명 바지사장(가짜사장)이 나온 경우가 있었다. 진짜사장이 아닌 가짜사장이 부동산과 짜고 나온 경우였다. 부동산에게 점포주의 신분증, 임대차계약서, 사업자 등록증을 요구했다. 하지만 부동산에서는 점포주가 깜박 잊고 안 가지고 나왔다고 했다. 하지만 부동산에서는 자신들을 믿고 계약하면 되고 보험증서까지 내밀면서 계약을 강요하였다. 권리금이 5,000만 원이었는데 권리금은 4,000만 원으로 낮춰줄테니 자신을 믿고 계약 하라는 것이다. 당연히 확인해야 하는 본인 확인절차를 안 하려 하니 의심이 갔다.
　계약을 포기하고 그 점포에 대해 자세히 알아봤다. 알아본 결과 기존의 점포주는 사정이 있어 건물주에게 보증금만 받고 점포에서 손을 뗀 상태였다. 한마디로 비어 있는 점포였다. 사실상 권리금이 없는 점포였는데 부동산이 바지사장을 내세워 권리금을 착복하려 했던 것이다.

"계약하기 전 기존 점포주의 신분증, 임대차계약서, 사업자등록증을 꼭 확인하고 본인과 계약해야 한다."

102

권리계약과 임대차계약도
순서가 있다

계약이 되는 순서를 간략하게 말하면 첫 번째, 기존 점포주와 권리계약서를 작성한다. 가끔 적은 권리금은 계약서를 작성하지 않으려는 경우가 있으나 적은 금액이라고 해도 권리계약서는 꼭 작성해야 한다. 특히 직거래를 할 때 임대차계약서는 문구점에서도 쉽게 구하지만 권리계약서는 문구점에서 판매 하지 않는다. 부동산을 통하지 않을 때는 인터넷검색을 통하여 권리계약서를 구하거나 주변 부동산에서 얻어서 사용하는 것이 좋다.

권리계약과 임대차계약의 순서를 설명하면 다음과 같다.

1. 권리계약일

① 권리계약서 작성(점포주)
② 권리계약금 지급
③ 임대차 날짜 지정

2. 임대차계약일

① 임대차계약서 작성(건물주)
② 임대차계약금 지급
③ 권리 잔금 지급

3. 임대차잔금일

① 임대차 잔금 지급
② 권리 잔금 지급

▲ 권리계약과 임대차계약 순서

첫 번째, 권리계약 날에는 점포주와 권리계약서를 작성 후 권리 계약금을 지급하고 임대차 날짜를 정한다. 권리계약 후 임대차 계약을 바로 하는 경우도 있으나 보통은 2~10일 정도 기간을 둔다. 가끔 임대차 계약도 안했는데 권리금 잔금을 모두 달라는 사람이 있다. 권리금은 임대차 계약 전에는 절대 다 줘서는 안 된다.

두 번째, 임대차계약서 작성 후 임대차 계약금을 지급한다. 바로 잔금까지 지급하는 경우도 있다. 임대차 계약금만 지급하는 경우는 권리 잔금을 임대차 잔금까지 날짜를 미룰 수도 있고, 권리 잔금까지 치를 수도 있다. 임대차 계약 후 바로 점포를 비워줄 경우는 권리금 잔금까지 주고, 점포 비워

주는 날짜가 좀 더 있다면 점포를 비워 주는 날, 영업신고증 등 이전 서류를 받고 권리 잔금을 준다.

세 번째, 임대차 잔금을 치루고, 점포를 비워주며 영업신고증 등 이전 서류를 승계받고 권리 잔금을 준다.

위의 순서는 꼭 지켜야 하는 것임을 명심해야 한다. 특히 임대차 계약을 하지 않은 상태에서 권리금을 잔금까지 요구하는 경우가 있다. 권리계약은 임대차 계약을 하기 위한 절차일 뿐 임대차 계약이 되지 않으면 권리계약은 아무런 효력이 없다. 임대차 계약 전에는 권리금 잔금까지 절대 줘서는 안 된다.

권리계약을 하고 임대차계약을 못하는 경우도 많으며, 임대차 계약이 되지 않으면 권리계약금을 돌려받아야 한다. 그런데 가끔 계약서를 잘못 작성하거나 고약한 사람을 만나면 권리금을 돌려받지 못할 때가 있다. 받는다고 해도 법정소송을 해야 하는 헛된 시간과 노력을 허비하게 된다. 또한 권리금을 전부 지급하지 않아야 기존의 점포주는 임대차 계약을 성사시키기 위하여 노력을 더 기울인다.

1. 부동산의 표시				
소　재　지		영 업 의　종 류		
상　　　　호		허가(신고)번호		

2. 권리양도금액	금	원정

3. 권리양도계약내용(약정사항)

제1조 양수인은 상기 표시 부동산의 권리양도금액을 다음과 같이 지불하기로 한다.

계　약　금	금	원정은 계약 시에 지불하고,
중　도　금	금	원정은 ○○○○년 ○○월 ○○일에 지불하며,
잔　　　금	금	원정은　○○○○년 ○○월 ○○일에 지불한다.

제2조 양도인은 임차권 행사를 방해하게 하는 제반사항을 제거하고, 잔금을 수령함과 동시에 양수인이 즉시 영업을 할 수 있도록 모든 시설을 포함, 영업신고증을 인계하여 주어야 한다.

제3조 상기 표시 부동산의 인도일을 기준으로 하여 당해 부동산에 관하여 발생한 수익과 지출비용은 인도일 전일까지의 것은 양도인에게 귀속하며, 그 이후의 것은 양수인에게 귀속한다.

제4조 부동산 소유자와의 임대차 계약내용은

보　증　금	금	원정(₩)	월　　　　세	금	원정(₩)
소 유 자 성 명	금	원정(₩)	임 대 차 기 간	○○○○년 ○○월 ○○일 ~ ○○○○년 ○○월 ○○일	

제5조 본 계약은 중도금(중도금 약정이 없는 경우에는 잔금)을 지불하기 전까지 해약할 수 있으며, 이 경우 양도인이 해약할 경우에는 계약금의 2배액을 양수인에 상환하며, 양수인이 해약할 경우에는 계약금은 양도인에 귀속된다.

제6조 부동산권리양도계약에 대한 중개수수료는 당해 계약의 체결과 동시에 양도인과 양수인 쌍방이 각각 지불하여야 한다.

제7조 부동산 소유자와의 임대차 계약이 성사 되지 않을시 권리계약 사항을 위약금 없이 원인 무효한다.

특약사항

1.

본 계약에 대하여 계약당사자가 이의 없음을 확인하고 각자 서명·날인하여 1부씩 보관한다.

○○○○년 ○○월 ○○일

4. 계약당사자 및 중개업자의 인적사항

양 도 자	주　　　　소					인
	주민등록번호		전 화		성　　명	
양 수 자	주　　　　소					인
	주민등록번호		전 화		성　　명	
중개업자	사무소소재지					
	사 무 소 명 칭		인			인
	대　　　　표					
	등 록 번 호			전　　화		

※ 중개업자는 이 계약서와 별도로 부동산중개업법 제17조 및 제19조 규정에 의거, 중개대상물확인·설명서와 업무 보증관계증서(공제증서 등) 사본을 첨부하여 거래당사자 쌍방에게 교부한다.

※ 양도자, 양수자 및 중개업자는 매장마다 간인해야한다.

103

권리계약,
배짱으로 하라

점포를 선정할 때는 1순위 점포와 2순위 점포를 정해 놓고 1순위 점포가 조건에 맞지 않다면 2순위의 점포를 선택해야 된다. 점포 한 곳을 꼭 계약한다고 생각하면 마음이 조급해져 나쁜 조건으로 계약을 할 수도 있다. 특히 권리금 조정이 어려워 보이는 점포도 계약금을 갖고 협상을 하면 거의 모든 점포주들은 권리금을 조정해준다. 권리계약은 시간이 오래 걸린다. 이때는 누가 더 인내심 있게 협상하느냐에 따라 몇천만 원까지도 왔다 갔다 하게 된다.

권리계약서를 작성할 때 특약사항이 있다. 특약사항은 기존 계약서상에 나와 있지 않는 부분을 특별히 넣는 것이다. 권리계약의 특약사항은 매수인이 주장하여 넣어야 한다.

권리계약 특약사항은 다음과 같다.

첫째, 임대차 계약이 성사되지 않을 때는 계약금의 배액 상환 없이 원인무효로 한다. 이는 권리계약은 임대차계약을 위한 보조 계약이란 뜻이다. 권리계약서를 작성해도 임대차 계약서를 작성하기 전에는 내 점포가 되는 것이 아니다. 그렇기 때문에 임대차 계약이 성사되지 않으면 서로 위약금 없이 권리계약을 없던 것으로 하자는 것이다. 어떻게 보면 임대차계약이 성사되지 않으면 권리계약이 무효가 되는 것은 당연한 이야기인데, 가끔 계약금을 돌려주지 않으려는 사람들이 있으니 꼭 넣어야 하는 문구이다.

둘째, 임대료가 10% 이상 상승 시 어떻게 하겠다. 대부분 임대차를 다시 쓸 때 건물주는 임대료를 올리려 한다. 그럴 경우를 대비해 "10% 이하 상승하면 계약이 유효하고, 10% 이상 상승하면 원인 무효 한다거나, 상승분에 대하여 매도인이 1년 임대료를 지불한다."처럼 임대료 상승에 대비한 문구를 작성해야 한다. 기존 임대조건을 생각하고 권리 계약을 했는데 건물주가 터무니없이 월세를 올린다면 문제가 발생할 수 있다.

셋째, 권리금 안에는 점포의 집기 및 모든 유·무형 자산을 포함한다. 단 주요 품목은 체크리스트를 작성한다. 권리금 안에는 점포의 모든 유·무형 자산을 포함하고 있다. 특히 주요 품목은 체크리스트에 작성하여야 한다. 체크리스트를 작성하지 않으면 가끔 인수 시에 물건이 빠지는 경우가 있다. 그렇다고 너무 자잘한 내용까지 적을 필요는 없다. 정수기나 커피자판기 등 렌탈해서 사용하는 품목은 제외하는 것이 좋다. 매물주가 계약기간이 남아있다고 승계해 달라는 경우가 있는데 어차피 렌탈해서 사용하는 품목이므로 새것으로 가져오는 것이 좋다.

<table>
<tr><td colspan="3" align="center">체크리스트</td></tr>
<tr><td align="center">품명</td><td align="center">수량</td><td align="center">참고사항</td></tr>
<tr><td>1. 에어컨</td><td align="center">1</td><td></td></tr>
<tr><td>2. 컴퓨터</td><td align="center">1</td><td>본체, 모니터 등 전부 포함</td></tr>
<tr><td>3. 전화</td><td align="center">1</td><td>번호 승계</td></tr>
<tr><td>4. 냉장고</td><td align="center">2</td><td>4구 냉장고, 테이블냉장고</td></tr>
<tr><td>5.</td><td></td><td></td></tr>
<tr><td colspan="3">위의 물품은 권리금 안에 포함되어 있음을 확인함.

　　　　　　　　　　　　　　매수인:　　　　(인)　매도인　　　　(인)</td></tr>
</table>

▲ 양도양수 체크리스트

넷째, 점포양도일 ○○기준까지 임대료 및 모든 사용료는 매도인이 지불하고 정산 완료한다. 점포를 양도하기 전 임대료, 전기세, 수도세 등 점포 유지비용을 매도인이 지불 완료하라는 것이다. 전기세나 수도세는 월 정산으로 인수 후 금액이 나와 낭패를 볼 수도 있다. 전기세나 수도세는 점포를 비워주는 날짜를 기준으로 금액을 확인하여 미리 금액을 받아 놓아야 한다.

다섯째, 매도인은 영업신고증 등 인·허가 사항을 매수인에게 승계하고 점포를 원활히 인수할 수 있도록 적극 협조한다. 영업신고증처럼 꼭 필요한 서류를 매수인에게 승계되도록 매도인이 협조한다는 내용이다. 이것 말고도 매수인이 필요한 부분이 있으면 추가하면 된다.

부동산 임대차 계약서

부동산의 표시:

제1조 위 대상물건을 임차함에 있어 임차인은 임대인에게 아래와 같이 임대보증금과 월임료
를 지불하기로 한다.

보 증 금	金		원정	월	세	金	원정
계 약 금	金	은 계약시 임대인에게 지불하고					
중 도 금	金	은 ○○○○년 ○○월 ○○일 지불하고					
잔 금	金	은 ○○○○년 ○○월 ○○일 지불한다.					

제2조 위 대상물건의 인도는 ○○○○년 ○○월 ○○일자로 한다.

제3조 대상물건의 임차기간은 인도일로부터 ○○개월로 한다.

제4조 월임료는 매월 (○○)일에 지불하기로 한다.

제5조 위 대상물건은 기본시설 상태에서 임대이며, 임차인이 입주후 변경 또는 훼손한 때에
는 대상물건의 반환시까지 원상복원하기로 한다.

제6조 임차인이 임대인에게 중도금을 지불할 때까지는 임대인은 계약금의 배액을 상환하고,
임차인은 계약금을 포기하고 이 계약을 해제할 수 있다.

제7조 관리비 및 통합공과금 등 제세공과금은 잔금일 기준으로 정산한다.

특약사항
1.
2.

본 계약을 준수, 이행하기 위하여 계약당사자는 이의 없음을 확인하고 서명 날인한다.

작성일자 ○○○○년 ○○월 ○○일

임 대 인	주 소					
	주민등록번호		전 화		성 명	
임 차 인	주 소					
	주민등록번호		전 화		성 명	
중개업자	사무소 소재					
	사 무 소 명 칭		대 표			
	허 가 번 호		등록번호			

104

임대차계약 사항은
어떤 내용이 있나

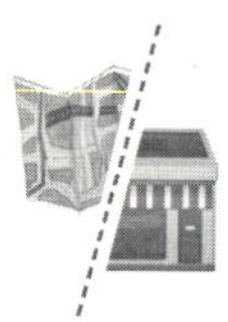

임대차계약서를 작성하게 되면 계약기간을 정하게 된다. 대부분 1년 또는 2년 정도의 임대차 기간을 정하게 되는 편이다. 계약기간을 정할 때는 대부분 건물주가 일방적으로 몇 년 하고 정하는 편이지만 임차인이 원하는 기간을 위해 노력해야 한다. 그럼 임차인 입장에서 몇 년의 기간이 가장 좋을까? 우선 임차인은 자신의 상황을 몇 가지 고려해봐야 한다.

1. 상가임대차 보호법이 적용되나?

만약 상가임대차 보호법에 적용되는 임대조건이라면 계약기간을 1년으로 정하는 것이 좋다. 1년을 계약해도 특별한 일이 없는 이상 영업권은 5년간 보장되기 때문이다. 굳이 계약기간을 길게 잡을 필요가 없다. 또한 점포입지가 나쁜 경우 장사가 안 될 때 머리 아픈 경우가 발생할 수 있다. 점포를 권리금 없이 부동산에 내놓아도 매수인은 나타나지 않고, 점포 문을 열 상황도 아닌 경우이다. 계약기간이 짧은 경우 계약기간 종료와 함께 보증금을 받아 나올 수 있지만, 계약기간을 너무 길게 잡으면 임대기간이 끝나기 전까지는 문을 닫아 놓고 월세만 계속 내야하는 최악의 상황이 올 수 있다.

2. 명도가능성이나 건물매매, 재건축 계획은 없는가?

건물주가 고약하다거나 건물주가 바뀔 가능성이 있다면 길게 잡는 것이 좋다. 특히 매장 입지가 뛰어나고 권리금과 시설투자비가 많은 경우 1년 장사를 하여 원금을 회수하기 힘들다. 입지가 좋은 매장인데 상가임대차보호법에 벗어나는 임대조건이라면 최대한 임대기간을 길게 잡는 것이 유리하다.

임대기간으로 1년, 2년, 5년 어떤 것이 가장 좋다는 답은 없다. 본인의 상황, 매장의 상황에 따라 판단해야 한다.

거의 모든 건물주는 임대차계약서에 특약사항을 넣으려 한다. 임차인 입장에서는 어쩔 수 없이 울며 겨자 먹기 식으로 받아들이는 경우가 대부분이다.

건물주가 특약사항에 많이 넣는 것은 다음과 같다.

첫째, 임대차 종료 시 점포를 원상회복 한다. 원상회복이란 것은 점포를 비우게 되면 기존시설 및 집기를 깨끗이 치우라는 것이다. 한마디로 건물주 입장에서 머리 아프니까 신축 당시처럼 아무것도 없이 깨끗하게 해 놓고 나가라는 말이다. 거의 모든 건물주는 임대차 계약서상에 원상복구에 대한 문구를 넣으려 한다. 건물주에 비하여 임차인은 약자이기 때문에 불리하지만 인정하고 넘어갈 수밖에 없다.

 권리금을 주고 들어온 임차인 입장에서 좀 어이없는 조항일 수도 있다. 이 문구에는 건물주에 따라 두 가지 의미가 있다. 한 가지는 권리금은 임차인끼리 알아서 하는 것이니까 건물주에게 권리금 달라는 말을 하지 말라는 것이다. 또 한 가지는 정말 임차인끼리 권리금을 인정치 않으니까 임대기간이 끝나면 권리금 받을 생각 말고 그냥 나가라는 것이다. 정말 임차인끼리 권리금을 인정치 않는 건물주라면 입점할 때 다시 생각해봐야 한다. 진짜 건물주의 의중을 파악해야 한다. 특히 건물주가 제소 전 화해조서를 요구하는 경우는 정말로 권리금을 인정치 않고 원상회복을 하고 나가라는 말이다. 제소 전 화해조서를 건물주가 요구한다고 하면 그냥 깨끗이 계약을 포기하는 것이 좋다. 제소 전 화해조서란 임대인과 임차인이 계약내용대로 제소하기 전 이미 화해를 했다는 내용이기 때문에 계약기간이 끝나면 바로 매장에서 쫓겨날 수도 있다. 제소 자체를 못한다는 합의서이기 때문에 이런 서류를 요구하는 점포는 계약을 안 하는 것이 좋다. 그리고 추가적으로 '임대료 3개월 연체 시 점포를 비운다.', '화재보험을 든다.', '관리비는 얼마다.' 등 임대인에 유리한 내용을 넣으려 한다. 임대차계약서의 특약사항은 창업자 입장에서는 없으면 없을수록 좋다. 되도록 불리한 특약사항이 들어가지 않게 건물주의 비위를 맞춰야 한다.

건물을 여러 개 소유하고 있거나 임대업을 오랫동안 한 건물주는 자체 임대차계약서를 출력해서 올 때가 있다. 일반적인 임대차계약서는 한 장짜리를 사용하는데, 건물주가 가지고 오는 임대차계약서는 심한 경우 10장이 넘는 경우도 있다.

계약서라는 것이 길면 길수록 계약서를 만든 사람에게 유리하다. 건물주의 입맛에 따라 작성된 계약서는 당연히 건물주에게 유리하게 작성되어 있다. 그렇다고 임차임인 입장에서 한 장짜리 계약서로 작성하자고 주장할 수도 없는 상황이다.

　무슨 일이든 그렇지만 도장을 찍을 때는 신중해야 한다. 잘 모르는 부분이 있다면 물어보고 이해를 한 다음 계약서에 도장을 찍어야 한다. 그리고 만약 계약서 안에 임차인에게 너무 불리한 내용이 들어 있을 때는 계약을 포기하는 하는 것도 하나의 방법이 된다. 좋은 게 좋은 거라고 그냥 편하게 생각하고 도장 잘못 찍어 후회하는 일이 없도록 주의해야 한다. 그리고 계약서를 쓸 때 자신이 잘 모르면 관련 분야에 지식이 있는 사람을 대동하고 나가는 것도 좋은 방법이다.

　임대차계약 시 임차인이 임대인에게 부탁할 수 있는 사항은 정중히 부탁하는 것도 나쁘지는 한다. 특히 신규로 공사에 들어가는 매장이라면 공사기간 동안 월세를 빼달라고 하는 것이 대표적이다. 신축매장이나 임대료를 못 받고 있던 매장들은 공사기간을 빼주는 편이지만 기존 임대료를 받고 있는 건물주들은 대부분 잘 안 빼준다.

　임대차계약의 작성은 생각보다 쉽게 끝난다. 임차인은 임대인에 비하여 상대적 약자이기 때문에 협상이라기보다는 일방적인 통보인 경우가 대부분이다. 임대인이 임대조건을 제시하면 임차인은 무리한 경우가 아닌 이상 받아들일 수밖에 없다. 하지만 건물주가 너무 까다롭다거나 무리한 조건을 내세울 때는 아무리 좋은 점포라고 해도 포기하는 편이 현명하다.